OS BENEFÍCIOS FISCAIS:
SISTEMA E REGIME

GUILHERME WALDEMAR D'OLIVEIRA MARTINS
Assistente da Faculdade de Direito da Universidade de Lisboa

OS BENEFÍCIOS FISCAIS: SISTEMA E REGIME

Reimpressão

OS BENEFÍCIOS FISCAIS
SISTEMA E REGIME

AUTOR
GUILHERME WALDEMAR D'OLIVEIRA MARTINS

EDITOR
EDIÇÕES ALMEDINA, SA
Rua Fernandes Tomás, nos 76 a 80
3000-167 Coimbra | Portugal
Tel.: (+ 351) 239 851 904 · Fax: (+351) 239 851 901
www.almedina.net · editora@almedina.net

IMPRESSÃO · ACABAMENTO
DPS - DIGITAL PRINTING SERVICES, LDA

Novembro, 2018

DEPÓSITO LEGAL
250920/06

Os dados e as opiniões inseridos na presente publicação
são da exclusiva responsabilidade do(s) seu(s) autor(es).

Toda a reprodução desta obra, por fotocópia ou outro qualquer processo,
sem prévia autorização escrita do Editor,
é ilícita e passível de procedimento judicial contra o infractor.

À Isabel, por tudo

A Isabel, por todo

Nota do Autor

O presente texto constitui uma primeira versão dos apontamentos resultantes das sessões leccionadas no curso de pós-graduação de Direito Fiscal, nas vertentes geral e avançado, do Instituto de Direito Económico, Financeiro e Fiscal da Faculdade de Direito da Universidade de Lisboa (IDEFF). Nada mais é que uma resposta a um desafio naturalmente lançado pelo IDEFF, tendo em vista a sedimentação doutrinal e académica de um determinado conjunto de temas no campo do Direito Económico, Financeiro e Fiscal, que tem tomado forma nestes Cadernos, que têm cumprido a meta anual média de dois volumes anuais, tendo em conta que este é o Caderno n.º 6 e que o IDEFF foi fundado em 2003.

Aproveito para evocar, desta forma, todos os meus colegas e amigos, sem excepção, que me têm acompanhado na leccionação nas cadeiras na menção das jurídico-económicas e no IDEFF, na Faculdade de Direito da Universidade de Lisboa, e na minha vida profissional, pública e privada. A todos eles devo uma palavra de agradecimento pelos ensinamentos e palavras de encorajamento dadas certeiramente, para transpôr para escrito o resultado da experiência académica e profissional adquirida por mim ao longo destes anos. Igualmente agradeço ao IDEFF a oportunidade que me tem dado, não só em Portugal, como em Cabo Verde, de, através da leccionação, me dar a conhecer novas experiências e, consequentemente, fazer perceber o quanto ainda temos para fazer no Direito Financeiro e Fiscal português.

Devo ainda uma palavra final em memória do saudoso Professor Doutor António Luciano de Sousa Franco, Professor Catedrático desta Faculdade e fundador do IDEFF, de quem fui seu assistente no fatídico ano em que nos deixou. Foi a sua força, o seu espírito crítico e os seus ensinamentos que me permitiram avançar estas linhas. É caso para dizer: non est vivere sed valere vita est...

Lista das Abreviaturas e Siglas Utilizadas

AAFDL   Associação Académica da Faculdade de Direito de Lisboa

AcTC   Acórdão do Tribunal Constitucional

BMJ   Boletim do Ministério da Justiça

CCTF   Cadernos de Ciência e Técnica Fiscal

CIEC   Código dos Impostos Especiais de Consumo (aprovado pelo Decreto-Lei n.º 566/99, de 22 de Dezembro)

CIMI   Código do Imposto Municipal sobre Imóveis (aprovado pelo Decreto-Lei n.º 287/2003, de 12 de Novembro)

CIMT   Código do Imposto Municipal sobre as Transmissões Onerosas de Imóveis (aprovado pelo Decreto-Lei n.º 287/2003, de 12 de Novembro)

CIRC   Código do Imposto sobre o Rendimento das Pessoas Colectivas (aprovado pelo Decreto-Lei n.º 442-B/88, de 30 de Novembro)

CIRS   Código do Imposto sobre o Rendimento das Pessoas Singulares (aprovado pelo Decreto-Lei n.º 442-A/88, de 30 de Novembro)

CIS   Código do Imposto do Selo (aprovado pela Lei n.º 150/99, de 11 de Setembro)

CIVA   Código do Imposto sobre o Valor Acrescentado (aprovado pelo Decreto-Lei n.º 394-B/84, de 26 de Dezembro)

CPPT   Código de Procedimento e de Processo Tributário (aprovado pelo Decreto-Lei n.º 433/99, de 26 de Outubro)

CRP	Constituição da República Portuguesa
CTF	Ciência e Técnica Fiscal
DGCI	Direcção Geral dos Impostos
DGAIEC	Direcção Geral das Alfândegas e dos Impostos Especiais sobre o Consumo
DL	Decreto-Lei
EBF	Estatuto dos Benefícios Fiscais (aprovado pelo Decreto-Lei n.º 215/89, de 1 de Julho)
IA	Imposto Automóvel
ICa	Imposto Rodoviário de Camionagem
ICi	Imposto Rodoviário de Circulação
IDEFF	Instituto de Direito Económico, Financeiro e Fiscal da Faculdade de Direito da Universidade de Lisboa
IEC	Impostos Especiais sobre o Consumo
IMI	Imposto Municipal sobre Imóveis
IMT	Imposto Municipal sobre as Transmissões Onerosas de Imóveis
IMV	Imposto Municipal sobre Veículos
IRC	Imposto sobre o Rendimento das Pessoas Colectivas
IRS	Imposto sobre o Rendimento das Pessoas Singulares
IS	Imposto do Selo
LOE	Lei do Orçamento do Estado
LFRA	Lei das Finanças das Regiões Autónomas (aprovada pela Lei n.º 13/98, de 24 de Fevereiro)
LGT	Lei Geral Tributária (aprovada pelo Decreto-Lei n.º 398/98, de 17 de Dezembro)
OE	Orçamento do Estado
T. Const.	Tribunal Constitucional
TJCE	Tribunal de Justiça das Comunidades Europeias
UE	União Europeia

PLANO DE TRABALHO

PARTE I
OS BENEFÍCIOS FISCAIS, O DIREITO FINANCEIRO E O DIREITO FISCAL

Capítulo I   – Os benefícios fiscais, a capacidade contributiva e a extrafiscalidade

Capítulo II   – A relevância da extrafiscalidade e a despesa fiscal

Capítulo III – Os benefícios fiscais e a despesa fiscal: a necessidade de uma análise integrada

Capítulo IV – A extrafiscalidade no ordenamento jurídico português

PARTE II
OS BENEFÍCIOS FISCAIS NOS IMPOSTOS PORTUGUESES

Capítulo I   – Os Benefícios Fiscais e os Impostos sobre o Rendimento

Capítulo II   – Os Benefícios Fiscais e os Impostos sobre o Património

Capítulo III – Os Benefícios Fiscais e os Impostos sobre o Consumo

Parte I
Os Benefícios Fiscais,
o Direito Financeiro e o Direito Fiscal

CAPÍTULO **I**
Os Benefícios Fiscais,
a Capacidade Contributiva e a Extrafiscalidade

O benefício fiscal representa todo o desagravamento fiscal derrogatório do princípio da igualdade tributária, instituído para a tutela de interesses extrafiscais de maior relevância[1]/[2].

---

[1] Nos vários ordenamentos jurídicos identificámos sinónimos do conceito expendido, tais como: subvenção fiscal (*tax subsidy*), liberação fiscal (*tax relief*), concessões fiscais (*tax concessions*), promoções indirectas (*Indirekte Förderungen*). Qualquer deles identificam a parte positiva do conceito, isto é, extricam os ganhos advenientes da referida vontade pública em abdicar de receitas próprias. Mas mais do que fazermos referência, há que compreender que o alcance de qualquer um deles assume uma natureza meramente individual, concreta, parcial, ao contrário do conceito de despesa fiscal.

[2] Cfr. sobre o conceito de benefício fiscal NUNO SÁ GOMES, *Manual de Direito Fiscal, Cadernos de Ciência Técnica e Fiscal*, Centro de Estudos Fiscais, DGCI, Lisboa, 1993, págs. 323 e ss; NUNO SÁ GOMES, *Teoria Geral dos Benefícios Fiscais*, Lisboa: CCTF, 1991, págs. 12 e segs.; MARIA PAULA VAZ FREIRE, *Nascimento, modificação e extinção dos benefícios fiscais*, Lisboa, 1995; ALBERTO XAVIER, *Manual de Direito Fiscal*, Lisboa, 1974, págs. 291-293; AMÁVEL SÍLVIO DA COSTA, J. H. PAULO RATO RAINHA e FREITAS PEREIRA, *Benefícios fiscais em Portugal*, Coimbra, 1987, págs. 15-16; NICOLA D'AMATI, *Agevolazioni ed esenzioni tributarie*, in *Novissimo Dig. It.*, Appendice, Torino 1980, pág. 153 e segs.; FRANCO FICHERA, *Le agevolazioni fiscali*, Padova 1992; FRANCO FICHERA, *Imposizione ed extrafiscalità nel sistema costituzionale*, ESI, Napoli 1973; MOSCHETTI-ZENNARO, "Agevolazioni fiscali", in *Digesto*, IV ed., Torino 1988, I, pág. 84 e segs.; SALVATORE LA ROSA, "Esenzioni e agevolazioni tributarie", in *Enc. giur. Treccani*, XIII, Roma 1989; SALVATORE LA ROSA, "Esenzione" (diritto tributario), in *Enc. dir.*, XV, Milano 1966, pág. 567 e segs.; SALVATORE LA ROSA, "Le agevolazioni tributarie", in *Trattato di*

O conceito de benefício fiscal representa o resultado da implementação de um sistema de monopolização fiscal por parte do Estado. Ora, isso só teve início, no caso português com a reforma fiscal de 1830. Na verdade, o sistema fiscal do antigo regime representava a coexistência de três sistemas: o sistema fiscal da Igreja, o sistema fiscal estadual e o sistema fiscal senhorial. Quer isto significar que, não obstante a fiscalidade renascentista ter uma componente nacional, o que é facto é que não apresentava os contornos da generalidade e da igualdade própria dos impostos modernos. Ou seja, a falta destas características conduzia-nos ao conceito de privilégio fiscal. Os privilégios ou favores fiscais "designam situações de vantagem tributária caracterizadas pelo favorecimento excessivo, em violação do princípio da igualdade, de certos sujeitos tributários, corrente no período anterior ao constitucionalismo"[3].

O ponto de partida deste conceito é precisamente a capacidade contributiva, como pressuposto lógico e conceptual de todos os princípios que enformam o dever de contribuir[4]. No entanto, assume-se que a capacidade contributiva[5]:

---

diritto tributario (Andrea Amatucci ed.), I, 1, Padova 1994, pág. 401 e segs.; Salvatore La Rosa, *Verso la scomparsa delle agevolazioni tributarie?*, in *Riv. dir. trib.*, 1991, I, pág. 173 e segs..

[3] Jorge Bacelar Gouveia, "Os Incentivos Fiscais Contratuais ao Investimento Estrangeiro no Direito Fiscal Português – Regime Jurídico e Implicações Constitucionais", in Ministério Das Finanças – DGCI, XXX Aniversário do Centro de Estudos Fiscais – Colóquio A Internacionalização da Economia e a Fiscalidade, Lisboa, DGCI, 1993, pág. 277.

[4] Já no anteprojecto de Estatuto dos Benefícios Fiscais, elaborado por Alberto Pinheiro Xavier e António Luciano de Sousa Franco (Lisboa, 1969) encontramos logo no seu n.º 1 do artigo 1.º essa mesma ideia, que passamos a transcrever: "Todas as pessoas são obrigadas, nos termos da lei, a contribuir conforme os seus haveres para os encargos públicos".

[5] Cfr. Miguel Ángel Martínez Lago, Leonardo García de la Mora, *Lecciones de Derecho Financiero y Tributario* (2.ª ed.), Madrid: Iustel, Portal Derecho, SA., 2005, págs. 73-75.

a) não é o critério exclusivo que conforma a tributação, nem o único que expressa a ideia de justiça tributária, na medida em que faz parte de um princípio mais amplo – a igualdade tributária;

b) é a base do que se chama "sistema normativo de imposto"[6], porquanto se um determinado imposto não é revelador de capacidade contributiva pode daí resultar o seu carácter confiscatório;

c) tem como função finalística a busca da legitimidade da realização prática do dever de pagar imposto;

---

[6] Respondendo, assim, directamente à questão suscitada por MANUEL HENRIQUE DE FREITAS PEREIRA, in Fiscalidade, Coimbra: Almedina, 2005, pág. 355, nota 518, quanto ao facto de o entendimento do que seja "sistema normativo de imposto" não estar resolvido pela doutrina. Pensamos que a análise da presente questão é inversa – trata-se de apurar qual o lugar que as normas criadoras de benefícios fiscais ocupam no ordenamento e assim, delimitar o referido sistema normativo. Cfr., sobre todos, KLAUS TIPKE, JOACHIM LANG, Steuerrecht (17.ª ed.), Köln: Verlag Dr. Otto Schimdt, 2002, págs. 719--722, e JOSÉ CASALTA NABAIS, O Dever Fundamental de Pagar Impostos, Coimbra: Almedina, 1998, págs. 645-654, e, para mais desenvolvimentos ver, entre outros, KARL HEINRICH FRIAUF, Verfassungsrechtliche Grezen der Wirtschaftslenkung und Socialgestaltung, Tübingen, 1966, KRAINER WERNSMANN, "Die verfassungsrechtliche Rechtfertigung der Abzugsfähigkeit von Vorsorgeaufwendungen – Zugleich zum Unterschied zwischen existenznotwendigem und indisponiblem Einkommen", Steuer und Wirtschaft (StuW) 1998, 317-333, M. SCHADEN, Die Steuervergünstigungen als staatliche Leistung, Finanzverfassung und Gleichheitssatz, Sinzheim, 1998, KLAUS VOGEL, "Verfassungsrechtsprechung zum Steuerrecht", in Schriftenreihe der Juristischen Gesellschaft zu Berlin, Heft 160. 1999, RAINER WERNSMANN, Das gleichheitswidrige Steuergesetz – Rechtsfolgen und Rechtsschutz, Münsterische Beiträge zur Rechtswissenschaft, Bd. 128, Berlin 2000, RAINER WERNSMANN, "Verfassungsrechtliche Anforderungen an die Einführung und Ausgestaltung von Steuervergünstigungen", Neue Juristische Wochenschrift (NJW) 2000, 2078-2080.

d) opera relativamente a todas as prestações públicas patrimoniais e gastos públicos, de forma a que toda a actuação pública considerem a posição económico-social dos contribuintes ou eventuais destinatários da opções políticas tomadas;

e) tem conteúdo elástico que tem de ser determinado casuisticamente, sem prejuízo da determinação do ser conteúdo essencial;

f) é o fundamento e expressão do princípio contributivo, que pode ter aplicação nas figuras tributárias de natureza extrafiscal.

Quer isto significar, que o conceito de benefício fiscal representa uma derrogação ao princípio da capacidade contributiva, *maxime* da igualdade tributária, porque desconsidera a posição económico-social dos contribuintes. Na verdade a origem do benefício fiscal está associada à teoria das limitações dos actos do poder político que tiveram a sua concretização no período medieval[7]. É que o limite do poder político encontra-se na esfera privada. Nesse sentido, podemos dizer que o campo dos benefícios fiscais começa onde a legitimidade para tributar termina, na medida em que só devemos contribuir para a satisfação das necessidades públicas tendo em conta a nossa inserção económico-social. A partir do momento em que o Estado renuncia à tributação por algo que não tem a ver com a capacidade contributiva, entra na esfera privada, que em princípio estaria a salvo da intervenção do poder político. E só não está a salvo,

---

[7] Sobre esta teoria das limitações do poder político, consultar, entre outros, o texto de ANTÓNIO MANUEL HESPANHA, *As Vésperas do Leviathan – Instituições e Poder Político, Portugal, século XVII*, Coimbra: Almedina, 1994, págs. 472-487.

porquanto não só há um benefício individual de quem usufruiu, como também encontra fundamento último na ideia de responsabilidade social do Estado[8].

Por este modo, os benefícios fiscais como tal, saem da indisponibilidade própria do quadro normativo tributário e entram no campo da disponibilidade, fora daquilo que constitui o núcleo essencial da tributação[9].

---

[8] Sobre a evolução e sentido actual do conceito de Estado Social cfr., entre outros, HAROLD L. WILENSKY, *Rich Democracies – Political Economy, Public Policy and Performance*, London: University of California Press, 2002, págs. 430-493, e, de forma mais geral, ROBERT NOZICK, *Anarchy state and utopia*, Basic Books, 1974, C MURRAY, *Losing Ground*, Basic Books, 1974, LUTZ LEISERING, ROBERT WALKER (eds), *The dynamics of modern society*, Policy Press, 1988, GOSTA ESPING-ANDERSEN, *The Three Worlds of Welfare Capitalism*, Polity, 1990, P. SPICKER, *Social policy: themes and approaches*, Prentice Hall, 1995, P. ALCOCK, A. ERSKINE, M MAY (eds), *The student's companion to social policy*, Blackwell 2003, R. M. TITMUSS, *Essays on the Welfare State*, Allen and Unwin 1963, J. LEGRAND, C. PROPPER, R. ROBINSON, *The economics of social problems*, Macmillan 1992, PAUL PIERSON (ed.), *The New Politics of the Welfare State*, Oxford, 2001.

[9] O legislador português, de forma imprecisa, prefere falar em tributação-regra (artigo 12.º do EBF). Será de salientar, contudo, que, em momento algum, o legislador explica o significado deste conceito. As pistas por nós encontradas permitem evidenciar uma nota interessante: o legislador quer acautelar o conceito de tributação-regra, porquanto as modalidades de benefícios fiscais evidenciam isenções parciais, o que poderia lançar alguma confusão sempre que esses benefícios fossem revogados. Imagine-se que o artigo 54.º do EBF, que confere uma taxa reduzida de 20% aos estabelecimentos de ensino particular integrados no sistema educativo, era revogado. Evidentemente, que esta revogação implicava a aplicação da taxa normal de IRC em vigor (25%, de acordo com o artigo 80.º/1 do CIRC), pelo que não bastaria o legislador prever que a extinção deste benefício teria como consequência a mera reposição da tributação, porquanto esta já existia, de forma reduzida. Quer o legislador dizer que a reposição da tributação-regra implica a reposição da tributação normalmente aplicável a entidades

Interessa, assim, assumir que o conceito de benefício resulta de uma evolução semântica do conceito de privilégio ao longo dos tempos. Já no Direito Romano havia uma imprecisão terminológica que dificultava a distinção clara entre as figuras de privilégio e benefício. A primeira figura reporta-se a uma forma de lei privada, singular ou colectiva, derrogatória do direito comum. Já o benefício é uma forma de privilégio concedido por meio de graça ou liberalidade, para além do direito comum[10].

Em Portugal, a figura do privilégio existe desde aquilo que podemos chamar de "revolução fiscal"[11], que está perfeitamente situado em 1249, o ano que marca o fim da política fiscal decorrente das fronteiras predatórias, uma vez que foi na primavera desse ano que foi ocupada a última praça muçulmana no Algarve.

E, inclusivamente, esta figura foi posta em causa seriamente com o advento das revoluções liberais oitocentistas. Mas entenda-se que este combate à figura do privilégio atentava a manutenção de um princípio de igualdade formal, isto é, perante a lei, muito longe da igualdade material[12]. Assim é por referência

---

similares, caso não existisse qualquer discriminação. Ora, este conceito de tributação-regra não coincide com o de núcleo essencial de imposto que aqui apresentamos, porquanto este tem uma componente valorativa que aquele não tem, porquanto se reporta ao mero desaparecimento de isenções parciais do ordenamento.

[10] Cfr., as pistas terminológicas identificadas, por referência ao estudo do Estado Moderno, em ANTÓNIO PEDRO BARBAS HOMEM, *O Espírito das Instituições – Um estudo de História do Estado*, Coimbra: Almedina, 2006, págs. 203-224.

[11] Cfr. RICHARD BONNEY e W. M. ORMROD, «Crisis, revolutions and self-sustained growth: Towards a conceptual model of change in Fiscal History», in W. M. ORMROD, MARGARET BONNEY e RICHARD BONNEY (eds.), *Crisis, revolutions and self-sustained growth. Essays in European Fiscal History, 1130-1830*, Stanford, 1999, págs. 1-21.

[12] ANTÓNIO PEDRO BARBAS HOMEM, *O Espírito...*, op. cit., págs. 230-231.

ao princípio da igualdade (apenas formal) que se consolida no Estado liberal a ideia de privilégio mais próxima de benefício, como "direito especial que as leis concedem em favor de certas pessoas ou coisas, *enquanto excepção ou dispensa da lei geral*"[13], sem que isso pudesse corporizar qualquer distinção entre o princípio geral da igualdade e a igualdade fiscal.

Esta mera excepção ou dispensa da lei geral sofre uma enorme modificação com a passagem do Estado liberal para o Estado social[14]. É só neste tipo de Estado que surge autonomizado o princípio da igualdade fiscal, agora entendido em sentido material e corporizado em dois importantes corolários: a generalidade e a uniformidade dos impostos[15]. De acordo com a generalidade, ninguém pode ser excluído do dever de pagar impostos. Já de acordo com a uniformidade, o pagamento dos impostos deve obedecer a um mesmo critério. É aqui que surge a capacidade contributiva como algo indisponível, porque passa a funcionar como critério uniformizador do pagamento dos impostos.

Assenta-se, assim, a referida indiponibilidade da capacidade contributiva tendo em conta que, só num plano jusnaturalista

---

[13] A afirmação é de ANTÓNIO PEDRO BARBAS HOMEM, in *O Espírito...*, op. cit., pág. 231.

[14] Não é fácil situar no século XX o advento do Estado Social, mas constitui um marco importante o *Relatório referente à Segurança Sociais e Serviços Conexos,*, mais conhecido como o *Relatório Beveridge* (1942), que serviu de base à política europeia do pós-guerra, incluindo especialmente a criação do Serviço Nacional de Saúde. O período clássico do Estado Social está assim situado entre 1945 e 1980, altura em que se assiste a um retorno a políticas neo-monetaristas, nomeadamente no Reino Unido, que consideram o decréscimo da intervenção estadual em benefício do empreendorismo privado.

[15] Para mais desenvolvimentos, consultar JOSÉ CASALTA NABAIS, *O Dever Fundamental de Pagar Impostos*, Coimbra: Almedina, 1998, págs. 438-443.

económico-sociológico[16], se consegue fixar a justa repartição do dever de contribuir, em termos de igualdade, proporcionalidade e progressividade ou degressividade. Fora destes parâmetros, o legislador/exactor financeiro poderá decidir balizado pelas funções do Estado. É aí que entra a *extrafiscalidade*, fora do campo da indisponibilidade própria do núcleo essencial da tributação, em terreno delimitado não pela igualdade tributária, mas pela disponibilidade própria das opções políticas de fundo, a serem tomadas pelo legislador.

Clarifique-se, contudo que nem todo o desagravamento de natureza tributária evidencia a existência de um benefício fiscal, a partir do momento em que este considera a posição do contribuinte perante a satisfação das suas necessidades, num binómio público-privado.

Ademais, esta derrogação evidenciada resulta de uma opção política de fundo centrada no incentivo individual, de natureza económica, social e cultural, do comportamento dos sujeitos passivos. Tentaremos, assim, destrinçar os vários elementos do conceito, nos parágrafos seguintes.

---

[16] VÍTOR FAVEIRO, *O Estatuto do Contribuinte – A Pessoa do Contribuinte no Estado Social de Direito*, Coimbra: Coimbra Editora, 2002, págs. 154-155.

§ 1.º Os benefícios fiscais como derrogação do princípio da igualdade tributária

a) Os benefícios tributários e a derrogação do princípio da igualdade tributária

Uma norma que cria um benefício tributário viola o princípio da igualdade tributária, mas que, contudo fica legitimada ou até mesmo exigida pelas normas constitucionais de um determinado ordenamento. Interessa pois determinar o âmbito da igualdade tributária.

De forma alternativa ou cumulativa, o Estado só pode tributar e gastar:

a) atentando à lógica do benefício (*quid pro quo*), tendo em conta o que recebe do contribuinte, tendo por referência o gozo dos serviços públicos por parte deste[17];

ou

b) atentando à lógica da capacidade de pagar (na sequência das ideias quinhentistas de Guicciardini, que defendia a ideia da tributação progressiva na capacidade de pagar, e até mesmo no pensamento de BODIN, que defendia a ideia de faculdade contributiva para a tributação com base na

---

[17] De acordo com GRIZIOTTI, in "Il potere finanziario", in *Saggi sul rinnovamento degli studi di scienza delle finanze e di diritto finanziario*, Milano, 1953, págs. 289 e ss..

regra da proporcionalidade), o Estado só pode tributar dentro de determinados mínimos de existência por parte do contribuinte, por referência a determinados índices de manifestação económica (riqueza, rendimento e despesa).

De acordo com o princípio do benefício, a tributação seria discriminada em termos de contrapartida. Nesse sentido a justiça fiscal seria entendida de acordo com uma lógica de reciprocidade. Assim, os impostos assumiriam a natureza de preço pela protecção e coordenação, sempre que as mesmas fossem necessárias ou requeridas pelo indivíduo, configurando-se um absurdo que o mesmo suportasse o pagamento de impostos sempre que prescindisse da maior parte dos serviços públicos.

Por um lado, e tendo em conta o grau de intervencionismo estadual, contudo, a discriminação tributária em função da contrapartida, própria do princípio do benefício, esbate-se. Quer isto significar que o princípio do benefício ou da equivalência cede perante o facto de existirem funções prosseguidas pelo Estado e que o contribuinte/administrado não pode prescindir voluntariamente. Não confundir, numa lógica de Estado social, este acto voluntário de recusa com a não usufuição dos serviços prestados. Aí entramos na discussão em torno da natureza do bem público puro[18].

Por outro, o conceito de imposto[19] e a sua característica da unilateralidade que o distingue das taxas, afasta a ideia de contra-

---

[18] Os bens públicos puros são aqueles cuja utilização (1) é indivisível, na medida em que o seu gozo não diminui com a intensidade subjectiva do seu uso, (2) não pode ser excluída pelo seu produtor; (3) não pode ser rejeitada pelo seu consumidor. Sempre que o bem não seja indivisível, mas reúna as características da impossibilidade de exclusão e da não rejeitabilidade, fala-se em bem público impuro ou bem colectivo (v.g. pense-se nos peixes que povoam os oceanos).

[19] Sobre o conceito de imposto consultar, entre nós, PEDRO SOARES MARTINEZ, *Direito Fiscal*, Coimbra: Almedina, 1995, págs. 26-57, JOSÉ

partida ínsita ao princípio do benefício, o que nos permite avançar que todos os benefícios fiscais, por se situarem no campo dos impostos, constituem uma derrogação à capacidade contributiva e nunca ao princípio do benefício ou da equivalência. Não obstante, e dada a sua importância financeira actual, dedicaremos algum tempo à análise dos benefícios fiscais nos impostos especiais de consumo, que, por não se coadunarem com o princípio da capacidade contributiva e encontrarem maior adequação, pelo contrário, ao princípio do benefício ou da equivalência[20], não são verdadeiros impostos.

Já de acordo com o princípio da capacidade contributiva, a tributação seria discriminada de acordo com a situação subjectiva de cada contribuinte. Na verdade, o imposto justo[21] é aquele que garante a igualdade material na repartição dos encargos tributários, isto é, que os detentores da mesma capacidade contributiva paguem o mesmo imposto (igualdade horizontal) e os contribuintes com diferente capacidade suportarão impostos diferentes (igualdade vertical).

O princípio da capacidade contributiva não necessita de assento constitucional e decorre do princípio geral da igualdade,

---

CASALTA NABAIS, *Direito Fiscal* (4.ª edição), Coimbra, Almedina, 2006, págs. 10-66, JOSÉ LUÍS SALDANHA SANCHES, *Manual de Direito Fiscal* (2.ª edição), Coimbra: Coimbra Editora, 2002, págs. 13-16.

[20] Veja-se por exemplo, o imposto do tabaco, cuja criação é norteada pelo custo social, cujo consumo se traduz na propiciação de problemas no campo saúde pública. Ver, sobre todos, SÉRGIO VASQUES, *Os Impostos do Pecado – O Álcool, o Tabaco, o Jogo e o Fisco*, Coimbra: Almedina, 1999, págs. 123-133.

[21] Sobre a justiça tributária consultar, sobre todos, KLAUS TIPKE, *Die Steuerrechtsordnung,...*, 1993, págs. 260-261 e KLAUS TIPKE, *Besteuerungsmoral und Steuermoral*, Köln, Westdeutscher Verlag GmbH (e respectiva tradução, efectuada por PEDRO HERRERA MOLINA, intitulada *Moral Tributaria del Estado y de los contribuyentes*, Madrid: Marcial Pons, 2002).

desde que articulado adequadamente "com os preceitos e princípios constitucionais relativos aos impostos ou mesmo aos direitos fundamentais"[22].

b) O núcleo essencial do imposto, os benefícios fiscais e a derrogação do princípio da capacidade contributiva

O ponto de partida da presente análise é, em nosso entender, a reabilitação doutrinal do princípio da capacidade contributiva ou económica[23]. Recentemente, tem-se destacado a importância da capacidade contributiva como medida de tributação e, inclusivamente, como critério de repartição de determinadas prestações públicas. O que, tem permitido a construção de um

---

[22] José Casalta nabais, *O Dever...*, op. cit., pág. 449.

[23] Assumimos aqui a igualdade conceptual destes conceitos. Contudo, no rigor das coisas, poder-se-ia defender a separação entre a capacidade contributiva e a capacidade económica, definição aliás irrelevante, por falta de qualquer sentido jurídico útil. Como, aliás, refere F. Moschetti ("La capacità contributiva – Profili Generali", in F. Moschetti et al., *La Capacità Contributiva*, Milano: CEDAM, 1993, págs. 25-26) a valoração da capacidade contributiva passa pela síntese dos seguintes elementos: "a) o art. 53.º (da Constituição Italiana) quer fixar um critério de justiça em matéria tributária; b) o referido critério de justiça é distinto do princípio da igualdade e dos cânones formais da mera racionalidade e coerência legislativa; c) o mesmo critério pressupõe, como condição necessária e não suficiente, a capacidade económica do sujeito; d) a capacidade económica deve ser superior a um certo mínimo e deve ser considerada com idónea na concorrência das despesas públicas em relação aos valores enunciados pela constituição; e) a mencionada paridade pode portanto resultar na diversidade conceptual entre a capacidade contributiva e capacidade eocnómica". Nesse sentido, a capacidade contributiva corresponde apenas ao modo de financiamento, podendo estar dotada de vários graus consoante a capacidade económica demonstrada.

direito fundamental de contribuição, assente na ideia que os direitos fundamentais consistem em direitos públicos subjectivos que vinculam o legislador, e, consequentemente, a necessidade de realizar uma ponderação de bens jurídicos (norteada pelo princípio da proporcionalidade) quando estejam presentes fins que impliquem a restrição daquele direito[24].

Na verdade, o princípio geral da igualdade reclama, segundo LEIBHOLZ, um determinado conjunto de direitos subjectivos dirigidos a omissões, ou seja, "a omissões ou perturbações arbitrárias da igualdade *de jure*"[25]/[26]. Assim, há que distinguir três tipos

---

[24] Sobre a questão da reabilitação do princípio da capacidade contributiva e a dupla vertente da capacidade contributiva, como medida de tributação e como direito fundamental, cfr., sobre todos, Pedro M. Herrera Molina, Capacidad Económica y Sistema Fiscal – Análisis del ordenamiento español a la luz del Derecho alemán, Madrid: Marcial Pons, 1998, págs. 23-80 e, mais recentemente, Sérgio Vasques, "Capacidade Contributiva, Rendimento e Património", in *Fiscalidade*, n.º 23, 2005.

[25] Cfr. GERHARD LEIBHOLZ, *Die Gleichheit vor dem Gesetz. Eine Studie auf rechtsvergleichender und rechtsphilosophischer Grundlage* (2.ª ed.), Munich/Berlin, 1959, pág. 235.

[26] A igualdade *de jure* distingue-se da igualdade fáctica, que são máximas incompatíveis. Daí falar-se em "paradoxo da igualdade" [ROBERT ALEXY, *Teoria de los Derechos Fundamentales* (trad. Ernesto Garzón Valdés), Madrid: Centro de Estudios Políticos y Constitucionales, 2002, pág. 404]. Tanto um princípio, como o outro colidem frontalmente, o que quer significar que sempre que esteja assegurado um tratamento *de jure*, o tratamento fáctico não está garantido e vice-versa. Atente-se, a título de exemplo no campo tributário português, quanto à aplicação do n.º 2 do artigo 31.º do CIRS, em sede de regime simplificado. Na realidade, a determinação do rendimento líquido respeitante aos rendimentos profissionais e empresariais depende da aplicação dos coeficientes constantes nessa disposição (0,20 ou 0,65) ao rendimento bruto, com montante mínimo, contudo, igual ao valor anual do salário mínimo mais elevado, ressalvado o regime dos rendimentos acessórios constante do n.º 6 da mesma disposição. Ora, este rendimento líquido mínimo, considerada por uns inconstitucional, garante uma

de direitos: os direitos de igualdade definitivos abstractos, os direitos de igualdade definitivos concretos e os direitos de igualdade *prima facie* abstractos. Desta forma, todos os direitos abstractos conduzem a um conjunto de direitos concretos muito diferentes, a que, rigorosamente, chamamos de direitos de defesa. E é esta relação dialógica que explica a omissão do Estado, que, por sua vez, pode conduzir à exigência e tutela fáctica, por parte do administrado, alternativamente, de um *status positivo* (exigência de actuação pública) ou *status negativo* (exigência de não actuação pública)[27].

Vejamos alguns exemplos no campo da igualdade tributária.

Pensemos, em primeiro lugar, na tributação das mais-valias imobiliárias referente à habitação própria e permanente dos sujeitos passivos singulares, prevista nos artigos 9.º/1, alínea a) e 10.º/1, alínea a), ambos do CIRS. De facto, sempre que a mais-valia resultante da alienação da habitação própria do sujeito passivo residente seja reivestida na aquisição de nova habitação própria, o legislador deve ponderar e concluir que há uma razão suficiente para ordenar o tratamento desigual destes sujeitos passivos residentes que reinvestem as mais-valias para aquele fim, em face dos outros que realizam mais-valias imobiliárias (*direito à igualdade definitivo abstracto*), porquanto a operação de reinvestimento visa a aquisição de um imóvel com o mesmo fim do primeiro (habitação própria). Quer isto significar que os mon-

---

igualdade *de jure* dos vários contribuintes (sempre que os seus rendimentos líquidos se situem abaixo deste valor, estão obrigados a um montante mínimo de imposto), sem, porém, garantir uma igualdade fáctica (porquanto existem contribuintes a suportar um imposto mínimo e que não têm rendimentos empresariais e profissionais e que, no entanto, mantêm actividade aberta).

[27] Sobre esta discussão, consultar, em especial ROBERT ALEXY, *Teoria...*, op. cit., págs. 415-418.

tantes aplicados na aquisição da primeira casa já foram tributados como rendimento (ou vão sendo objecto de tributação, no caso de mútuo bancário) do sujeito passivo, o que fundamenta a sua não tributação, quando sejam aplicados no mesmo fim – podendo até avançarmos que a operação em si é dotada de neutralidade. Dessa forma, nasce um direito na esfera do sujeito passivo um direito concreto ao *status positivo*, que se opõe à omissão de tratamento desigual. É nesse sentido que se prevê, no artigo 10.°/5, alínea a) do CIRS, a exclusão da tributação das mais-valias reinvestidas destinadas à aquisição de nova habitação própria e permanente. E tudo isto no quadro da capacidade contributiva, ou seja, no âmbito do núcleo essencial do IRS.

Centremo-nos agora no artigo 7.° e 8.° do CIMT. O IMT incide sobre todas as transmissões onerosas do direito de propriedade ou de figuras parcelares do seu direito, nos termos do artigo 2.°/1 do CIMT. Ora, sucede que, quer para os casos de aquisições de prédios para revenda (no prazo de 3 anos a contar da data de aquisição – artigo 11.°/5 do CIMT) por quem exerce a actividade de comprador de prédios para revenda tributada em IRS ou IRC (conforme resulta do artigo 7.° do CIMT), quer para os casos de aquisições de imóveis por instituições de crédito para revenda (no prazo de 5 anos a contar da data de aquisição – artigo 11.°/6 do CIMT), desde que se destinem à realização de créditos feitos ou de fianças prestadas (conforme ressalta do artigo 8.° do CIMT) o legislador deve ponderar e concluir que há uma razão suficiente para ordenar o tratamento desigual destes sujeitos passivos que efectuam revendas em virtude do exercício da sua actividade empresarial, em face dos outros que não efectuam a revenda (*direito à igualdade definitivo abstracto*). Nasce, igualmente, aqui um direito na esfera do sujeito passivo, um direito concreto ao *status positivo*, que se opõe à omissão de tratamento desigual, previsto nas normas invocadas.

Sendo assim, a igualdade tributária é preenchida pelo direito fundamental a contribuir de acordo com a capacidade económica de cada um. Daí que reconduzamos a primeira parte da noção material de benefício à derrogação da capacidade contributiva. O princípio da capacidade contributiva pretende, deste modo, vincular o legislador de um determinado modo, por forma a fazer concorrer os sujeitos passivos para o financiamento das despesas públicas de acordo com o seu grau de existência económica.

A capacidade contributiva, na sua dupla vertente – como direito fundamental e como medida da igualdade – representa algo indeterminado. Mas a determinabilidade apura-se por exclusão de partes. Assim, tendo em conta que a capacidade económica é uma norma de prudência, porquanto assegura a não tributação a quem não tem nada que serve de base a uma graduação dos vários sujeitos passivos, tendo em conta a origem das fontes de tributação, pela negativa, podemos dizer:

a) é sabido que os impostos de capitação e os baseados no benefício *não* são compatíveis com a capacidade contributiva;

b) *não* será determinante a capacidade contributiva potencial, mas sim a actual – isso exclui a tributação mínima que não fundamentará a autêntica capacidade de contribuir, (salvo em casos de retirada de benefícios fiscais, cujo regime resultava uma tributação tendente para zero);

c) a capacidade contributiva *não* é compatível com o direito a optar entre diversas consequências jurídicas.

De acordo com a delimitação avançada, a capacidade contributiva e a sua dupla valorativa quê/porquê, constituem, assim, o núcleo essencial do imposto. Assim, por referência à capacidade contributiva podemos construir o mencionado núcleo, tendo em conta uma dupla vertente – objectiva e subjectiva.

a) De acordo com a capacidade contributiva objectiva, a tributação da riqueza disponível recorre a três corolários: (1) apenas o rendimento líquido deve ser tributado (corolário material); (2) a continuidade da tributação, desconsiderando os períodos como compartimentos estanques (aspecto temporal); (3) não submissão a tributação dos rendimentos fictícios (aspecto quantitativo).

b) Já de acordo com a capacidade subjectiva, a tributação deve ter em conta o enquadramento familiar e pessoal do sujeito passivo (princípio do líquido subjectivo).

Para além disso, deverão estar assegurados outros três factores, para a consolidação do referido núcleo essencial tributário: a progressividade, o ajustamento à inflação e a coerência legislativa. Mais à frente, teremos em conta estes planos de análise para enquadrar o regime dos benefícios fiscais vigentes no nosso ordenamento.

Os benefícios fiscais encontram fundamento fora da capacidade contributiva e da máxima da igualdade estudada, sem, no entanto, ser recusada a sua admissibilidade[28] desde que encontrem

---

[28] De forma ilegítima, porém, o sujeito passivo recorre a operações mais sofisticadas, utilizando os chamados abrigos fiscais (*tax shelters*), designadamente pela utilização de "estruturas tão complexas que quase impossibilitam o controlo administrativo", que tem sido recentemente combativo por uma política de *self-assessment*, descrita, entre nós por JOSÉ L. SALDANHA SANCHES, *Os limites do planeamento fiscal*, Coimbra: Coimbra Editora, 2006, págs. 223-225. Não esquecer que o legislador tem isso tanto em mente que criou um conjunto de normas que agravam a tributação para os casos em que o sujeito passivo tenha relações com *off-shores* (veja-se, a título de exemplo, o artigo 112.º/3 do Código do Imposto Municipal sobre Imóveis e o artigo 17.º/4 do Código do Imposto Municipal sobre as Transacções Onerosas de Bens Imóveis, ambos aprovados pelo Decreto-Lei n.º 287/2003, de 12 de Novembro. Ademais, no Imposto sobre o Rendimento das Pessoas

a sua tutela noutro princípio, direito ou dever. Quer isto significar que, na verdade, o benefício fiscal é justificado pelo ordenamento jurídico, ao mesmo tempo que é recusado pelo direito fiscal. Ora, falar em objectivos e princípios extrafiscais não é o mesmo que fazer referência à capacidade contributiva. Enquanto que os objectivos extrafiscais exprimem "directamente um fim social admitido pela Constituição"[29], o princípio da capacidade contributiva exprime apenas "um modo de prosseguimento do fim social do financiamento das despesas públicas"[30].

Um exemplo, para melhor percepção da questão. Ainda no campo das mais-valias imobiliárias e mobiliárias no IRS, será interessante analisar os artigos 10.º/2, 43.º/2 e 72.º/4, todos do CIRS. De facto, há uma desoneração voluntária, por parte do legislador da tributação das mais-valias[31]. Não só temos uma taxa reduzida para títulos de dívida detidos há menos de um ano (72.º/4 do CIRS), ou até mesmo taxa zero, para os casos de detenção superior a um ano (10.º/2 do CIRS), como também a consideração das mais-valias em 50% do seu valor, para efeitos de aplicação das taxas (43.º/2 do CIRS). Os desagravamentos em análise visam realidades distintas: o primeiros dois desagravamentos destinam-se a fomentar o mercado dos títulos e dos instrumentos financeiros derivados, o último a incentivar as trocas no mercado habitacional (10.º/1, alíneas a) e d)) e no mercado da propriedade intelectual e industrial (10.º/1, alínea

---

Colectivas (IRC), e como forma de evitar a não tributação de lucros de sociedades não residentes sujeitas a um regime fiscal privilegiado, temos o artigo 60.º do Código do IRC (aprovado pelo Decreto-Lei n.º 442-B/88, de 30 de Novembro).

[29] FEDERICO MAFFEZZONI, *Il principio...*, op. cit., pág. 323.

[30] FEDERICO MAFFEZZONI, *Il principio...*, op. cit., pág. 323.

[31] Para também não falarmos da desconsideração fiscal das mais-valias mobiliárias em sede de impostos sobre o rendimento.

c)). Não há, na realidade, em qualquer destes mercados, um *direito à igualdade definitivo e abstrato* que permitiria concluir que não há razão suficiente para a permissão de um tratamento desigual, estando, desta forma, ordenado o tratamento igual, porquanto se trata de transmissões mercantis, e como tal, sujeitas às regras e preços que resultaria do encontro da oferta e da procura. Tratamento igual este que se consubstanciaria numa *obrigação de o Estado omitir determinados tratamentos desiguais.* Obrigação esta que o Estado não cumpriu, o que implicaria a violação da máxima da igualdade. No entanto, e como já foi explicado, esta violação só cederia perante outros direitos e exigências consitucionais. Não poderíamos, assim, defender que esta opção legislativa salvaguarda o núcleo essencial da capacidade contribuiva, uma vez que a progressividade reclamada pelo princípio da solidariedade não constitui meio adequado para sustentar a medida – pelo que este benefício fiscal é ilegítimo e inconstitucional, porque violador do dever de omissão a que o Estado estaria adstrito tendo em vista o tratamento desigual, não fosse a Constituição prever:

a) no artigo 87.º da CRP, que a lei deverá disciplinar a actividade económica e os ivestimentos, tendo em vista a garantia do "desenvolvimento do país", estando incluída nesta garantia as medidas destinadas a fomentar o investimento próprio dos mercados de títulos e instrumentos financeiros derivados – o que sustenta os desagravamentos previstos nos artigos 10.º/2, alíneas b), e), f) e g) e 72.º/4, do CIRS;

b) no artigo 65.º da CRP, que todos têm direito a uma habitação de dimensão adequada, por um lado, e por outro, que o Estado deve estimular a construção privada e o acesso à habitação própria ou arrendada – o que sustenta o regime previsto nos artigos 10.º/2, alíneas a) e d) e o 43.º/2, do CIRS;

c) no artigo 81.º/alínea l) da CRP, que o Estado deve assegurar uma política científica e tecnológica favorável ao desenvolvimento da comunidade – o que sustenta o regime previsto nos artigos 10.º/2, alínea c) e o 43.º/2, do CIRS, quanto à propriedade industrial;

d) no artigo 78.º da CRP, que todos têm o direito a defender e valorizar o património cultural, bem como a fruir e a criar – o que sustenta o regime previsto nos artigos 10.º/2, alínea c) e o 43.º/2, do CIRS, quanto à propriedade intelectual.

Neste sentido, estaríamos perante a existência concreta de disposições restritivas que diminuiriam a extensão e o alcance do conteúdo essencial do referido direito à igualdade (ver artigo 18.º/3 da CRP). O que vem demonstrar que a capacidade contributiva, como espelho medida do direito à igualdade, na tríplice vertente analisada, cede perante outros direitos ou exigências constitucionais. Não contendo o ordenamento português uma autorização geral de restrição de direitos, liberdades garantias, o artigo 18.º/2 exige que a Constituição deverá individualizar os direitos que podem ficar no âmbito de uma reserva restritiva. E, "essa autorização de restrição expressa tem como objectivo obrigar o legislador a procurar sempre nas normas constitucionais o *fundamento concreto* para o exercício da sua competência de restrição de direitos, liberdades e garantias"[32] e "visa criar *segurança jurídica* nos cidadãos, que poderão contar com a inexistência de medidas restritivas fora dos casos expressamente considerados pelas normas constitucionais como sujeitos a reserva de lei restritiva"[33].

---

[32] José Joaquim Gomes Canotilho, *Direito Constitucional e Teoria da Constituição* (6.ª edição), Coimbra: Almedina, 2002, pág. 834.

[33] José Joaquim Gomes Canotilho, *Direito Constitucional...*, op. cit., pág. 834.

De facto, o binómio abstracto/concreto do direito da igualdade vem demonstrar que esta não é um direito absoluto e que pode ceder perante outros direitos e exigências consitucionais. Podemos, assim, concluir, que falar em objectivos e princípios extrafiscais não é o mesmo que fazer referência à capacidade contributiva. Enquanto que os objectivos extrafiscais exprimem directamente um fim social admitido pela Constituição o princípio da capacidade contributiva exprime apenas um modo de prosseguimento do fim social do financiamento das despesas públicas.

c) *A admissibilidade da extrafiscalidade e o princípio da capacidade contributiva*

Como refere Maffezzoni[34], o legislador detém uma grande margem de liberdade de actuação para conformação do conteúdo do princípio da capacidade contributiva, ou seja, na obtenção do método de financiamento da despesa pública directa. Para tal pode formular os esquemas normativos mais diversos e condicionar o montante das receitas a obter tendo em vista o gozo efectivo dos serviços públicos visados[35].

---

[34] Federico Maffezzoni, *Il principio...*, op. cit., págs. 325-326.

[35] A título exemplificativo, o autor refere que os impostos progressivos podem assumir as medidas mais variadas: podem ser impostos sobre valores reais dos rendimentos cedulares combinados com impostos progressivos sobre o rendimento unitário e global, repartido por várias categorias, por oposição aos impostos meramente progressivos sobre o rendimento unitário e global; os rendimentos singulares podem ser configurados como rendimentos médios (valores reais presumidos) ou efectivos (valores reais); os rendimentos empresariais podem ser apurados em face das quotas de amortização normal ou acelerada; o rendimento empresarial pode ser encarado no facto de abranger todas as entradas de receitas ou apenas no sentido

Neste sentido, a possibilidade conferida ao legislador de alterar a disciplina da receita tributária "não pode ser utilizada arbitrariamente pelo legislador ordinário, mas deve ser utilizada para os objectivos extrafiscais concretamente definidos serem atingidos"[36], como sejam "a expansão ou retracção do investimento e do consumo, a redistribuição, etc.". O que quer significar que são os objectivos extrafiscais assumidos que conformam o conteúdo e a extensão da capacidade contributiva.

Não nos esqueçamos, porém, que a capacidade contributiva reporta-se ao critério de repartição das receitas destinadas ao financiamento das despesas públicas directas, e não àquelas destinadas à prossecução de fins sociais extrafiscais concretos. O que quer significar que a repartição das receitas não seria possível se não fosse a possibilidade de modelação do conteúdo do princípio da capacidade contributiva[37], isto é, ou de acordo com bene-

---

de abranger o valor acréscimo das receitas empresariais; o valor acréscimo empresarial pode ser considerado tendo em conta o resultado líquido deduzida a totalidade dos custos suportados ou, alternativamente, deduzida apenas a amortização do capital adquirido.

[36] FEDERICO MAFFEZZONI, *Il principio...*, op. cit., pág. 326.

[37] No mesmo sentido, *vide* a análise económica de LEONARD DUDLEY e CLAUDE MONTMARQUETTE, "Is Public Spending determined by voter choice or fiscal capacity?", in *The Review of Economics and Statistics*, Vol. LXXIV, n.º 3, 1992 (August), págs. 522-529. Em concreto, argumentam os autores que quando "a capacidade fiscal (ou contributiva) diverge do montante dos gastos públicos pretendidos pelos votantes, é o lado com menor força comparativa (*short side*) que determina os níveis de gastos actuais. Nestes termos, quando a capacidade fiscal potencial de uma comunidade exceda os níveis de gastos pretendidos, a competição política assegura que a escolha do votante prevaleça. Porém, quando o decisor público se revela inapto para gerar receitas suficientes através da tributação, do crédito privado ou da 'senhoriagem' (*retirando*, desta forma, *poder de compra* aos consumidores pelo aumento da massa monetária em circulação) para financiamento das dos gastos pretendidos, estas devem ser reduzidas em termos reais (...), por conduzirem a altos níveis de inflação". *O que quer significar que a derrogação*

fício adveniente das despesas públicas directas ou de acordo com os índices da capacidade de pagar do contribuinte.

Repare-se que o princípio da capacidade contributiva é inderrogável, na medida em que corresponde, como se disse, a um modo de financiamento das despesas públicas directas assumidas, podendo apenas ser conformada, por via sistemática, a diversidade dos comportamentos económicos em face de objectivos comuns assumidos constitucionalmente, ou seja, ser possível a graduação da capacidade económica que a preenche[38] /[39].

---

do conteúdo da capacidade contributiva depende dos gastos públicos pretendidos e explorados por via eleitoral.

[38] Pense-se na necessidade de ajuda às zonas localizadas no interior do país, carenciadas de recursos próprios, ou até mesmo nas zonas assoladas por catástrofes naturais, ou mesmo num sector produtivo de um bem primário (essencial à vida do ser humano) escassamente lucrativo, do ponto de vista económico. Em qualquer destas situações se detectam capacidades de pagar diversas. O que nos permite sustentar, como faz F. MOSCHETTI ("La capacità...", op. cit., págs. 42-47), que a capacidade contributiva é dotada de vários graus, por referência a uma das vertentes da capacidade contributiva – a *capacidade de pagar* (ou, nas palavras do autor, capacidade económica) – cujo conteúdo resulta densificado do ponto de vista do sistema constitucional assumido.

[39] No entender de MOSCHETTI (F. MOSCHETTI, "La capacità...", op. cit., págs. 46-47), o âmbito de discricionariedade conferido ao legislador italiano no estabelecimento dos objectivos extrafiscais deve-se reger pelos seguintes pressupostos: (1) em nenhum caso podem ser tributadas situações ou factos que não manifestem qualquer tipo de capacidade económica (ou capacidade de pagar); (2) a qualificação da capacidade económica como fazendo parte da capacidade contributiva deve resultar da interpretação sistemática do artigo 53.º (da Constituição Italiana) e das restantes normas constitucionais (por mera referência à *ideia guia* da constituição, ou seja, à constituição material); (3) devem ser respeitados igualmente os princípios constitucionais que nos diversos sectores económicos e sociais sejam indirectamente suscitados nas normas tributárias (como seja, a solidariedade própria dos impostos não pode pôr em causa a liberdade de iniciativa

São assim os comportamentos económicos adoptados que definem o nível de gastos estaduais pretendidos, em resultado dos objectivos extrafiscais assumidos. Pelo que, a criação e a assunção de novos compromissos extrafiscais só pode querer significar uma preferência subjectiva por um grau de maior ou menor capacidade económica. A referida preferência por um grau maior ou menor de capacidade económica, isto é, a vontade de derrogação do conteúdo da capacidade contributiva enunciada será apenas permitida, desde que conforme aos fins extrafiscais.

E é a referida enunciação dos objectivos extrafiscais que pode constituir uma "presunção de idoneidade"[40] das derrogações ao conteúdo do princípio da capacidade contributiva. A mencionada presunção está na base da legitimidade constitucional da derrogação, insusceptível de ser ilidida pelo Tribunal Constitucional.

Não confundir, porém, o campo da mera enunciação com o da adequação, da idoneidade económica das derrogações necessárias ao alcance dos objectivos indicados. Saímos, neste caso, do campo da legitimidade da enunciação da norma derrogatória da capacidade contributiva, porque presuntivamente conforme aos objectivos extrafiscais delineados, para penetrarmos o âmbito da análise dos custos e benefícios decorrentes da concretização dos objectivos extrafiscais, por intermédio de normas derrogatórias da capacidade contributiva.

Assim, as preferências criadas, para além de enunciarem objectivos extrafiscais, representam uma derrogação ao conteúdo

---

garantida pelo quadro constitucional); (4) deve ser respeitado o princípio da coerência, no sentido de os impostos deverem ser usados de acordo com a sua natureza, evitando, em concreto, o intuito sancionatório que possa presidir à sua criação.

[40] MAFFEZZONI, *Il principio...*, op. cit., pág. 329.

do princípio da capacidade contributiva, porque representam fins sociais *concretos* e de obrigatória enunciação por via constitucional e legal e porque representam a preferência por um grau maior ou menor de capacidade económica, devendo ser respeitado o *princípio da coerência*, no sentido de os impostos deverem ser usados de acordo com a sua natureza, evitando, em concreto, o intuito sancionatório que possa presidir à sua criação.

§ 2.º   Os benefícios fiscais como instrumento
de política de incentivo

Como incentivo económico[41], social e cultural que é, o benefício fiscal representa todas as vantagens atribuídas aos sujeitos tendo em vista a realização de um determinado comportamento, que em condições normais seria realizado em menor escala, não apenas por via do sistema fiscal, mas igualmente por via financeira. E por incentivo, entenda-se como algo dinâmico, porque encarado sempre de forma prospectiva, e não estático, assim como todas as preferências fiscais criadas, sendo muito difícil sustentar a existência de preferências fiscais estáticas, (salvo aquelas situações em que os desagravamentos se aplicam a situações passadas, por razões políticas, sociais, de defesa, diplomáticas etc., assumindo neste caso o carácter de prémio)[42].

O conteúdo material de incentivo é variável[43] e encontra actualmente a sua razão última no direito ao desenvolvimento[44], de

---

[41] Cfr. HERMES DOS SANTOS, "Incentivos económicos", *Polis*, Vol. III, págs. 460 e segs..

[42] Como defende JORGE BACELAR GOUVEIA, in "Os Incentivos Fiscais Contratuais...", op. cit., pág. 278. Aliás, o próprio autor reconhece que "é evidente que se assume alguma fragilidade desta distinção (entre benefícios fiscais de natureza estática vs. de natureza dinâmica) que, por via do próprio critério que lhe preside, de natureza, não se apresenta por vezes como inteiramente segura, ao surgirem situações de fronteira em que se torna difícil estabelecer a relação com um dos seus dois termos" (nota 30, pág. 278).

[43] Porquanto depende do grau de intervencionismo estatal, como já se viu *supra*, a propósito da evolução dos conceitos de privilégio e benefício.

acolhimento internacional, não só, genericamente, no artigo 28.º da Declaração Universal dos Direitos do Homem[45], como, principalmente, no artigo 1.º dos Pactos[46] das Nações Unidas sobre os Direitos Civis e Políticos e sobre os Direitos Económicos, Sociais e Culturais, que expressamente referem:

"1. Todos os povos têm o direito à autodeterminação. Em virtude deste direito estabelecem livremente a sua condição política e, desse modo, providenciam o seu desenvolvimento económico, social e cultural.

2. Para atingirem os seus fins, todos os povos podem dispor livremente das suas riquezas e recursos naturais, sem prejuízo das obrigações que derivam da cooperação económica internacional baseada no princípio de benefício recíproco, assim como do direito internacional. Em caso algum se poderá privar um povo dos seus próprios meios de subsistência".

Desta forma, o conceito de incentivo é composto por três elementos: (1) imputabilidade; (2) vantagem económica; (3) financiamento.

Quanto ao elemento imputabilidade, a relação jurídica evidenciada em resultado da criação de um incentivo económico tem dois sujeitos: um deles necessariamente tem de ter natureza pública, o outro pode assumir natureza pública ou privada.

Quanto à intervenção da parte pública da relação, esta baseia-se no princípio da autotributação[47]. Este princípio baseia-se,

---

[44] Cfr., para mais desenvolvimento, EDUARDO PAZ FERREIRA, *Valores e Interesses – Desenvolvimento e Política Comunitária de Cooperação*, Coimbra: Almedina, 2004, págs. 198-200.

[45] Assinada na ONU em 10 de Dezembro de 1948 (A/RES/217).

[46] Ambos adoptados e abertos à assinatura, ratificação e adesão pela resolução 2200-A (XXI) da Assembleia Geral das Nações Unidas, de 16 de Dezembro de 1966.

[47] Sobre o assunto consultar o nosso "O princípio da autotributação: perspectivas e evoluções recentes", in *Estudos em Homenagem ao Professor Doutor António Luciano de Sousa Franco*, Coimbra: Coimbra Editora, no prelo.

no consentimento parlamentar. Ora, o consentimento parlamentar na cobrança de receitas tributárias nada mais é que um mandato, ou seja, um contrato pelo qual uma das partes se obriga a praticar um ou mais actos jurídicos por conta da outra. Chamemos-lhe, de ora em diante, de *mandato tributário*. Neste caso, o Governo obriga-se a arrecadar receitas tributárias por conta do Parlamento, ou melhor, por conta dos administrados e contribuintes representados neste órgão de soberania. Assim, o mandatário – o Governo – fica obrigado a praticar os actos compreendidos no mandato, a prestar informações e a prestar contas, findo o mandato, quando o mandante – o Parlamento – as exigir. Por seu lado, o mandante é obrigado a fornecer ao mandatário todos os meios necessários à execução do mandato.

No entanto, não fica por aqui este mandato, o que permite evidenciar alguma atipicidade. O Governo tem incentivos diversos de um mandatário privado, porquanto visa atingir, pelo seu mandato, uma multiplicidade de objectivos, que consequentemente conduzem à dificuldade de mensurabilidade dos custos e proveitos das várias áreas de intervenção (sociais, culturais, económicas, etc...) e, por outro lado, à dificuldade na apreciação objectiva dos objectivos óptimos de actuação, que variam de administração para administração.

Quanto ao elemento da vantagem económica, esta só é possível à custa da renúncia de receitas estaduais, que é estudada com mais profundidade pelo Direito Financeiro, na sede própria da despesa fiscal, como veremos *infra*. Não obstante, referimo-nos à renúncia, que encerra, estruturalmente, a perda voluntária de um direito de crédito[48]:

---

[48] Consultar, para mais desenvolvimentos, o nosso *A Despesa Fiscal e o Orçamento do Estado no ordenamento jurídico português*, Coimbra: Almedina, 2004.

44 Guilherme Waldemar d'Oliveira Martins

a) em alguns casos, bastando manifestação unilateral, independentemente do consentimento do beneficiado;
ou
b) por meio de manifestação bilateral, havendo necessidade
de consentimento do devedor.

Perda esta que tem como causa negocial[49]:
a) Uma *renúncia abdicativa*, sempre que não configure uma
atribuição patrimonial directa ao devedor (é neutra), opera
ex nunc e reveste uma eficácia real e não meramente obrigacional[50];

---

[49] A distinção apresentada entre renúncia abdicativa e atributiva reporta
à *função económico-social do tipo negocial* em análise (a relação jurídica que opõe
Contribuinte e Estado), ou seja, à *causa* do negócio jurídico. De facto, e
dado como assumido o conceito objectivista de causa, adoptado e desen-
volvido pelos autores italianos (BETTI e SANTORO-PASSARELLI), a referida
relevância da causa tem uma patente positiva, na medida em que "fornece
um critério directivo para a fixação do tratamento jurídico mais adequado
àquele tipo negocial" (E. BETTI, *Teoria Geral do Negócio Jurídico,* Vol. I, Coimbra: [s.n.], 1969, pág. 352 e segs.; FERNANDO MANUEL PEREIRA COELHO, *A
renúncia abdicativa no Direito Civil (Algumas notas tendentes à definição do seu
regime),* Coimbra: Coimbra Editora, 1995, pág. 9, continuação da nota 4).
Causa assim entendida como sustentáculo da identificação das vicissitudes
das relações jurídicas e não apenas da origem da relação jurídica fundamental criada (LUÍS A. CARVALHO FERNANDES, *Teoria Geral do Direito Civil,*
Vol. II, Lisboa: Lex, 1996, pág. 290).
[50] Por outras palavras, mas no mesmo sentido DIOGO FREITAS DO AMA-
RAL (*Curso de Direito Administrativo,* Vol. II, Coimbra: Livraria Almedina,
2001, pág. 261), refere que a renúncia "consiste no *acto pelo qual um órgão
da Administração se despoja da titularidade de um direito legalmente disponível*".
Ora, a renúncia *stricto sensu* reporta à perda voluntária de um direito legalmente disponível, não tendo, logicamente, a declaração do renunciante "como
destinatário pessoa determinada" (JOÃO DE MATOS ANTUNES VARELA, *Das
Obrigações em Geral,*Vol. II (7ª edição – Reimp.), Coimbra: Almedina, 1997,
pág. 249).

b) Uma *renúncia* ou *remissão atributiva*[51], quando, inversamente, configure uma atribuição patrimonial *directa* ao devedor, podendo assumir um carácter retroactivo (operando *ex tunc*) e ser dotada de eficácia meramente obrigacional.

Logicamente seria sustentável que ambas as manifestações assumissem uma natureza meramente constitutiva, na medida em que pretendessem estabelecer "um novo estado de direito"[52] e "não simplesmente declarar ou certificar um estado de direito já existente"[53]. No entanto, nem sempre isso sucede, tal como nos casos em que haja uma estrita dependência da constituição e da verificação da relação jurídica de imposto.

Poder-se-ia pensar que, sendo a obrigação tributária uma obrigação *ex lege*[54], bastaria a verificação do facto tributário para definição dos direitos e obrigações próprios da relação jurídica tributária. No entanto, e porque os referidos direitos e obrigações criados unilateralmente pela entidade pública estadual são ainda genéricos, fala-se apenas no estabelecimento de uma "situação meramente potestativa"[55], em resultado da eficácia diferida da revelação do objecto da relação jurídica tributária. Assim, as referidas situações jurídicas criadas apenas fundamen-

---

[51] Sobre o conceito cfr. ADRIANO VAZ SERRA, "Remissão, reconhecimento negativo de dívida e contrato extintivo da relação obrigacional bilateral", *BMJ*, 43, págs. 5 e segs..

[52] FERNANDO MANUEL PEREIRA COELHO, *A renúncia...*, op. cit., pág. 62.

[53] FERNANDO MANUEL PEREIRA COELHO, *A renúncia...*, op. cit., pág. 62.

[54] Cfr. GIANINNI, *Il Rapporto Giuridico d'Imposta*, Milano, 1937, pág. 26, nota 15; ALBERTO XAVIER, *Manual de...*, op. cit., pág. 247; PEDRO SOARES MARTÍNEZ, *Direito...*, op. cit., págs. 179-190; JOSÉ L. SALDANHA SANCHES, *Manual...*, op. cit., págs. 105-107.

[55] VÍTOR FAVEIRO, *O Estatuto...*, op. cit., págs. 589-592.

tam o poder de o ente público exigir de outrem um comportamento específico[56].

Verificada a constituição da obrigação de imposto, a determinação do seu objecto é apenas provisória, pelo facto de não ter sido determinada a matéria colectável ou aplicada a taxa.

Ora, sendo assim, na fase preliminar de *subsunção do enunciado sobre uma situação de facto*, os direitos e obrigações apresentam conteúdo indefinido. E tal genericidade traduz-se na falta de consciência directa do objecto da obrigação tributária, em concreto, da referida quantificação. E é o puro desconhecimento da quantificação concreta da obrigação tributária que nos permite sugerir que a referida perda voluntária, ou renúncia, não coincide com a mera constituição da obrigação tributária.

Desta maneira, por um lado, só uma vez revelado o objecto da relação jurídica tributária, pela intervenção da Administração[57], é que a perda de direitos se torna quantificável, em resultado da verificação de *efeitos legais ulteriores*[58]. O que quer significar que é o conteúdo da lei que preenche[59], de certa sorte,

---

[56] Alternativamente, a declaração por parte de um sujeito passivo, a retenção ou qualquer outra forma de substituição por parte de terceiros, a translacção ou cooperação específica ou o proferimento de um acto administrativo de liquidação oficiosa directa, confirmativa ou correctiva (VÍTOR FAVEIRO, *O Estatuto...*, op. cit., pág. 591).

[57] Pela determinação da matéria colectável e/ou aplicação da taxa.

[58] Quer se trate de isenções, caso em que a eficácia do facto tributário é "paralizada" (ALBERTO XAVIER, *Manual de...*, op. cit., pág. 284), quer se trate de restantes enunciados que corporizem benefícios fiscais, caso em que o facto tributário desempenhe plenamente "a sua eficácia constitutiva, nascendo a obrigação de imposto, embora com um conteúdo quantitativo inferior àquele que se verificaria na ausência dos referidos benefícios" (ALBERTO XAVIER, *Manual de...*, op. cit., pág. 293).

[59] O que não quer significar que a verificação da estatuição da norma tributária não esteja dependente de actuação da Administração, que assume,

uma situação jurídica criada unilateralmente pelo Estado, normalmente por via legislativa, e que ao momento da constituição era meramente potestativa.

Em termos complementares, seria logicamente sustentável que a perda voluntária de um crédito estruturalmente assumisse contornos *atributivos*, independentemente da verificação do conteúdo da obrigação tributária ou de factos que impeçam o nascimento da obrigação tributária com o seu conteúdo normal. No caso concreto, a referida renúncia poderia resultar do mútuo acordo das partes, ao contrário da renúncia abdicativa, estruturalmente dependente dos *efeitos legais ulteriores* e consistente na mera perda voluntária de um direito.

Quanto ao elemento financiamento, são várias as formas que assumem os incentivos económicos. Falamos, em primeiro lugar, nos incentivos financeiros. Por seu lado, na comparticipação de custos e na compensação de custos. Ainda mesmo, falamos nos investimentos públicos. Finalmente chegamos aos benefícios fiscais, como corporizando medidas gratuitas de financiamento. Sendo assim, não há qualquer tipo de transferência monetária, mas sim uma transferência financeira virtual, representada pela renúncia estadual acima identificada, e quantificada como despesa fiscal. Do ponto de vista financeiro, esta forma de financiamento não implica a orçamentação dos montantes respectivos. Consta apenas do mapa XXI do Orçamento do Estado, que assume a natureza de mapa derivado, isto é, não vinculativo para as decisões do Executivo. Aliás, acrescente-se que os benefícios fiscais são objecto de uma operação que denominamos

---

neste caso, uma natureza meramente instrumental "em que a tutela final dos interesses exige a prévia mediação de um poder", sendo o acto tributário fonte da obrigação com o mesmo nome. Sobre o assunto cfr. ALBERTO XAVIER, *Conceito e Natureza do Acto Tributário*, Coimbra: Almedina, 1972.

de compensação financeira, ou seja, são descontados ao montante global das receitas tributárias globais constantes do mapa I do Orçamento, o que quer significar que não colocam relativamente aos mesmos os problemas próprios dos critérios do equilíbrio orçamental formal e material, não havendo, nesse sentido, obstáculos financeiros à sua criação. Os benefícios fiscais, como medida de financiamento, apenas ficam dependentes da análise própria do sentido e do alcance da despesa fiscal, ou melhor, da receita negativa.

Tendo em conta o regime comunitário dos auxílios de Estado, constante dos artigos 87.º e seguintes do TCE, este financiamento poderá, contudo, incompatível com este regime, desde que configure:

a) uma vantagem económica anormal;
b) atribuída a uma determinada entidade empresarial de forma selectiva;
c) com efeito, pelo menos potencial, na competição e trocas entre os Estados membros.

De acordo com a experiência ressaltada pelos órgãos comunitários competentes[60] para apreciação desta matéria, resulta

---

[60] Consultar o nosso *A Despesa Fiscal*, op. cit., págs. 230-243. Mesmo assim, é de assinalar que a Comissão Europeia terá que adoptar dois tipos de procedimentos, de acordo com o art. 88.º do TCE: (a) enfrentando auxílios existentes terá de apreciar e declarar a sua compatibilidade ou incompatibilidade com o mercado comum, podendo estes ser regulamentados e postos em execução enquanto não forem objecto de declaração por parte da Comissão; (b) enfrentando auxílios novos, isto é, criados após o estabelecimento das regras comunitárias, ou após a adesão dos países obrigados aos Tratados que instituem as Comunidades, terá de ser notificada previamente para proferimento de uma decisão definitiva de compatibilidade, momento até ao qual não poderão ser postos em execução. Adicionalmente, o Tribunal de Justiça das Comunidades e o de Primeira Instância vem

que este financiamento terá de ser ponderado, tendo em conta, alternativa e cumulativamente:

a) se traduz num benefício atribuído gratuitamente (constituindo auxílios de Estado), ou em contrapartida de prestação de uma obrigação equivalente (não constituindo auxílios de Estado);

b) se traduz numa ajuda de carácter geral (constituindo auxílios de Estado) ou numa medida de política económica geral (não constituindo auxílios de Estado);

c) se traduz numa ajuda que tenha efeitos anticoncorrenciais e que afecte as trocas intracomunitárias.

A jurisprudência comunitária, que é abundante nesta matéria, tem vindo a apresentar elementos que permitem detectar benefícios atribuídos selectivamente a determinados operadores económicos por via do sistema fiscal, a saber:

a) a discricionariedade conferida aos órgãos administrativos na criação de despesa fiscal, que apesar de estar assente em medidas de política económica geral são susceptíveis de favorecer determinadas empresas em detrimento de outras;

---

assegurar que o Direito Comunitário dos auxílios estaduais seja respeitado. Tendo em vista a legalidade das medidas tomadas a Comissão, nos termos do art. 88.°/2 do TCE, pode recorrer directamente ao Tribunal de Justiça se o Estado em causa não der cumprimento à decisão proferida no prazo fixado. O mesmo se aplica a uma ordem de reembolso das ajudas efectuadas e declaradas incompatíveis. De acordo com o art. 230.° do TCE, todos os Estados membros podem recorrer ao Tribunal de Justiça contra uma decisão definitivamente proferida pela Comissão. Referimo-nos a investimentos que beneficiem de uma ajuda e que estejam abrangidos por este artigo podem recorrer contra as decisões da Comissão. O mesmo sucede com os investimentos prejudicados, no caso de a Comissão aprovar incorrectamente um auxílio ou não desencadear o procedimento constante do art. 88.°/2 do TCE.

b) o montante mínimo de investimento apresentado para a atribuição do benefício criado, que corporize renúncia de receitas tributárias, igualmente parece favorecer determinadas empresas, apesar de ser o meio mais objectivo para limitar o corpo de aplicação de uma medida discricionária. De facto, a administração, no âmbito da criação de despesa fiscal abdicativa ou meramente atributiva, ao fixar um montante mínimo de investimento vem beneficiar as empresas que dispõem de meios financeiros importantes;

c) a temporalidade do benefício criado vem deixar à mercê das autoridades a sua concessão a determinadas empresas;

d) o paralelismo entre a medida fiscal adoptada e os regimes considerados pelas próprias autoridades como auxílio estadual.

Capítulo II
A Relevância da Extrafiscalidade e a Despesa Fiscal

A derrogação ao princípio da capacidade contributiva para além de ter de assentar em fins extrafiscais terá que adicionalmente estar dotada de idoneidade, no sentido de implicar a adequação económica dos efeitos advenientes, na óptica do custo-benefício. É nesse sentido que falamos em despesa fiscal, um conceito próprio do Direito Financeiro[61].

§ 1.º A despesa fiscal

A despesa fiscal representa, em traços gerais, a totalidade das receitas tributárias a que o Estado renuncia, em nome de opções políticas assumidas.

Economicamente, a despesa fiscal corresponde a um *sacrifício*, ao *dispêndio* de recursos que *ab initio* pertenceriam ao Estado, mas que em resultado de opções extrafiscais são retidos pelos contribuintes, que passam, assim, a participar dos compromissos públicos.

---

[61] Sobre este capítulo e, tendo em vista o aprofundamento dos conceitos nele suscitados, consultar os nossos *A Despesa Fiscal...*, op. cit., e a entrada "Despesa Fiscal", in *Dicionário Jurídico da Administração Pública*, 3.º Suplemento, no prelo.

Ora, a participação dos contribuintes nos compromissos públicos, mediante a criação de incentivos, passaria pela atribuição de subsídios a indivíduos ou a situações que possam revestir um determinado conteúdo, por meio de um processo imaginário duplo e sucessivo (two-step)[62]: (A) Fase individual – em primeiro lugar os contribuintes teriam que aplicar ao seu rendimento a taxa, por via da liquidação. A referida colecta seria assim remetida à Administração Fiscal. Referimo-nos nesta fase àquilo que se denomina de "rendimento económico tributável"; (2) Fase colectiva – seguidamente, a Administração remeteria aos contribuintes a totalidade das quantias que resultariam da redução quantitativa do facto tributário. Esta fase revelaria o subsídio fiscal remetido a cada um dos contribuintes.

Na verdade, a criação da despesa fiscal elimina esse duplo processo imaginário. O processo efectivo é, isso sim, reconduzido a um simples passo, em face da possibilidade de redução, isto é, de *modelação* do conteúdo do facto tributário. Esta modelação corresponderia às quantias que seriam remetidas ao contribuinte por parte da Administração na segunda fase descrita. Essa fase necessitaria de constar do orçamento, por corporizar movimentos monetários – que estão na base do conceito económico de despesa fiscal.

Por essa razão é que, em termos orçamentais, o referido dispêndio de recursos é meramente *virtual*, por aludir a uma libertação de créditos e autorização de pagamentos imaginários, podendo mesmo falar-se em gastos sombra (*shadow expenditures*[63]), por não suscitarem movimentos monetários e orçamentais reais.

---

[62] Cfr. PAUL R. MCDANIEL, "Identification of Tax in Effective Tax Rates, Tax Reform and Tax Equity", *National Tax Journal*, Vol. LIII, n.º 3, Parte I, 2000, págs. 273-274.

[63] Confessamos ter ido procurar alguma influência a TINBERGEN (J. TINBERGEN, *The Design of Development*, Baltimore: John Hopkins Press,

Desta forma, a despesa fiscal corresponde, economicamente, a um dispêndio virtual de recursos originariamente pertencentes ao Estado.

Juridicamente, a despesa fiscal corresponde ao enunciado, estimativo ou limitativo, das situações de *renúncia* de receitas tributárias, que seriam arrecadadas pelo Estado em função do conteúdo do núcleo essencial da tributação estabelecido. A mencionada renúncia está na base de um incentivo[64] concedido aos contribuintes, pessoas singulares e colectivas.

O mecanismo nodal da despesa fiscal pressupõe a análise prévia de dois momentos distintos: (A) O momento em que se procede à previsão dos aspectos estruturais necessários ao estabelecimento do núcleo essencial da tributação (previsão). Em concreto, referimo-nos ao estabelecimento das unidades subjectivas e objectivas de incidência tributária. Desta forma, no respeitante à estrutura do facto tributário, detectamos dois elementos: o elemento subjectivo e o objectivo. Por um lado, identificamos os sujeitos passíveis de imposição tributária para efeitos de determinação e nascimento da obrigação de imposto (pessoas singulares ou colectivas). Por outro lado, assimilamos os factos, "independentemente da sua ligação a um sujeito"[65], susceptíveis de impostação tributária, tais como o rendimento, a propriedade e o consumo. (B) O momento em que se estabe-

---

1958 e *Development Planning*, London: Weindenfeld & Nicolsen, 1967), já que devemos a este o uso corrente do vocábulo *sombra* (por referência aos "preços sombra"), em resultado da averiguação do grau de desirabilidade de um determinado projecto de investimento público ou privado.

[64] Incentivo aqui entendido em sentido económico, como representando todas as vantagens (*ex ante* e *ex post*, como iremos ver *infra* no Capítulo IV, § 1°) atribuídos aos sujeitos, tendo em vista a realização de um determinado comportamento, por via do sistema fiscal ou por via financeira.

[65] ALBERTO XAVIER, *Manual de Direito Fiscal*, Lisboa: [s.n.], 1974, pág. 249.

lecem os efeitos típicos decorrentes da lei (estatuição), em termos de verificação do facto tributário, que corresponde à quantificação da obrigação de imposto, em função da taxa e da matéria tributável.

A despesa fiscal constitui-se em torno deste último momento, e traduz o enunciado do conjunto de receitas a que o Estado teria direito, mas abdicou:

a. a pedido dos sujeitos passivos;
b. por vontade própria, definida por via legal ou contratual
c. em resultado da atribuição de *preferências*, de carácter subjectivo ou objectivo, que traduzem a redução do *quantum* resultante da obrigação jurídica de imposto.

A despesa fiscal pressupõe a constituição da obrigação jurídica de imposto, a verificação das preferências e dos incentivos concedidos (pela assunção de objectivos extrafiscais – em que o interesse público passa a representar interesses privados), a redução quantitativa do *quantum* tributário obrigacional e a exclusão de qualquer movimento monetário ou exercício contabilístico.

A despesa fiscal enfrenta dois limites: a dificuldade na delimitação jurídica e na sua adequação económica.

É no segundo que centraremos a nossa análise, não antes sem proferir algumas considerações sobre o primeiro. Na verdade, por um lado, há uma enorme dificuldade em estabelecer o conteúdo do núcleo essencial da tributação, daí a realidade da despesa fiscal ser dotada de três características:

a. Incerteza – para o legislador, no estabelecimento do conteúdo do núcleo essencial da tributação (rendimento ou consumo, que desconsidera a poupança);
b. Subjectividade – para o intérprete, na medida em que a qualificação legislativa em nada o obriga;
c. Transitoriedade estimativa (pela susceptibilidade de absorção temporal dos benefícios – estes devem ser elaborados

tendo em vista o curto prazo e não o longo – 14.º/1 LGT (benefícios de natureza estrutural), aliada ao necessário alargamento subjectivo e objectivo da base de incidência – aos mercados perfeitos e à quebra da neutralidade do sistema fiscal. Por exemplo, a neutralidade depende:

i. do respeito das estruturas económicas (não pode incidir sobre uma determinada actividade ou depender da dimensão empresarial);

ii. do estabelecimento dos meios necessários à prossecução da actividade (um imposto sobre os resultados pode comprometer a realização do investimento na aquisição de activos imobilizados/a tributação cumulativa pode prejudicar a aquisição de matérias-primas ou de semi-produtos);

iii. da criação de regras independentemente da localização espacial do entre tributável (excluindo desfasamentos excessivos entre impostos estaduais e locais – Lei n.º 171/99, de 18 de Setembro – combate à desertificação do desenvolvimento das áreas do interior, redução de taxa de IRC, encargos sociais para criação de postos de trabalho – majoração dos custos em 50%);

iv. pela criação de um sistema de controlo que garanta o respeito e a colaboração entre os agentes que compõem a relação jurídica tributária.

Por outro lado, a doutrina sustenta que a despesa fiscal tem um valor meramente informativo dadas as suas limitações. A indeterminação quantitativa do conceito de despesa fiscal pode estar aliada a, pelo menos, duas falhas de intervenção do Estado (*government failures*)[66]:

---

[66] JOSEPH E. STIGLITZ, *Economics of the Public Sector* (3rd. ed.), New York: W. W. Norton & Co., 2000, págs. 8-10, distingue quatro tipo de falhas de

a) *informação limitada*, na medida em que o alcance dos programas públicos, por via do aumento da despesa fiscal torna-se nebuloso, tornando a sua análise similar à da despesa pública directa[67];

b) *limitação no controlo das respostas dadas pelo mercado*, em virtude da complexidade do sistema de despesas fiscais aliada à progressiva aprendizagem do contribuinte, perito em detectar buracos (*loopholes*) sistemáticos.

Qualquer uma das duas acepções revela um denominador comum, que se subsume à incapacidade geral do Estado para poder averiguar quais os limites da sua actuação na sociedade que o criou e o legitima permanentemente. E neste sentido as falhas de intervenção assumem-se como fazendo parte do mercado, mas o seu cerceamento exige a criação de mecanismos legais, indiciadores de confiança, que combatam o carácter caleidoscópico dos fenómenos sociais. Mas tal assunção não quer significar que o conceito em análise não contenha mecanismos próprios de combate à incerteza própria dos mercados.

Paradoxalmente, a complexidade da despesa fiscal cria um processo decisório amplo, na medida em que reconhece a

---

intervenção do Estado: (1) *informação limitada*, na medida em que o alcance dos programas públicos torna-se nebuloso; (2) *limitação no controlo das respostas dadas pelo mercado*; (3) *falta de controlo sobre a proliferação da burocracia* e (4) *limitações impostas pelos processos políticos*, já que, por vezes, há decisões favoráveis apenas a determinados grupos de interesses.

[67] Joseph E. Stiglitz, *Economics...*, op. cit., refere o exemplo do programa MEDICARE empreendido nos Estados Unidos. Na maior parte das vezes havia quem beneficiasse dessa ajuda e não fosse considerado como incapacitado (verificando-se aqui um efeito de boleia – *free ride effect*). O mesmo sucede em Portugal com a concessão do rendimento mínimo garantido – por vezes aqueles que deviam beneficiar ficam prejudicados, já que persistem os *free-riders*.

multiplicidade de estruturas institucionais. E tal categoria repudia a "blackboard economics"[68] que Coase tanto atacou. Não bastará a comparação e adaptação da optimização teórica à realidade económica, mas sim a percepção das causas e dos efeitos dos objectivos visados, numa óptica de *adaptibilidade* e de *mensurabilidade*. Ora, a referida concatenação da quantidade com a qualidade passará pela aproximação do interesse público ao interesse privado e não pela manutenção da oposição clássica.

Neste sentido, a despesa fiscal suscita a intervenção de sujeitos que, numa lógica legalista, não fariam parte do processo

---

[68] RONALD H. COASE salienta que a análise político-económica actual envolve a comparação entre uma situação existente e as condições óptimas próprias do bem-estar económico, ou, em caso de divergência, das políticas de optimização alternativas. Esta abordagem, porém, resulta "errónea" (RONALD H. COASE, "Discussion", *American Economic Review*, 54, Maio, pág. 194). De acordo com COASE, esta análise pertence ao mundo da ardósia negra (blackboard), na medida em que "os factores de produção são modificados, a tributação é imposta, os subsídios são garantidos, os preços sobem e descem – o óptimo social é atingido e as relações que este implica são atingidas – mas tudo acontece sobre uma ardósia negra" (RONALD H. COASE, "Social cost and Public Policy", in GEORGE A. EDWARDS, *Explaining the Frontiers of Administration: Six Essays for Managers*, Toronto: York University Faculty of Administrative Studies, Bureau Research, págs. 41-42). Sendo assim, "a discussão torna-se irrelevante para as questões de política económica uma vez que tendo em mente o nosso mundo ideal, resulta claro que ainda não descobrimos como sair da situação estabelecida (RONALD H. COASE, "The Problem of Social Cost" (reimp.), in KENNETH G. DAU-SCHMIDT e THOMAS S. ULEN, *Law and Economics Anthology*, Cincinnati: Anderson Publishing Co., 1998, pág. 110). Sobre o assunto consultar ainda WARREN J. SAMUELS e STEVEN G. MEDEMA, "Ronald Coase on Economic Policy Analisys: Framework and Implications", in STEVEN G. MEDEMA (ed.), *Coasean Economics: Law and Economics and the New Institucional Economics*, Boston/Dordrecht/London: Kluwer Academic Publishers, 1998, págs. 161-183.

decisório. Não nos referimos apenas aos beneficiários secundários (aqueles a que reportariam os efeitos indirectos das decisões assumidas), mas aos depositários (*stakeholders*) de dinheiros públicos, que prosseguindo interesses privados participem e contribuam para a afectação óptima e eficiente dos recursos públicos, naturalmente indivisíveis. Esta consideração quer significar que a renúncia de receitas a analisar é susceptível de quantificação com alguma dificuldade, por excluir qualquer tipo de exercício contabilístico e por se considerar incerto e indeterminável em termos orçamentais.

§ 2.º As modalidades técnicas conducentes à despesa fiscal

Originariamente, a doutrina norte-americana distingue vários tipos de modalidades técnicas conducentes à despesa fiscal, a saber:

a. *as isenções tributárias totais;*
b. *as deduções à matéria colectável;*
c. *as deduções à colecta;*
d. *o diferimento da tributação;*
e. *as taxas preferenciais;*
f. *as exclusões tributárias.*

Podemos distinguir as modalidades apresentadas de acordo com dois critérios: de acordo com a cronologia e de acordo com o conteúdo do facto tributário.

Cronologicamente, as deduções reportam-se ao momento anterior à liquidação do imposto a aplicar ao facto tributário, nomeadamente o rendimento das pessoas singulares e o lucro das pessoas colectivas. A fixação das taxas preferenciais alude ao preciso momento em que o imposto é liquidado, em face da taxa aplicável (liquidação *stricto sensu*). As deduções à colecta enlevam determinadas reduções a serem efectuadas após a liquidação do imposto a aplicar (colecta). O diferimento da tributação consiste numa técnica sofisticada de redução do facto tributário contabilisticamente determinado, pela aceitação em matéria de custos, de elementos nos quais o factor tempo assume relevância. Neste caso, referimo-nos aos regimes das reintegrações e amortizações, em determinadas condições, despesas de investigação e desenvolvimento (I&D) e do reporte para diante dos prejuízos fiscais.

As exclusões tributárias, por seu lado, reportam-se a situações para além da verificação dos pressupostos legais que dão lugar à tributação. Como iremos verificar, representam algo que escapa à mera derrogação do núcleo essencial da tributação, por se reportarem a situações de não sujeição tributária, o que nos parece apontar para as *concessões tributárias estruturais*, que excluímos da nossa análise[69].

Sendo assim, e de acordo com o conteúdo do facto tributário, as modalidades tradicionalmente apresentadas reportam a dois regimes de tributação: o geral e o especial. O regime geral de tributação move-se no campo do facto tributário, ou seja, em torno da globalidade original atribuída a este. Da referida globalidade depende a fixação da matéria colectável e da colecta, ponderada que seja a possibilidade de prolongá-lo no tempo, quer de forma retroactiva, quer de forma prospectiva. O mencionado regime geral engloba as deduções tributárias e o diferimento da tributação (*"roll-over"*). O regime especial de tributação reflecte a "quebra da globalidade original"[70] do facto tri-

---

[69] É importante assinalar a distinção doutrinal entre isenções fiscais e extrafiscais: enquanto que aquelas assentam no princípio da capacidade contributiva, estas surgem por razões alheias à capacidade contributiva, como sejam todas as destinadas a favorecer o desenvolvimento económico. De acordo com esta terminologia, a despesa fiscal teria como sustentáculo o conceito de isenção extrafiscal, mas optámos por não tomar esta posição porque tal lançaria uma enorme confusão terminológica – em vez disso, preferimos distinguir as *concessões tributárias estruturais* do conceito lato de isenção fiscal.

[70] Cfr. MANUEL H. DE FREITAS PEREIRA, "Regime fiscal do reporte de prejuízos – princípios fundamentais", in *Estudos em Homenagem à Dra. Maria de Lourdes Órfão de Matos Correia e Vale*. Lisboa: CCTF – CEF, 1995, pág. 229.

butário. Neste sentido, as modalidades técnicas das exclusões tributárias e das taxas preferenciais encerram a criação de factos tributários autónomos.

A segunda sistematização significa que a modelação própria da despesa fiscal refere-se não só ao facto tributário normativamente estabelecido para a generalidade das situações, como também engloba factos tributários criados, aparte do regime geral. Neste sentido, as deduções à matéria colectável e à colecta apresentam-se estabelecidas por referência ao conceito de facto tributário. No entanto, ambas as situações remetem para a modelação do facto tributário a ser efectuada pela Administração, *desde que reportem ao cumprimento de obrigações extrafiscais.*

Será de assinalar finalmente que qualquer das situações apontadas, salvo as exclusões tributárias, apontam no sentido do conceito lato de isenção fiscal.

§ 3.º As classificações de despesa fiscal

a) A despesa fiscal substantiva e operacional

O conceito de despesa fiscal está assumido, na medida em que pressupõe a constituição da obrigação jurídica de imposto, a verificação das preferências e dos incentivos concedidos, a redução quantitativa do quantum tributário obrigacional e a exclusão de qualquer movimento monetário ou exercício contabilístico.

Liminarmente constituirá esta a noção de despesa fiscal substantiva ou purista, pela ênfase dada a dois conceitos: *núcleo essencial da tributação* e *renúncia a créditos estaduais*. No entanto, não só a dificuldade em estabelecer o conteúdo do núcleo essencial da tributação, como também em obter a quantificação dos montantes tributários objecto de renúncia, ditou a necessidade de os ordenamentos jurídicos criarem um conceito autónomo de despesa fiscal, dotado de limites quantitativos próprios.

Torna-se, assim, difícil a aproximação "purista", ou substantiva, do conceito de despesa fiscal, já que os ordenamentos jurídicos em geral adoptam algum formalismo no estabelecimento do seu conteúdo e quantificação. Este formalismo é desvendável pela criação e busca permanente de critérios por parte das autoridades fiscais.

Alguns dos ordenamentos adoptam *a priori* uma noção de despesa fiscal, enquanto que muitos complementam-na com classificações muito diversas. Outros, porém, nem mesmo assim o fazem, enlevando apenas a utilidade da despesa fiscal em quantificar determinadas receitas a que o Estado renuncia. Nos primeiros dois casos referimo-nos ao conceito de *despesa fiscal formal*, no último ao conceito de *despesa fiscal operacional*[71].

A adopção de uma definição formal de despesa fiscal domina, assim, o conteúdo dos ordenamentos jurídicos, em qualquer das duas modalidades apontadas. Nota dominante é precisamente a relação intrínseca do conteúdo da despesa fiscal com o núcleo essencial da tributação evidenciada em cada um dos ordenamentos.

O caso austríaco assim o evidencia, ao delimitar a despesa fiscal como a "receita federal cessante em resultado das excepções ao núcleo essencial da tributação, pelas vantagens das pessoas individuais e colectivas pela prossecução de actividades privadas tendo em vista o interesse público geral"[72].

O caso holandês igualmente assim o faz ao salientar que a "despesa fiscal é um gasto estadual na forma de perda ou diferimento tributário adveniente de uma previsão estatutária que escapa ao sistema regra tributário fornecido por via legal"[73].

Já os ordenamentos canadiano e irlandês procedem a uma delimitação estrita do conteúdo do núcleo essencial da tributação, pela fixação dos elementos estruturais do sistema fiscal. Consequentemente todas as restantes provisões não estaduais

---

[71] Recorde-se que a despesa fiscal foi recebida pelo orçamento norte-americano inicialmente pela sua operacionalidade, como uma das soluções contabilísticas ao défice orçamental com que se deparavam as Administrações de L. Johnson e R. Nixon (cfr. *supra* Capítulo I, § 2°).

[72] Secção 54, parágrafo 3.3.1 da Bundeshaushaltgesetz (BHG), in *Förderungsbericht*, 1993.

[73] NORDIC COUNCIL OF MINISTERS, *Tax Expenditures (Nordisk Monisterråd, Skattentgifter, Rapport Lamnad Till Nordiska Ministerråddet (Finans Ministrarna) au den Nordiska Skattentgiftsgruppen*, 1987.

são tratadas como despesa fiscal. Esta aproximação "permite aos leitores com visões diversas do sistema construir a sua própria lista de despesas fiscais"[74].

Em qualquer uma das situações apontadas, a classificação das situações que consubstanciem despesa fiscal é atribuída ao intérprete através da delimitação do estrito âmbito do núcleo essencial da tributação. Já o Reino Unido, a Alemanha e os Estados Unidos da América estabelecem uma lista de provisões que consubstanciam despesas fiscais. O formalismo próprio do conceito de despesa fiscal passa pela delimitação das referidas provisões que identifiquem receitas cessantes, na maior parte das vezes, com um intuito "meramente informativo"[75].

O conceito formal de despesa fiscal levanta inúmeras dúvidas, em virtude da criação de áreas cinzentas que não consubstanciam provisões subsumíveis ao conteúdo do núcleo essencial da tributação, nem derrogações ao mesmo. Em concreto, o sistema francês[76] considera três circunstâncias a ter em conta na consagração jurídica do conceito em causa:

– a excepcionalidade da despesa fiscal pode, por vezes, encontrar um limite temporal, na medida em que se podem criar realidades permanentes[77];

---

[74] OCDE, *Tax Expenditures: Recent...*, op. cit., págs. 10, 37-39, 71-72.

[75] Ver o conteúdo do sistema alemão, na Secção 12 da Lei de Promoção da Estabilização Económica e do Crescimento, que prevê a necessidade de o Governo Federal submeter um relatório confrontando as subvenções directas com as concessões fiscais ao *Bundestag*.

[76] OCDE, *Tax Expenditures: Recent...*, op. cit., pág. 59.

[77] Em resultado da consagração sucessiva e repetida nos orçamentos estaduais de determinada despesa fiscal, de determinado incentivo que esteja na sua base, o que pode contrariar a transitoriedade própria da despesa fiscal.

– a generalidade da aplicabilidade da despesa fiscal pode passar a ser considerada como parte do núcleo essencial da tributação[78];

– o incentivo fiscal apenas pode encontrar a natureza de despesa fiscal se o conteúdo do núcleo essencial da tributação for dotado de neutralidade.

E não será apenas a adopção de um conceito operacional, ou seja, pela mera quantificação de determinadas despesas fiscais, que resolve a problemática comum a todas estas: incerteza, subjectividade, transitoriedade estimativa.

O estabelecimento do conteúdo da despesa fiscal passa pela busca de um conceito "purista"[79] ou substancial, em nome da certeza, objectividade quantitativa e permanência, que permite, por conseguinte, um controlo efectivo por parte das instâncias competentes.

b) A despesa fiscal unilateral e concertada

Há a assinalar, porém, que a despesa fiscal não resulta apenas das referidas modalidades tradicionalmente apontadas. A modelação em causa não se esgota na tipicidade própria da criação dos benefícios fiscais. Esta compreende uma zona de actuação dos intervenientes da relação jurídica tributária, sem dúvida, na medida em que estabelece uma conexão intrínseca com o sistema fiscal.

Estabelecidos os traços gerais das figuras apontadas, há que reconduzir a cada uma delas o conceito expendido. Logicamente,

---

[78] Como seja uma subvenção, liberação ou concessão que se aplique, sem excepção, a todos os contribuintes.

[79] No mesmo sentido, OCDE, *Tax Expenditures: Recent...*, op. cit., pág. 11.

a tipologia dos benefícios fiscais enlevariam *renúncia* tributária, enquanto que a consagração da figura da exoneração fiscal, entre outras, assumiria o formato próprio da renúncia atributiva tributária. No entanto, não fará sentido ensecar a referida tipologia.

Desta forma, apontamos duas modalidades genéricas de despesa fiscal: a primeira encontra algumas afinidades com a tipologia taxativa dos benefícios fiscais, a segunda decorre da capacidade conferida a uma das partes, em concreto à Administração, de modelar o conteúdo do facto tributário, de subsidiar, subvencionar, um sujeito ou um acto negocial. No primeiro caso referimo-nos à tradicional *despesa fiscal unilateral*, no segundo à *despesa fiscal concertada*. Qualquer uma delas encerram situações factualmente excepcionais expressamente aceites pelo ordenamento jurídico, no entanto:

a) a *despesa fiscal unilateral* depende apenas da intervenção de um sujeito em renunciar a receitas tributárias e pode ser, alternativa ou cumulativamente:

   i. tipificada – por depender apenas da prévia intervenção do legislador;

   ii. não tipificada – por não depender da prévia intervenção do legislador.

b) a *despesa fiscal concertada* assume uma estrutura bilateral, por depender, independentemente da prévia intervenção do legislador:

   i. de um acto de vontade da Administração;

   e

   ii. de um acto de vontade da entidade beneficiada.

O Estado pode, por exemplo, unilateralmente remir a dívida de imposto. Referimo-nos, neste caso, à extinção por *remissão*[80]

---

[80] "Condenación" no Direito espanhol.

da dívida tributária, por já estar dependente, ao contrário da exclusão tributária, da verificação dos pressupostos legais. Esta implica a manutenção do facto tributário e confere à administração a capacidade de modelar o referido pela concessão de moratórias ao seu pagamento, suspendendo a execução fiscal, ou até mesmo perdoando as dívidas de imposto.

Os sistemas tributários brasileiro e espanhol assim o admitem expressamente[81], fazendo depender a referida actuação da Administração fiscal da lei, não no sentido de extinguir a dívida, mas no sentido de exonerar os sujeitos da mesma, em face dos circunstancialismos próprios do caso concreto. Já o sistema alemão permite que a Administração possa remir (*erlassen*) quando, em face do caso concreto (*Einzefall*), a sua liquidação[82] (*Festsetzungverfahren durch*) ou cobrança[83] (*Erhebungsverfahren durch*) não se afigure equitativa. Tal possibilidade conferida à Administração Fiscal só é exequível porque o referido ordenamento valoriza de igual forma o direito adveniente das normas superiores e o direito ordinário[84].

A relativa indisponibilidade das obrigações fiscais não permite no caso português, porém, que os órgãos da Administração fiscal possa negociar sobre as dívidas de imposto, renunciar ou perdoá-las "a menos que o legislador o consinta"[85]. A referida

---

[81] Cfr. o art. 172.º do Código Tributário Nacional brasileiro e o art. 69.º da Ley General Tributaria.

[82] De acordo com o § 163° do Abgabenordnung.

[83] De acordo com o § 227° do Abgabenordnung.

[84] Como sustenta RÜDIGER VON GROLL, em anotação ao § 163, in HÜBSCHMANN e.a., *Abgabenordnung Finanzgerichtsordnung – Kommentar* (10ª edição), Köln: Verlag Dr. Otto Schmidt, HHSp Lfg. 156 (Abril de 1998), pág. 5.

[85] ALFREDO JOSÉ DE SOUSA e JOSÉ DA SILVA PAIXÃO, *Código de Processo Tributário – Comentado e Anotado* (2.ª edição), Coimbra: Almedina, 1994, pág. 211.

proibição é *absoluta*, sendo ilegais todos os actos administrativos, inclusive do Ministro das Finanças[86], sem apoio em qualquer norma legal.

Concertadamente pode o Estado, por seu lado:

a) criar um *regime tributário substitutivo*, normalmente fixados pela celebração de contratos de direito público, designadamente a concessão de serviços públicos ou de domínio público;

b) atribuir benefícios fiscais a determinadas entidades particulares ou empresariais, em troca de determinadas prestações (veja-se o caso do acordo de colonia alemão – *Ansiedlungsvereinbarung* – e o contrato entre a Federação austríaca e os Estados federados – *Gliedstaatsverträge*[87]);

c) atribuir benefícios fiscais condicionais previstos na lei;

d) obrigar-se, por meio de "acto ordenado ao contrato"[88], a atribuir benefícios fiscais;

e) criar e determinar benefícios e incentivos fiscais a atribuir aos contribuintes, no âmbito de verdadeiros contratos económicos, como sejam os contratos de estabilidade, os contratos-programa ou até contratos de desenvolvimento da exportação.

---

[86] *Vide* o art. 85.°/3 do CPPT. É, no entanto, de assinalar que a actuação da Administração no sentido da remissão da dívida tributária dá lugar a responsabilidade subsidiária, dependendo, porém, esta de condenação disciplinar ou criminal do responsável.

[87] Sobre o conceito e exemplos de contratos de benefícios fiscais consultar José Casalta Nabais, *Contratos Fiscais (Reflexões acerca da sua admissibilidade)*, Coimbra: Coimbra Editora (Universidade de Coimbra), 1994, págs. 123 e segs..

[88] A expressão é de José Manuel Sérvulo Correia, *Legalidade e Autonomia Contratual nos Contratos Administrativos*, Coimbra: Almedina, 1987, pág. 649.

c) A despesa fiscal automática e não automática

Do ponto de vista da relevância da vontade dos sujeitos a despesa fiscal pode ser ou não dotada de automaticidade. A primeira deriva do princípio da *pacta sunt servanda*[89]. A segunda encerra o estrito cumprimento do princípio da igualdade.

No caso da despesa automática, o Estado dirige aos contribuintes uma proposta de atribuição de determinados benefícios. Estes aceitam ou não a referida proposta, que apenas necessita de reconhecimento, declarativo e não constitutivo, do preenchimento dessa condição.

A despesa não automática depende de uma proposta, ou um acto de vontade, a ser proferida por órgãos administrativamente competentes. Proposta esta que radica não só em critérios de estrita legalidade e igualdade, mas também da ponderação de resultados gestionários, por reportar a um acto discricionário a ser proferido.

Qualquer um destes tipos de despesa fiscal sustenta a lógica atrás defendida de participação dos agentes na prática dos actos administrativos. No entanto, a despesa automática resulta de um esforço declarativo a ser proferido pela Administração, a não automática reporta a um acto de vontade administrativo, próprio do exercício de uma competência. Nesse sentido a concessão da despesa automática é vinculada, enquanto que a não automática não o é.

É frequente associarmos, igualmente, a despesa fiscal automática à renúncia de receitas, em virtude da assunção de obrigações gerais extrafiscais. Por seu lado, a despesa fiscal não automática é normalmente aliada ao carácter sectorial e individualizante

---

[89] FERNANDO PESSOA JORGE, *Não retroactividade...*, op. cit., pág. 60.

dos contratos económicos[90]. Neste sentido, já em 1979, o Governo canadiano introduziu no seu primeiro orçamento da despesa fiscal, um sistema dualista, que atribuia, por um lado, a cada um dos ministério um montante máximo de gastos (*envelope for spending targets*), o qual não podia ser excedido na concessão discricionária de incentivos fiscais, e, por outro, permitia ao Ministério das Finanças a criação vinculada de despesa fiscal, tendo em vista a prossecução de objectivos gerais extrafiscais, para além dos montantes máximos atribuídos[91].

Não confundamos, porém, a despesa fiscal automática e não automática do critério que preside à confrontação dos impostos periódicos e de obrigação única. No primeiro caso, salienta-se factos ou actos que renovam periodicamente as obrigações tributárias. No segundo caso, actos ou factos sem continuidade que desencadeiam obrigações da mesma natureza[92].

---

[90] Como referem ANDRÉ DE LAUBADÈRE, FRANCK MODERNE e PIERRE DEVOLVÉ, in *Traité des Contrats Admionistratifs*, Paris: Librairie Générale de Droit et de Jurisprudence (LGDJ), 1983, pág. 404, "(...)Son intérêt est au moins alors d'individualiser la situation do cocontractant. *C'est là encore une des raisons du développement des contrats économiques: adapter certains elements au cas particulier de ceux qu'ils réunissent.* Le réglement peut être trop général pour tenir compte du cas propre de chacun. En matière économique peut-être plus qu'en d'autres domains, il n'est pas de situation qui ne mérite une approche particulière et une solution spéciale. Le contrat permet d'adapter à chacun le traitement convenable" (o itálico é nosso).

[91] Sobre o assunto *vide* GEORGE F. BREAK, "The Tax Expenditure Budget – The need for a fuller accounting", NTJ, Vol. XXXVIII, n.º 3, 1985 (Setembro), pág. 261, e bibilografia aí citada.

[92] Presentemente, o critério jurídico que preside à distinção entre os impostos periódicos e de obrigação única é o mesmo que preside à distinção entre os impostos directos e indirectos, com base no tipo da relação jurídica base do imposto. A distinção jurídica entre impostos periódicos e de obrigação única em face dos impostos directos e indirectos deixou de

Deste modo, o critério que preside à distinção da despesa fiscal automática da não automática é o critério da vontade do sujeito que a confere. Vontade esta que, uma vez extricada, é independente de se poder manifestar de forma contínua, periódica ou de sorte isolada.

d) A despesa fiscal vinculada e discricionária

Tão importante quanto a distinção atrás apontada é aquela que distingue a despesa fiscal vinculada da discricionária. A referida distinção assenta não só no carácter declarativo ou constitutivo dos direitos advenientes da decisão estadual, mas sim no conteúdo da disposição que prevê a ajuda fiscal e o consequente desperdício de recursos. A estreita conexão da decisão da entidade pública, traduzível na renúncia de receitas tributárias, com a letra das disposições que a regem está na base da atribuição de uma margem de livre apreciação aos órgãos competentes[93]. Liberdade de apreciação dos "motivos de direito e de facto"[94] relativamente aos actos em causa que consubstanciem fundamento para as ajudas aludidas.

---

fazer sentido a partir do momento em que o regime de cobrança eventual foi declarado extinto pelo art. 40.º do DL 275-A/93, antigo Regime da Tesouraria do Estado.

[93] Não confundir, porém, com as situações de discricionariedade técnica, na medida em que nestas últimas a concretização dos conceitos indeterminados apela para *procedimentos valorativos* por parte do órgão administrativos, insusceptíveis de reapreciação pela entidade jurisdicional, sob pena de se incorrer em *dupla administração*. Sobre o assunto cfr. DIOGO FREITAS DO AMARAL, *Curso de Direito...*, op. cit., pág. 114.

[94] JEAN-PHILLIPE COLSON, *Droit Public Économique* (3.ª ed.), Paris: L.G.D.J., 2001, pág. 420.

Neste sentido, um acto será vinculado sempre que a lei condicione totalmente a Administração[95], no sentido de a mesma não ter a hipótese de opção no campo decisório.

O acto pode, porém, ser discricionário desde que a lei não pormenorize "o sentido da actuação da Administração Pública" quanto ao momento da prática do acto, quanto à decisão de praticar ou não um certo acto, na determinação dos factos e interesses relevantes para a decisão, quanto à determinação do conteúdo concreto da decisão a tomar, quanto à forma, formalidades, fundamentação a adoptar para o acto e, finalmente, quanto à faculdade de apôr condições, termos, modo ou outras cláusulas acessórias[96].

Assim, despesa fiscal não se esgota nas modalidades tradicionalmente apontadas, porquanto a modelação em causa não se esgota na tipicidade própria da criação dos benefícios fiscais. Deste modo:

a) a estreita conexão entre a renúncia de receitas e o sistema fiscal permite-nos detectar a despesa fiscal unilateral e concertada;

b) quanto à causa da renúncia a despesa fiscal pode ser automática e não automática;

c) quanto à margem de actuação dos sujeitos que concedem incentivos fiscais a despesa fiscal ou é vinculada ou discricionária.

---

[95] Em sentido coincidente cfr. DIOGO FREITAS DO AMARAL, *Curso de Direito...*, op. cit., pág. 71.

[96] Sobre o assunto cfr., entre outros, DIOGO FREITAS DO AMARAL, *Curso de Direito...*, op. cit., págs. 92-94; AFONSO QUEIRÓ, *O poder discricionário da Administração*, Coimbra: [s.n.], 1944; BERNARDO AYALA, *O (Défice) de controlo judicial da margem de livre decisão administrativa*, Lisboa: Lex: 1995; JOSÉ MANUEL SÉRVULO CORREIA, *Legalidade e Autonomia...*, op. cit..

Não obstante a indeterminação do conceito de despesa fiscal:

a. Não se esgota nas modalidades técnicas de benefícios fiscais (isenções totais, parciais e redução de taxa) tradicionalmente apontadas:

 i. Há situações em que a carga fiscal é inferior à devida num determinado período (diferimento da tributação);
 ii. Pode surgir da concertação intersubjectiva;
 iii. Não depende da pormenorização legal do sentido da actuação da Administração;
 iv. Pode surgir da vontade de um sujeito em reduzir o quantum da obrigação tributária.

b. Tem limitado as opções políticas discricionárias visando a maximização do consumo (desenvolvimento económico), a distribuição equitativa do rendimento, corrigindo externalidades positivas, impondo o consumo de um bem de mérito (critérios de elegibilidade próprios, necessidade de racionamento de recursos orçamentais, consciencialização da necessidade de minimização do descontrolo quantitativo);

c. Resulta de uma ampliação do conceito de receita pública (negativa), sem que assuma a função de cobertura das despesas resultantes do alcance das funções estaduais;

d. Evidencia situações quantitativamente para além dos benefícios fiscais (despesa fiscal imprópria e aparente) e quantitativamente reporta-se a um conceito agregado em que se ponderam os objectivos em face dos efeitos atingidos, o que do ponto de vista da eficiência evidencia situações para além da mera quebra do núcleo essencial da tributação (mais custos que benefícios).

e. Envolve a aplicação de fundos públicos, sem que tal implique movimentos monetários;

f. Pode advir de vantagens resultantes do cumprimento das obrigações impostas pelo sistema (ex. possibilidade legal de dispôr dos impostos cobrados antes da entrega aos cofres do Estado).

Capítulo III
Os Benefícios Fiscais e a Despesa Fiscal: A necessidade de uma Análise Integrada

Tanto do ponto de vista qualitativo, como do ponto de vista quantitativo encontramos distinções entre estas duas realidades: benefícios fiscais e despesa fiscal. Apesar de corporizarem, como modalidades técnicas, a causa da despesa fiscal[97], os benefícios fiscais nem sempre implicam a criação desta. O que quer significar que as despesas fiscais têm como causa os benefícios fiscais, e não o contrário. Há benefícios fiscais criados que geram renúncia de receitas para além do facto tributário, porque, caso não existissem, não haveria receita tributária efectiva a cobrar. Referimo-nos ao conceito já aventado de despesa fiscal não efectiva ou imprópria.

Do ponto de vista qualitativo, como já se referiu, a despesa fiscal reporta-se à modelação, em maior ou menor grau, do conteúdo do facto tributário. Ora, tal nem sempre sucede com os benefícios fiscais.

Os benefícios fiscais encerram três requisitos:
- constituem uma "derrogação às regras gerais da tributação";

---

[97] Como indicámos no Capítulo II, § 3°, quando referenciámos as modalidades técnicas que podem estar na origem normativa da despesa fiscal: as isenções tributárias totais, as deduções à matéria colectável, as deduções à colecta, o diferimento da tributação, as taxas preferenciais e as exclusões tributárias.

– pela prossecução de um "objectivo social e económico relevante".

– desde que atribuam uma "vantagem para os contribuintes".

Neste sentido, o art. 2.º/1 do EBF considera o conceito de benefício fiscal como sendo um facto impeditivo da constituição da relação tributária, com o seu conteúdo normal. Assim, as normas que presidem à sua criação e que legitimam a sua concessão são:

a) *juridicamente* especiais, porquanto, como já se disse, incluem-se na categoria ampla das normas de isenção, salvo o caso das taxas preferencias que representam monorações de carácter heterogéneo;

b) *factualmente* excepcionais, porquanto encontram-se fundamentadas em interesses públicos extrafiscais constitucionalmente relevantes.

Ora, a mencionada quebra do núcleo essencial da tributação passa primordialmente por uma derrogação ao princípio da capacidade contributiva[98], mas não se reduz apenas a esta. De facto, podem ser criados benefícios que não impliquem a redução do facto tributário, pelo menos parcialmente.

Não confundamos, por exemplo, as modalidades de benefícios fiscais que corporizam o regime excepcional de tributação

---

[98] Como, aliás, sustenta José L. Saldanha Sanches, in *Manual...*, op. cit., pág. 175, na linha de Dieter Birk, "é só através desta distinção entre normas fiscais norteadas pelo princípio da capacidade contributiva e normas fiscais norteadas por outros fins, que podemos distinguir entre isenção e não tributação" (nota 241) ou até mesmo quando refere que "quando procedemos à juridificação do conceito de rendimento, a partir do conceito económico do mesmo, entramos na zona do rendimento tributável só depois de ultrapassado o patamar do mínimo de existência, com estas distinções norteadas, pelo princípio estruturante da tributação segundo a capacidade contributiva".

com os benefícios fiscais que não corporizam despesa fiscal. Referimo-nos às modalidades técnicas das exclusões tributárias e das taxas preferenciais, que encerram a criação de factos tributários autónomos. Enquanto que o regime especial de tributação reflecte a quebra da globalidade original do facto tributário preexistente, os benefícios provocam, juridicamente, uma extensão artificial do mesmo, na medida em que o referido nunca existiria não fosse o incentivo criado. E tal incentivo, extravazando a despesa fiscal, pode encerrar qualquer das modalidades técnicas de benefícios, como seja o crédito de imposto, que pode extravazar, a colecta estabelecida, o que desencadearia uma obrigação de reembolso por parte do Estado da referida quantia, caso este previsto no ordenamento jurídico português de forma mitigada sob a figura do reporte de crédito[99].

Do ponto de vista quantitativo, os benefícios fiscais que impliquem a derrogação do princípio da capacidade contributiva dificilmente encerram montantes similares à despesa fiscal. Vejamos isto, numa dupla perspectiva:

1) O conceito de benefício fiscal é de cariz individual, enquanto que a despesa fiscal é de carácter público. A quantificação do benefício fiscal passa pela apreciação *in casu* dos incentivos concedidos aos sujeitos, enquanto que a despesa fiscal resulta do montante agregado dos referidos incentivos. Isso quererá significar que apenas os benefícios

---

[99] Nos casos do estabelecimento do crédito de imposto por dupla tributação internacional previstos nos arts. 81.º/3 do CIRS e 85.º/3 do CIRC, e aplicáveis, pela dedução do remanescente até ao fim dos cinco anos seguintes e nas condições previstas em cada um dos preceitos, sempre que não seja possível efectuar as mencionadas deduções por insuficiência de colecta "no ano em que os rendimentos obtidos no estrangeiro foram englobados na matéria colectável".

conformam os comportamentos e reacções dos sujeitos visado, enquanto que a despesa fiscal resulta de uma análise prospectiva dos custos inerentes à prossecução do interesse público por via da distorção e modelação dos interesses privados pelas entidades públicas. Desta forma, a criação de determinados benefícios fiscais não evidencia certeza na quantificação do sacrifício suportado, porquanto estes *visam criar rendimentos adicionais comunitários e não meramente um reforço dos recursos públicos.*

2) Do ponto de vista da eficiência, qualquer renúncia de receitas, isto é, despesa fiscal adveniente dos benefícios fiscais, não é apenas quantificável por via da quebra ao núcleo essencial da tributação.

Pense-se nas ineficiências causadas pela criação de despesa fiscal, por via dos benefícios fiscais, apresentadas por SURREY e MCDANIEL[100]:

A) Há despesas fiscais que são simplesmente suportadas para os sujeitos económicos continuarem a praticar as actividades já iniciadas, e não para os incentivar a praticar comportamentos novos. Veja-se a criação de uma isenção que apenas teria como fim o incentivo à prática de uma determinada actividade que seria exercida independentemente do subsídio estadual (no caso das contribuições caritativas, na óptica de SURREY e MCDANIEL, será lógica a perda de recursos públicos, em virtude da não alocação eficiente, já que o voluntarismo na atribuição das mesmas existiria a partir de um determinado montante);

---

[100] STANLEY S. SURREY e PAUL R. MCDANIEL, *Tax Expenditures*, op. cit., págs. 82-83.

B) Outras despesas fiscais são ineficientes porque o montante das ajudas preconizadas é muito superior ao valor da actividade induzida. Analise-se aquelas situações em que se criam isenções tributárias para incentivar à criação de postos de trabalho, mas que são contabilizadas, a final, num valor muito superior ao custo suportado pelas empresas na aquisição de mão-de-obra (como sucedeu com as entidades que trabalhavam em Porto Rico quando assistiram, no início da década de 80, do século passado, à redução quantitativa dos impostos sobre o rendimento);

C) Ainda outras despesas fiscais resultam ineficientes sempre que da sua lógica resulte a intervenção de intermediários. Tal problema sucedeu com as obrigações estaduais e locais isentas fiscalmente, porquanto apenas 70% das receitas renunciadas e perdidas reflectiam a baixa das taxas de juro para as autoridades locais.

D) Finalmente, os "abrigos fiscais" (*tax shelters*)[101] constituem uma outra fonte de ineficiência na aplicação dos

---

[101] O conceito abrigo fiscal (*tax shelter*) é bastante amplo e multifacetado. Podemos atribuir um significado legal e económico. Do ponto de vista legal, envolve dois tipos de transacções:
a) aquelas que não contêm qualquer base económica;
b) aquelas que se reportam à obtenção de um crédito que cubra a totalidade do investimento efectuado (ou até mesmo que o exceda).
Do ponto de vista económico, os abrigos fiscais podem resultar tripla e alternativamente:
a) da evasão fiscal;
b) da possibilidade de redução do *quantum* obrigacional em vários tributos (*abrigo fiscal puro*);
c) da preferência fiscal atribuída aos factos tributáveis, no sentido de o retorno dos rendimentos obtidos não ser plenamente tributado.
Sobre os vários conceito de abrigos fiscais cfr. JOSEPH J. CORDES e HARVEY GALPER, "Tax Shelter activity: Lessons from Twenty years of evidence",

recursos estaduais. A despesa fiscal envolvida é tão generosa, que muito frequentemente os seus beneficiários não têm rendimentos suficientes para usufruir da mesma na totalidade. Colocam-se, assim, numa posição de vendedores das ajudas a terceiros, em troca de uma comissão, o que cria mais uma vez uma divergência quantitativa entre a renúncia de receitas estaduais e a ajuda obtida pelos beneficiários visados.

Em qualquer uma das situações verificamos que os montantes de despesa fiscal não coincidem com os benefícios visados, já que estes ou resultam inferiores ou superiores.

Destarte, nem sempre a criação de benefícios fiscais implica a renúncia a receitas tributárias, porquanto:

a) do ponto de vista qualitativo podem não resultar, em determinadas situações, de uma mera derrogação à capacidade contributiva, e, consequentemente, da redução do *quantum* da obrigação tributária, por via da renúncia a créditos tributários estaduais, não bastando a mera referência à proveniência dos rendimentos obtidos para apuramento do sacrifício suportado;

b) do ponto de vista quantitativo mesmo os benefícios fiscais que impliquem a derrogação do princípio da capacidade contributiva dificilmente encerram montantes similares à despesa fiscal.

Dada a falta de coincidência conceptual avançada, e por tudo o que já se disse, somos forçados a concluir que a admissibili-

---

NTJ, Vol. XXXVIII, n.º 3, 1985 (Setembro), págs. 305-309. No sentido que o benefício fiscal é um um abrigo fiscal legítimo *vide*, mais recentemente, JOSÉ L. SALDANHA SANCHES, *Os limites...*, op. cit., págs. 223-225.

dade da extrafiscalidade desagravante deverá ser analisada cumulativamente:

a) do ponto de vista qualitativo, pelo Direito Fiscal – aí falando em benefícios fiscais como derrogação à capacidade contributiva;

b) do ponto de vista quantitativo, pelo Direito Financeiro – aí falando em despesa fiscal, como receita negativa.

Capítulo **IV**

A Extrafiscalidade no Ordenamento Jurídico Português

§ 1.º O carácter temporário dos benefícios fiscais

Não obstante o avançado quanto à derrogação da capacidade contributiva, há uma realidade inevitável que os benefícios fiscais enfrentam – o problema em saber se ao fim de um lapso de tempo passam a fazer parte do núcleo essencial da tributação.

Isso acontece, contudo, sempre que se assiste, por via constitucional a um cerceamento da liberdade de conformação do poder de criar impostos conferido ao legislador, perante o núcleo essencial do imposto.

E isso pode surgir, por exemplo, no artigo 104.º/1 e 2 da CRP. O que torna impressivo este artigo situa-se na *pessoalidade*, nas *necessidades individuais* e no *rendimento dos sujeitos que autonomamente* compõem o agregado familiar. Desta forma, o legislador só estará a cumprir o que lhe é imposto[102] desde que, no caso concreto, as necessidades mínimas e o rendimento quer do indivíduo, quer do agregado familiar em que se insere sejam escrupulosamente cumpridas.

---

[102] O AcTC 57/95 é o exemplo impressivo de como os limites materiais ao poder criativo tributário estão "vivos", já que estão na base da resolução de controvérsias geradas em torno de reformas fiscais futuras.

O mesmo se poderá dizer relativamente ao IRC. Simplesmente, acresce uma exigência, pouco vinculante na prática[103], de implantação de um sistema efectivo de tributação, tomando como repugnantes as presunções legais inilidíveis. A margem de manobra do legislador terá que respeitar, desta forma, os limites inerentes à pessoalidade colectiva e ao rendimento tendencialmente real dos sujeitos a tributar.

Assim, resulta a adstrição por parte do legislador à capacidade contributiva, sempre que proceda à criação de impostos sobre o rendimento. Nesse sentido, em resultado da previsão constitucional dos referidos limites materiais ao poder de criação tributária, podemos sustentar que, do ponto de vista constitucional há um apelo à permanência de determinados benefícios e incentivos fiscais sempre que reportem a passem a fazer parte do já referido núcleo essencial, que tenham por base, por exemplo, a garantia do mínimo de sobrevivência individual.

Por seu lado, um incentivo que abranja uma larga maioria de contribuintes ou factos pode abandonar a sua excepcionalidade própria e fazer parte do núcleo essencial da tributação. A base deste raciocínio está no equilíbrio geral dos mercados perfeitos. Os benefícios fiscais tornam atractivas determinadas actividades e criam um lucro extraordinário que, por sua vez, incentiva a entrada de novos produtores no sector. A referida entrada de novos produtores, porém, reduz, tendencialmente, a margem de rentabilidade criada (pelo aumento de quantidades produzidas e pela consequente descida de preços gerada), desaparecendo, assim, o efeito dos benefícios, em detrimento dos produtores e a favor dos consumidores.

---

[103] Referimo-nos ao advérbio "fundamentalmente" do artigo 104.º, n.º 2 da CRP.

Pense-se nas situações em que a Administração se vê privada de um crédito futuro em virtude da criação de situações de não sujeição tributária, à margem de qualquer *concessão tributária estrutural*, isto é, independentemente da criação de qualquer limite à liberdade de conformação legislativa. O art. 12.º do CIRS é um desses exemplos, na medida em que não faz depender a sua previsão de uma redução do *quantum* da obrigação tributária. O referido artigo não implica a verificação dos pressupostos legais da obrigação tributária, nem mesmo para o cumprimento de um conjunto determinado de obrigações formais e instrumentais, porquanto representa um conjunto de situações que já denominámos de *exclusão tributária*.

Por isso, defendemos a existência de uma cláusula de caducidade dos benefícios fiscais[104], tendo em vista a renovação dos pressupostos que presidiram à sua criação. Prevê o artigo 14.º/1 da LGT[105] que as normas que prevêem benefícios não estru-

---

[104] À semelhança do que foi introduzido na proposta de lei de Orçamento do Estado para 2007, na sequência de algumas alterações efectuadas ao Estatuto dos Benefícios Fiscais, que contém a seguinte redacção:

"*Artigo 2.º-A (Caducidade dos benefícios fiscais)*

1 – As normas que consagram os benefícios fiscais constantes das Partes II e III do presente Estatuto vigoram durante um período de cinco anos, salvo quando disponham em contrário.

2 – São mantidos os benefícios fiscais cujo direito tenha sido adquirido durante a vigência das normas que os consagram, sem prejuízo de disposição legal em contrário.

3 – O disposto no n.º 1 não se aplica aos benefícios fiscais constantes dos artigos 14.º, 15.º, 21.º, 22.º, 22.º-A, 22.º-B e 40.º, bem como ao Capítulo V do presente diploma".

[105] Esta introdução de disposições referentes aos benefícios fiscais na LGT nada mais representa, em nosso entender, que uma intromissão sem qualquer utilidade prática (no mesmo sentido, MANUEL FAUSTINO, "IRS – Uma década de vigência", in *10 anos de impostos sobre o rendimento*, Lisboa: Jornal do Técnico de Contas e da Empresa – Publistudos, 2001, pág. 40).

turais, vigoram durante um período de 5 anos. A disposição está longe de ser clara, porquanto não clarifica se o referido período estabelecido é máximo ou mínimo, e porque exclui a aplicação de benefícios fiscais estruturais.

Concentremo-nos neste último aspecto. É difícil determinar o que seja um benefício estrutural[106]. O actual EBF prevê uma Parte II[107] na qual apresenta os benefícios fiscais de carácter estrutural. Assim, poderíamos avançar que o artigo 14.º/1 da LGT estaria a excluir da sua aplicação esta parte do EBF, bem como aqueles que resultariam dos códigos tributários. Assim sendo, a cláusula fundamentalmente abrangeria os benefícios fiscais contidos em normas avulsas[108]. Como podemos confirmar, pelos quadros anexos, esta temporalidade identificada não tem impedido o legislador de proliferar na criação de benefícios fiscais avulsos, o que nos leva a duvidar quanto ao verdadeiro conteúdo da norma[109].

Ademais, e por tudo o que se disse, pensamos que todos os benefícios terão carácter estrutural, na medida em que a capacidade contributiva, como espelho medida do direito à igualdade, na tríplice vertente analisada, cede perante outros direitos ou exigências constitucionais. Ora, e como já se disse *supra*, não contendo o ordenamento português uma autorização geral de restrição de direitos, liberdades garantias, o artigo 18.º/2 da CRP exige que a Constituição deverá individualizar os direitos

---

[106] No mesmo sentido consultar *Reavaliação dos Benefícios Fiscais (2005)...* op. cit., págs. 79-82.

[107] Artigos 14.º a 56.º-A do EBF.

[108] E apenas aplicar-se-ia aos artigos 59.º, 64.º e 65.º do EBF, que contêm já uma cláusula temporal definida.

[109] Para mais desenvolvimentos, consultar a anotação ao artigo 14.º da LGT por ANTÓNIO LIMA GUERREIRO, in *Lei Geral Tributária Anotada*, Lisboa: Editora Rei dos Livros, 2000.

que podem ficar no âmbito de uma reserva restritiva – e esta individualização terá sempre que ter natureza estrutural, sob pena de estarmos perante uma situação de inadmissibilidade de benefício fiscal. Desta forma, não é a inclusão nos códigos tributários ou a mera arrumação dos benefícios no Estatuto como sendo de carácter estrutural que define a imunidade a uma reavaliação dos mesmos.

Mas esta caducidade necessária não quer significar que o benefício fiscal apenas subsista enquanto representar situações que, do ponto de vista do contribuinte, se assumam como reduções excepcionais do quantitativo tributário a que está sujeito e que, do ponto de vista das entidades públicas representem renúncia a receitas que em condições normais seriam tributadas. Por isso, o benefício fiscal não se dissipa a partir do momento em que se assume como *exclusão tributária*. Daí que a evidente temporalidade dependa de uma cláusula de caducidade, que exija reavaliação periódica da excepcionalidade à igualdade, própria dos benefícios fiscais.

§ 2.º A legalidade e os benefícios fiscais

O feixe de direitos, analisado *supra*, a que está associado a consagração do direito à igualdade, abstracto e concreto, encarando a capacidade contribuitva como medida deste direito e elemento conformador da construção do núcleo essencial da tributação, permite-nos avançar que a capa legalidade fiscal que encontramos no artigo 103.º/1 da CRP é inútil e redundante. Senão vejamos.

Por um lado, e de acordo com o artigo 18.º/2 da CRP, só a lei pode restringir o direito à igualdade nos impostos, medido pela capacidade contributiva. E por lei, entenda-se em sentido formal[110] e relativo[111], na medida em que a reserva legislativa parlamentar pode ceder perante autorizações legislativas, entendido este sentido formal como a exigência de uma "cadeia initerrupta de legitimidade legal"[112]. Ademais a referida reserva de lei é absoluta ou reserva de densificação total, na medida em que a totalidade das matérias respeitantes aos benefícios fiscais deverão ser disciplinadas por lei[113]. Ora, esta reserva de lei, em sede de direitos fundamentais, só é admissível na observância dos requisitos constitucionais estabelecidos. Daí que se fale na relevância dos direito fundamental à igualdade como elemento determinante da reserva de lei em matéria de benefícios fiscais.

---

[110] Lei ou Decreto-Lei autorizado, conforme resulta do artigo 165.º/1, alínea b), da CRP.

[111] José Joaquim Gomes Canotilho, *Direito...*, op. cit., págs. 722-723.

[112] José Joaquim Gomes Canotilho, *Direito...*, op. cit., pág. 451.

[113] José Joaquim Gomes Canotilho, *Direito...*, op. cit., págs. 723-725.

Este regime estabelecido e próprio das restrições dos direitos fundamentais é mais exigente daquele que consta dos artigos 165.º/1, alínea i) e 103.º/2, da CRP. Na verdade a reserva absoluta de lei formal[114] aí constante não acolhe os limites próprios dos regime das restrições aos direitos fundamentais, pelo que é nesse sentido que temos que fazer a interpretação do artigo 103.º/3, 1.ª parte, como fundamento ao exercício do direito de resistência, na medida em que ninguém poderá ser obrigado a pagar impostos que não tenham sido criados nos termos da Constituição. Entenda-se aqui o conceito de criação, quer no sentido positivo, por abranger normas de incidência, quer no sentido negativo, no sentido de prever desagravamentos fiscais, derrogatórios ou conformes à igualdade tributária.

Por outro lado, estabelece o artigo 18.º/3 da CRP que as leis restritivas devem ser dotadas de generalidade e abstracção. Disposição esta que estaria na base da proibição de uma lei individual ou concreta, na medida em que "se dirige a um número determinado ou determinável de pessoas ou disciplina um número determinado ou determinável de casos"[115]. Quer isto significar que, quer a lei individual abstracta, quer a lei geral concreta, ambas restritivas, são de natureza inconstitucional, mesmo que atribua vantagens ou compensações. Na verdade, as leis individuais que criam benefícios fiscais só são admissíveis, como já se disse, se resultarem de cedências, constitucionalmente previstas, ao núcleo essencial da tributação, devendo assim ser interpretado, nessa consonância, o artigo 5.º/1 do EBF. E esta exigência só resulta directamente aplicável à Constituição fiscal por via de interpretação sistemática.

---

[114] Cfr. ALBERTO XAVIER, *Manual de...*, op. cit., págs. 109-118.
[115] JOSÉ JOAQUIM GOMES CANOTILHO, *Direito...*, op. cit., pág. 425.

Ainda assim, acrescente-se que, de forma redudante e excessiva o artigo 103.º/3, 2.ª parte, assume o princípio da não retroactividade, à semelhança do que resultaria do artigo 18.º/ 3 da CRP.

Acrescentem-se ainda dois elementos que deverão conformar o regime dos benefícios fiscais, conforme resulta da construção efectuada e por aplicação do artigo 18.º/3 da CRP. Um deles reporta-se ao princípio da proibição do excesso, na medida em que a lei restritiva e derrogatória da capacidade contributiva deverá ser adequada, necessária e proporcional. Nesse sentido fica estabelecido um limite constitucional à liberdade de conformação do legislador tributário, em matéria de benefícios fiscais. Quer isto significar que deve existir: (1) uma inequívoca conexão material entre os meios e os fins desejados pelo legislador; (2) uma estrita vinculação ao princípio da proibição do excesso.

O último princípio a ter em conta será o da salvaguarda do núcleo essencial do imposto, que se traduz no feixe de direitos subjectivos conducente à capacidade contributiva. Aqui discutem-se dois problemas[116], que enunciamos, por já terem resposta no campo tributário: (1) o objecto da protecção; (2) o valor da protecção. Como já resultou da análise efectuada, o objecto da protecção do núcleo essencial da tributação é de carácter subjectivo, porquanto atenta à posição económico-social do sujeito passivo. Quanto ao valor da protecção este é analisado de acordo com as *teorias relativas*, que vêem o núcleo essencial como um processo de ponderação de bens jurídicos.

---

[116] José Joaquim Gomes Canotilho, *Direito...*, op. cit., págs. 456-458.

§ 3.º O processo de reconhecimento das isenções

O processo de reconhecimento dos benefícios fiscais está situado fora do Direito Fiscal. Mesmo assim, e tendo em vista uma leitura abrangente da extrafiscalidade no ordenamento pensamos ser importante estabelecer alguns parâmetros de análise e discussão.

O processo de reconhecimento dos benefícios fiscais depende da análise conjugada e sucessiva de vários parâmetros:

a) o tipo de procedimento envolvido;
b) a verificação das causas de impedimento ao reconhecimento dos benefícios fiscais;
c) a análise da eficácia da atribuição dos benefícios fiscais envolvidos;
d) as vicissitudes decorrentes da atribuição do benefício fiscal;
e) a verificação da extinção do direito ao benefício fiscal.

Quanto ao tipo de procedimento envolvido, a lei distingue, quanto à concessão dos benefícios fiscais, dois tipos de reconhecimento (art. 4.º do EBF):

a) Benefícios fiscais automáticos (como sejam sobre os rendimentos dos titulares deficientes – 16º do EBF – e sobre os rendimentos de propriedade intelectual – 56º do EBF);
b) Benefícios fiscais dependentes de reconhecimento, por acto administrativo ou por contrato.

Problema mais complexo quanto ao tipo de procedimento será o de apurar qual a entidade competente para a atribuição do benefício, quando este esteja dependente de reconhecimento.

Distinguimos, assim, os impostos nacionais, regionais e locais. Quanto aos impostos nacionais, o exercício da competência em matéria de concessão de benefícios fiscais define-se tendo em conta o âmbito de intervenção regional e local, ou seja, a delimitação da competência é de carácter negativo e não positivo. Não obstante, é de assinalar que o poder de conceder benefícios fiscais em regra é atribuído aos órgãos centrais. No entanto, não podemos concluir só por isso que o poder de conceder está intrinsecamente associado ao poder tributário. Este comporta-se como um poder criativo, inovador, na medida em que representa um poder conferido ao legislador. Aquele poder de conceder benefícios fiscais está associado ao conceito de competência tributária, que se traduz a administração ou gestão dos impostos[117]. Porém, é de assinalar que, o exercício da competência tributária pode em determinados aspectos coincidir com o poder tributário, na medida em que ambos poderão derrogar a capacidade contributiva, uma vez que um depende do outro – não há competência tributária sem o exercício prévio do poder tributário criativo.

Quanto aos impostos regionais[118], o artigo 40.º[119] da Lei das Finanças das Regiões Autónomas (LFRA)[120], prevê que o critério

---

[117] Cfr. José Casalta Nabais, *Direito...*, op. cit., págs. 256-259.

[118] Sobre o sistema fiscal das Regiões Autónomas, consultar, sobre todos, Eduardo Paz Ferreira, "O poder tributário das Regiões Autónomas: desenvolvimentos recentes", *Boletim de Ciências Económicas*, XLV-A, 2002, págs. 265 e seguintes e o nosso "Os poderes tributários nas regiões autónomas: criar ou adaptar, eis a questão...", *RFDL*, XLII, 2001, págs. 1085 e seguintes.

[119] Cuja redacção é a seguinte:

"Artigo 40.º

Competências para a concessão de benefícios e incentivos fiscais

1 – Em matéria de benefícios e incentivos fiscais, qualquer que seja a sua natureza e finalidade, do interesse específico e exclusivo de uma única Região Autónoma, as competências atribuídas na lei geral ao Ministro das Finanças serão exercidas, com

determinante para a atribuição da competência para a concessão dos benefícios fiscais é o interesse específico das regiões autónomas. Ora, o interesse específico das Regiões está associado ao grau de autonomia financeira e tributária[121] conferido pela Constituição e pelo regime legal vigente. Pressupomos, deste modo, e de acordo com os argumentos apresentados pelos arts. 18.º/1 da LGT[122], 39.º/1 a) e 2 da LFRA, 140.º/1 a) e 2 do EDM[123] e 103.º/b) do EDA[124] que as regiões autónomas assumam o papel de sujeitos activos na relação jurídica tributária. Mas será a outorga da personalidade tributária activa relevante para graduar e caracterizar o grau de autonomia financeira e

---

respeito pelas leis e princípios gerais em vigor e no âmbito do princípio de igualdade, pelo membro do Governo Regional responsável pela área das finanças.

2 – Os benefícios ou incentivos fiscais de interesse ou âmbito nacional ou do interesse específico de mais de uma circunscrição são da competência do Ministro das Finanças, ouvidos os respectivos governos regionais".

[120] Aprovada pela Lei n.º 13/98, de 24 de Fevereiro.

[121] Vide EDUARDO PAZ FERREIRA, *As Finanças Regionais*, Imprensa Nacional Casa da Moeda, Lisboa, 1985. Esta noção de autonomia é também partilhada pela generalidade da doutrina italiana tais como FRANCO PIERANDREI, "Prime Observationi sull´Autonomia Finanzaria delle Regioni e della Esperienza Siciliana", in *Scritti di Diritto Constituzionale*, Vol. II, Torino, 1964, págs. 109 e ss; ELIO GIZZI, *Manuale di Diritto Regionale*, 2ª Edição, Pádua, 1976, págs. 254 e ss; e VICENZO GUELI, "La Potestà Normativa Tributaria della Regionne Siciliana nel Sistema delle Autonomie Regionali Ordinarie Speciali in Campo Finanziario", in *Scritti Vari*, Vol. II, Milão, 1970, págs. 1282 e ss.

[122] Aprovada pelo DL n.º 398/98, de 17 de Dezembro.

[123] Estatuto da Região Autónoma da Madeira (Lei n.º 13/91 de 5 de Junho, alterada pela Lei n.º 130/99, de 21 de Agosto).

[124] Estatuto da Região Autónoma dos Açores (Lei n.º 39/80 de 5 de Agosto, com as alterações introduzidas pela Lei n.º 9/87 de 26 de Março, e pela Lei n.º 61/98, de 27 de Agosto); EDM – Estatuto da Região Autónoma da Madeira (Lei n.º 13/91 de 5 de Junho, alterada pela Lei n.º 130/99, de 21 de Agosto).

tributária das regiões autónomas? Há quem considere que sim. Vejamos o caso italiano, no respeitante às regiões de estatuto especial. Para além de serem as únicas regiões dotadas de poder de criação, têm um direito de crédito[125] sobre os impostos cobrados pelo Estado. Sobre este caso, há quem defenda que o facto de as regiões não serem titulares da relação jurídica de imposto tem relevância no sentido de que se o peso dos impostos próprios e regionais for diminuto a autonomia financeira e tributária não existe.

De todo o modo, o grau de intervenção do Governo Central é diminuto, podendo cobrar nas regiões autónomas os impostos regionais e até mesmo nacionais somente a título de representante de quem detém a posição activa na relação jurídica, isto é, as regiões autónomas enquanto pessoas colectivas de direito público de base territorial (18.º/1 da LGT, 39.º/4 da LFRA e 140.º/3 do EDM). É no sentido da territorialidade dos actos que aponta o artigo 40.º/1 e 2 da LFRA, na medida em que confere aos órgãos regionais competência para a concessão de beneficios fiscais nos impostos nos quais assume o papel de sujeito activo da relação jurídica de imposto.

Pense-se nas situações em que esteja em causa uma operação de reestruturação empresarial (uma fusão, por exemplo) que envolve a aplicação do Decreto-Lei n.º 404/90, de 21 de Dezembro[126], quanto à isenção do imposto do selo[127], prevista no artigo 1.º/1, alínea b), relativamente à transmissão dos imóveis aos

---

[125] Na doutrina portuguesa há quem defenda, no âmbito das Teses da Cedência, que as RA são titulares de um crédito, sendo este de natureza administrativa e não tributária (ANTÓNIO BRAZ TEIXEIRA e PEDRO SOARES MARTINEZ). Sobre todos ver NUNO SÁ GOMES, *Manual...*, op. cit., págs. 100 e 101.

[126] Na redacção dada pela Lei n.º 55-B/2004, de 30 de Dezembro.

[127] Quanto à isenção de IMT, prevista no artigo 1.º/1, alínea a), pronunciar-nos-emos mais à frente, quanto à competência dos órgãos autárquicos.

imóveis, não destinados a habitação, necessários à concentração ou à cooperação, ou à constituição, aumento de capital ou do activo de uma sociedade de capitais necessários à concentração ou à cooperação. Tendo em conta o artigo 20.° da LFRA, se o facto gerador da obrigação de imposto (v.g. a celebração da escritura de fusão numa das regiões) ocorrer numa das regiões, aplicar-se-á o artigo 40.°/1, sendo assim competente para conceder a referida isenção não o Ministro das Finanças, mas o membro do Governo regional responsável pelas finanças. Caso contrário, aplicar-se-á o artigo 40.°/2, pelo facto da localização do facto gerador indiciar o interesse nacional ou interesse específico de mais do que uma circunscrição.

Quanto aos impostos locais, analisemos o artigo 12.° proposta de Lei das Finanças Locais[128]. De acordo com o n.° 2, as assem-

---

[128] Proposta de lei n.° 92/X, à data da elaboração do presente texto em discussão na Assembleia da República, cujo artigo 12.° contém a seguinte redacção, no que concerne à discussão em causa:

"2 – A assembleia municipal pode, por proposta da câmara municipal, através de deliberação fundamentada, conceder isenções totais ou parciais relativamente aos impostos e outros tributos próprios.

3 – Os benefícios fiscais referidos no número anterior não podem ser concedidos por mais de cinco anos, sendo possível a sua renovação por uma vez com igual limite temporal.

4 – Nos casos de benefícios fiscais relativos a impostos municipais que constituam contrapartida contratual da fixação de grandes projectos de investimento de interesse para a economia nacional, o reconhecimento dos mesmos compete ao Governo, ouvidos o município ou municípios envolvidos, que devem pronunciar-se no prazo máximo de 45 dias, nos termos da lei, havendo lugar a compensação em caso de discordância expressa do respectivo município comunicada dentro daquele prazo, através de verba a inscrever no Orçamento do Estado.

5 – Para efeitos do número anterior, consideram-se grandes projectos de investimento aqueles que estão definidos nos termos e nos limites do n.° 1 do artigo 39.° do Estatuto dos Benefícios Fiscais.

6 – Os municípios devem ser ouvidos antes da concessão, por parte do

bleias municipais podem conceder, pelo período máximo de 10 anos[129] benefícios fiscais relativamente aos impostos próprios. Referimo-nos, assim, ao IMI, ao IMT e ao IMV. É uma norma de duvidosa constitucionalidade, não só porque representa a possibilidade de derrogação da capacidade contributiva, como também porque não respeita a reserva de lei constante do artigo 18.º/3, reforçada pelo artigo 103.º/2, ambos da CRP. Na verdade, a Lei n.º 42/98, de 6 de Agosto[130] conferia às

---

Estado, de isenções fiscais subjectivas relativas a impostos municipais, no que respeita à fundamentação da decisão de conceder a referida isenção, e são informados quanto à despesa fiscal envolvida, havendo lugar a compensação em caso de discordância expressa do respectivo município.

7 – Excluem-se do disposto do número anterior as isenções automáticas e as que decorram de obrigações de Direito Internacional a que o Estado português esteja vinculado.

8 – Os municípios devem ter acesso a informação agregada respeitante à despesa fiscal adveniente da concessão de benefícios fiscais relativos aos impostos municipais constantes da alínea a) do artigo 10.º da presente lei".

[129] Confome resulta do artigo 12.º/3 da referida proposta, tendo em conta a regra dos 5 anos de concessão mais os 5 anos de prorrogação.

[130] Em concreto, no seu artigo 4.º, com a seguinte redacção:

"Artigo 4.º (Poderes tributários)

1 – Aos municípios cabem os poderes tributários conferidos por lei, relativamente a impostos a cuja receita tenham direito, em especial os referidos na alínea a) do artigo 16.º

2 – Nos casos de benefícios fiscais que afectem mais do que um município e de benefícios fiscais que constituam contrapartida da fixação de grandes projectos de investimento de interesse para a economia nacional, o reconhecimento dos mesmos compete ao Governo, ouvidos os municípios envolvidos, que deverão pronunciar-se no prazo máximo de 45 dias, nos termos da lei.

3 – Nos casos previstos no número anterior haverá lugar a compensação através de verba a inscrever no Orçamento do Estado.

4 – A assembleia municipal pode, por proposta da câmara municipal, através de deliberação fundamentada, conceder benefícios fiscais relativamente aos impostos a cuja receita tenha direito e que constituam contrapartida de fixação de projectos de investimentos de especial interesse para o desenvolvimento do município".

autarquias locais o poder de conceder benefícios relativamente aos seus impostos quando estivesse em causa o direito ao desenvolvimento[131] local. Esta norma fundamentava a competência tributária num misto de territorialidade e de atribuição de conteúdo ao direito ao desenvolvimento. Repare-se que os artigos 9.º, alínea g) e 81.º, alínea a), ambos da CRP, actualmente encarados como a expressa consagração do direito dos povos, que assume a natureza constitucional de determinante positiva heterónoma, constituíam o motivo da derrogação invocada. Desaparecendo esta condição, aliás razão de ser da cedência da capacidade contributiva, tornou-se mais complexa a admissibilidade, antes bastante mais clara, quanto à possibilidade de as autarquias concederem benefícios que não tivessem base legal. Nem mesmo se sustente que esta prerrogativa continuaria a ser admissível caso os municípios aprovassem critérios vinculativos que conferissem alguma previsibilidade e segurança jurídica, porquanto continuaria a faltar uma norma habilitante, tendo em conta o já mencionado artigo 18.º da CRP, que legitime e torne admissível aquela restrição ao direito à igualdade, medido pela capacidade contributiva. Sem essa norma habilitante, a competência tributária apenas se pode mover no âmbito dos benefícios fiscais previstos quanto aos impostos locais, não tendo este artigo 12.º qualquer conteúdo inovador – pelo contrário, representa uma forte restrição ao ainda em vigor artigo 4.º/4.

Pense-se, mais uma vez, no exemplo da reestruturação empresarial analisado alguns parágrafos *supra*, tendo em vista a

---

[131] Sobre a génese e alcance do direito ao desenvolvimento, como "reconhecimento de um direito subjectivo à criação de condições para viver uma vida decente no quadro de sociedades bem ordenadas, constituindo um verdadeiro direito humano", e respectivo enquadramento nos textos constitucionais do mesmo, consultar, sobre todos, EDUARDO PAZ FERREIRA, *Valores...*, op. cit., págs. 165-200.

aplicação do Decreto-Lei n.º 404/90, de 21 de Dezembro, mais concretamente o artigo 1.º/1, alínea a), quanto à concessão da isenção de IMT quanto aos imóveis nele previstos. Ora, ao abrigo do artigo 12.º/2 da proposta de Lei das Finanças Locais, só a assembleia municipal pode, por proposta da câmara municipal, através de deliberação fundamentada, conceder aquela isenção, por se tratar um imposto no qual assume a posição de sujeito activo, por encontrar base legal. De acordo com o ainda vigente 4.º/2 da LFL, as autarquias cederiam, a troco de audição prévia e de uma compensação financeira, esta competência aos órgãos centrais, sempre que estivesse em causa o interesse nacional ou de mais do que uma circunscrição. Nesse sentido, o legislador prevê expressamente várias situações de intervenção dos órgãos autárquicos na concessão dos benefícios, como sejam o artigo 112.º/5 e 6 do CIMI e o artigo 22.º/4[132], da proposta de Lei das Finanças Locais.

---

[132] Cujo artigo passamos a citar, quanto aos números que interessam para a análise em causa:

"1 – Os municípios têm direito, em cada ano, a uma participação variável até 3% no IRS dos sujeitos passivos com domicílio fiscal na respectiva circunscrição territorial, relativo aos rendimentos do ano imediatamente anterior, calculada sobre a respectiva colecta líquida das deduções previstas no n.º 1 do artigo 78.º do Código do IRS.

2 – A participação referida no número anterior depende de deliberação sobre a percentagem de IRS pretendida pelo município, a qual deve ser comunicada por via electrónica pela respectiva câmara municipal à Direcção-Geral dos Impostos, até 31 de Dezembro do ano anterior àquele a que respeitam os rendimentos.

3 – A ausência da comunicação a que se refere o número anterior ou a recepção da comunicação para além do prazo aí estabelecido equivale à falta de deliberação.

4 – Caso a percentagem deliberada pelo município seja inferior à taxa máxima definida no n.º 1, o produto da diferença de taxas e a colecta líquida é considerado como dedução à colecta do IRS, a favor do sujeito passivo,

Quanto aos casos previstos[133] no artigo 112.º, é a reabilitação urbana e o combate à desertificação (n.º 5) e o arrendamento urbano (n.º 6) que pode determinar uma redução de taxa, no máximo de 30% e 20%, respectivamente, mediante deliberação da assembleia municipal. Em qualquer dos casos está em causa a concretização do direito à habitação e ao urbanismo, constante do artigo 65.º da CRP. Pelo que a derrogação à capacidade contributiva, mesmo que com a intervenção dos órgãos autárquicos, cede perante este direito.

Quanto ao artigo 22.º/4 da proposta de Lei de Finanças Locais, ela nada mais é do que um resquício daquilo que resultava do artigo 4.º/4 da LFL ainda vigente[134]. Na verdade, a proposta quer desencadear uma forma de concorrência fiscal inter-municipal, que se traduzirá na renúncia até 3% das receitas de IRS, redução esta, que do ponto de vista individual nada mais é do que uma opção política do lado da oferta agregada (*supply-side*), tendo como principal objectivo combater o *crowding-out* do investimento privado municipal, propiciando o desenvolvimento económico da circunscrição, pela baixa de impostos nacionais. Rigorosamente este benefício fiscal derroga a capacidade contributiva, mas encontra o seu fundamento de admissibilidade nos já mencionados artigos 9.º, alínea g) e 81.º, alínea a), ambos da CRP, em nome do desenvolvimento económico, pela

---

relativo aos rendimentos do ano imediatamente anterior àquele a que respeita a participação variável referida no n.º 1, desde que a respectiva liquidação tenha sido feita com base em declaração apresentada dentro do prazo legal e com os elementos nela constantes".

[133] Que podem ser cumulativos, como resulta expressamento do artigo 112.º/6 do CIMI.

[134] Atente-se que o artigo 4.º/4 concentrava-se nos impostos municipais, enquanto que o novo artigo 12.º apenas confere esta possibilidade num imposto nacional – o IRS. Daí que defendamos que este baseia-se, de forma mais restrita, na ideia que baseava e fundamentava aquele.

propiciação dos mecanismos próprios de um mercado concorrencial, aproximando os sujeitos passivos e as comunidades em que se inserem.

Por outro lado, vem os números 6 e 7 do artigo 12.º da proposta de lei de finanças locais mencionada obrigar à audição prévia dos municípios, quando esteja em causa a concessão de benefícios fiscais pelos órgãos nacionais, quanto a impostos próprios, dando lugar a discordância expressa a uma compensação financeira por parte do Estado. Referimo-nos aqui aos benefícios previstos legalmente quanto aos três impostos que constituem receita das autarquias. Quanto à sua admissibilidade, e consequente compatibilidade com a capacidade contributiva, analisaremos na Parte II deste estudo. Quanto ao âmbito de aplicação deste preceito, vejamos o seguinte quadro:

IMI	IMT	IMV
EBF, 40.º, n.º 1, a) Estados estrangeiros, quanto aos prédios destinados às respectivas representações diplomáticas e consulares, em caso de reciprocidade	CIMT, 6.º, n.º 1, b) Estados estrangeiros, quanto aos prédios destinados às respectivas representações diplomáticas e consulares, em caso de reciprocidade	CIMT, 5.º, n.º 1, c) Pessoas colectivas de utilidade pública
EBF, 40.º, n.º 1, b) IPSS	CIMT, 6.º, n.º 1, d) Pessoas colectivas de utilidade pública	CIMT, 5.º, n.º 1, d) Estados estrangeiros, em caso de reciprocidade
EBF, 40.º, n.º 1, n) Prédios classificados como monumento nacional	CIMT, 6.º, n.º 1, e) IPSS	CIMT, 5.º, n.º 1, e) Pessoal das missões diplomáticas e consulares
	CIMT, 6.º, n.º 1, f) Pessoas colectivas religiosas	CIMT, 5.º, n.º 1, d) Organizações estrangeiras ou internacionais
	CIMT, 6.º, n.º 1, g) Prédios classificados como monumento nacional	

Ora, como o n.º 7 do referido artigo vem excluir da exigência de audição prévia os benefícios que decorram das obrigações decorrentes do Direito Internacional e as isenções automáticas, apenas ficam abrangidos por esta disposição os reconhecimentos referentes às pessoas colectivas de utilidade pública, Instituições Particulares de Solidariedade Social, pessoas colectivas religiosas e os reconhecimentos relativos aos prédios classificados como monumento nacional.

Quanto à verificação das causas de impedimento ao reconhecimento dos benefícios fiscais, do artigo 11.°-A do EBF resulta a consagração de um dever de cumprimento imputável ao sujeito passivo[135], como condição prévia da usufruição dos benefícios fiscais, qualquer que seja a modalidade de reconhecimento envolvida. Esta é uma medida de *self-assessment*, ainda que rudimentar, porque não assume o carácter preventivo, mas resulta da detecção das dívidas fiscais já contraídas, por transferir parcialmente para o sujeito passivo a responsabilidade no controlo e assunção das dívidas fiscais decorrentes da adopção dos seus comportamentos económicos.

E, resulta desta responsabilização um regime suspensivo, e nunca um regime extintivo, para a concessão dos benefícios fiscais a usufruir, que tem como efeito a manutenção da tributação normalmente aplicável ao facto tributário relevante. Quer isto significar que a manutenção da tributação normalmente aplicável fica sujeita a uma condição suspensiva, na medida em que o cumprimento das dívidas fiscais permite a usufruição dos benefícios, inclusive à data da verificação dos pressupostos, tendo em conta o artigo 11.° do EBF. Desta forma, em nosso entender, o artigo 11.°-A não constitui fundamento de indeferimento dos benefícios fiscais, quando estes estejam dependentes de reconhecimento, por acto ou por contrato. Na verdade, estando verificados todos os pressupostos quanto à sua concessão, nada impede que o pedido de concessão seja deferido, devendo, no entanto, condicionar a respectiva usufruição ao cumprimento das dívidas fiscais identificadas na disposição.

---

[135] Repare-se que esta medida apenas responsabiliza o sujeito passivo quanto ao cumprimento e prova deste, no âmbito das dívidas à segurança social, porquanto as restantes dívidas fiscais são apuradas pelo próprio Estado.

Quanto à análise da eficácia da atribuição dos benefícios fiscais envolvidos, não obstante o artigo 4.°/2 do EBF consagrar a eficácia declarativa do reconhecimento dos benefícios fiscais, o 65.° do CPPT vem permitir interpretação contrária, no sentido de conferir eficácia constitutiva ao reconhecimento dos benefícios fiscais, porquanto estes não poderão ser considerados na liquidação do tributo a que respeitarem que não forem reconhecidos. Nesse sentido, e tendo em conta a possibilidade de revisão dos actos tributários conferida à Administração no prazo máximo de 4 anos, por via do artigo 78.° LGT, entendemos que a existir uma eficácia declarativa, esta está dependente da verificação da caducidade do direito da liquidar, o que quer significar que a mesma está limitada aos 4 anos. Desta forma, e sempre que os pressupostos da concessão dos benefícios se verifique para além dos mencionados 4 anos, a sua concessão tem efeito constitutivo e não declarativo.

Quanto à verificação das vicissitudes e à extinção do direito ao benefício fiscal, a lei consagra algumas situações em que pode ocorrer a supressão dos benefícios fiscais:

a) quanto aos benefícios dependentes de requerimento do interessado, a lei permite a *renúncia* definitiva pelo contribuinte relativamente aos mesmos (art. 12.°/5 do EBF);

b) quanto aos benefícios dependentes de reconhecimento por meio de acto administrativo a lei permite a *revogação*[136] desde que, nos termos do art. 12.°/4:

---

[136] Como refere João de Matos Antunes Varela, *Das Obrigações...*, op. cit., pág. 279, uma das "coordenadas típicas" da revogação "é a carência de eficácia retroactiva, por desnecessidade (...) por determinação da lei nos casos de revogação unilateral" (nota 3). Ora, continua o Professor que "esta exclusiva projecção para o futuro traduz-se praticamente, no facto de a revogação apenas se referir a declarações de vontade integradoras de negócios ainda não consumados".

Os Benefícios Fiscais: Sistema e Regime   105

1. haja inobservância das obrigações impostas, imputável ao beneficiário, ou

2. o benefício tenha sido indevidamente concedido.

c) quanto aos benefícios dependentes de reconhecimento por meio de acordo[137] [138] a lei prevê:

1. a *resolução*[139] do contrato nos seguintes casos:

    a. incumprimento dos objectivos e obrigações estabelecidos no contrato, por facto imputável à empresa promotora;

    b. incumprimento das obrigações fiscais por parte da empresa promotora;

    c. prestação de informações falsas sobre a situação da empresa ou viciação de dados fornecidos na apresentação, apreciação e acompanhamento dos projectos.

---

[137] Ativémo-nos aos regimes consignado no DL n.º 409/99, de 15/10 e no DL n.º 401/99, de 14/10, que regulamentam o regime dos benefícios fiscais estabelecidos no art. 39.º do EBF.

[138] É importante assinalar que os contratos celebrados entre os contribuintes e as entidades que concedem incentivos fiscais "não são contratos administrativos, precisamente porque não têm aqui lugar as cláusulas exorbitantes de tutela do interesse público, designadamente porque não dispõe a Administração do direito de resolução unilateral dos referidos contratos, como sucede nos benefícios fiscais contratuais, nos termos do art. 12º/4 do EBF (cfr. NUNO SÁ GOMES, "As garantias dos contribuintes: algumas questões em aberto", in *CTF*, n.º 371 (Julho-Setembro), 1993, pág. 100).

[139] De acordo com JOÃO DE MATOS ANTUNES VARELA, *Das Obrigações...*, op. cit., pág. 275, a "resolução é a destruição da relação contratual operada por um dos contraentes, com base no facto posterior à celebração do contrato". A resolução nos casos em análise *resulta da lei* (art. 12.º do DL n.º 401/99, de 14/10 e art. 12.º do DL n.º 409/99, de 15/10) e *assume eficácia retroactiva* (art. 13.º do DL n.º 401/99, de 14/10 e art. 13.º do DL n.º 409/99, de 15/10).

ou

2. a *renegociação* (modificação)[140] do contrato por alteração das circunstâncias;

ou

3. a *renúncia* definitiva pelo contribuinte, desde que aceite pela Administração (art. 12.°/5 do EBF).

Uma nota final, ainda, quanto às vicissitudes próprias dos benefícios fiscais. De acordo com o artigo 13.° do EBF, o benefício fiscal, em regra, por ser concedido *intuitu personae*, é intransmissível, quer *inter vivos*, quer *mortis causa*. Isso resulta da própria natureza do benefício – pense-se, designadamente, nos benefícios constantes dos artigos 16.° (relativos a pessoas portadoras de deficiência), 21.°/2 (regime à entrada de dedução à colecta no IRS dos valores aplicados em planos poupança-reforma), 27.° (empréstimos externos e rendas de locação de equipamento importados) e 39.° (investimentos de natureza contratual), todos do EBF. Esta regra da intransmissibilidade cede, porém:

a) apenas para a tranmissão *inter vivos*, sempre que o benefícios sejam indissociáveis de um regime jurídico aplicável a determinados bens, de acordo com o 13.°/2 do EBF – veja-se, a título de exemplo, os artigos 22.° (fundos de investimento) e o Decreto-Lei n.° 193/2005, de 7 de Novembro (Regime Especial de Tributação dos Rendimentos de Valores Mobiliários Representativos de Dívida);

---

[140] Apenas vêm permitir o art. 13.° do DL n.° 401/99, de 14/10 e o art. 13.° do DL n.° 409/99, de 15/10 a renegociação do contrato, que no nosso entender abrange a resolução ou a modificação do contrato, nesse sentido constituindo os referidos artigos uma libertação ao princípio do *pacta sunt servanda*, previsto no art. 437.° do Código Civil. Sobre todos cfr. JOÃO DE MATOS ANTUNES VARELA, *Das Obrigações...*, op. cit., págs. 281-283.

b) quanto aos benefícios concedidos por acto ou por contrato, sempre que no transmissário se verifiquem os pressupostos do benefício fiscal e o interesse público a este subjacente, fazendo depender, contudo, a transmissibilidade *inter vivos*, de um requisito adicional – a autorização do Ministro das Finanças, de acordo com o 13.º/3.

Quanto a esta última derrogação da regra da intransmissibilidade, será útil salientar que é meramente aparente, quando não assuma o carácter *mortis causa*, porque faz depender a transmissibilidade *inter vivos* da concessão de um novo benefício, mediante um processo de reconhecimento decidido, em última instância pelo Ministro das Finanças, que produz efeitos próprios e cuja usufruição poderá ficar suspensa, pela aplicação do artigo 11.º-A do EBF. Daí que defendamos a vigência quase plena da regra da intrasmissibilidade *inter vivos* na usufruição dos benefícios fiscais, salvo nos casos em que estes sejam indissociáveis de um regime jurídico aplicável a determinados bens.

PARTE II
OS BENEFÍCIOS FISCAIS
NOS IMPOSTOS PORTUGUESES

Capítulo I
Considerações gerais: a sistemática dos benefícios fiscais no ordenamento jurídico português

A tentativa de unificação funcional dos benefícios fiscais na reforma fiscal de 1989, teve como fundamento três razões[1]:

a) possibilitar uma melhor apreciação sistemática da política seguida;

b) garantir a transparência e diminuir, consequentemente, os custos de cumprimento suportados pelo contribuinte, associados à percepção e conhecimento dos benefícios fiscais vigentes;

c) permitir a definição de um regime comum aos vários benefícios, pela "eliminação de muitas excrescências e desvios, tornando possível e clara a formulação de imprescindíveis princípios gerais".

Não obstante os argumentos da unificação, optou o legislador não só por manter alguns benefícios fiscais nos respectivos Códigos como também por permitir que legislação extravagante definisse a criação de benefícios fiscais.

---

[1] Já apresentada em 1969 em Alberto Pinheiro Xavier e António L. de Sousa Franco, *Estatuto dos Benefícios Fiscais – Esboço de um projecto*, Lisboa: Centro de Estudos Fiscais, 1969, págs. 18-20.

Na verdade, o legislador de 1989 preocupou-se em compilar, em Estatuto próprio, os benefícios fiscais próprios dos impostos sobre o rendimento e sobre o património. Não obstante, é de assinalar que, quer o CIRC, quer o Código da Contribuição Autárquica[2], dedicaram, desde a sua origem, um capítulo[3]/[4] ao benefícios fiscais.

Por outro lado, esta compilação não evitou a manutenção e proliferação de benefícios fiscais constantes de diplomas extravagantes, que tanto assumem a forma dos antigos privilégios fiscais, como também sempre assumiram a forma de verdadeiros benefícios, que têm vindo a reclamar a sua inclusão nos Códigos. Quanto aos privilégios ou favores fiscais podemos exemplificar:

- Artigo 10.º do Decreto-Lei n.º 307/71 de 15 de Julho – concernente à Universidade Católica, que goza da isenção de impostos, contribuições e taxas do Estado e das autarquias locais, relativamente à aquisição e fruição dos seus bens e às actividades que exerça para a realização dos seus fins;
- Lei n.º 89/77, de 31 de Dezembro – respeitante ao Parque Nacional Peneda-Gerês e à sua isenção parcial de IMI e de IMT[5];

---

[2] Aprovado pelo Decreto-Lei n.º 442-C/88, de 30 de Novembro, revogado posteriormente pelo Decreto-Lei n.º 287/2003, de 12 de Novembro.

[3] Actualmente o Capítulo II, situado entre os artigos 9.º e 14.º do CIRC.

[4] Quanto à Contribuição Autárquica, era o capítulo II do respectivo Código, que continha o artigo 12.º.

[5] Trata-se de uma isenção parcial, porquanto o valor da matéria colectável que serve de base à liquidação dos impostos tipificados, ou seja, o valor patrimonial tributário, relevante para efeitos de IMI e IMT, é reduzido a metade.

- Lei n.º 18/82, de 8 de Julho – concernente à SATA Air Açores, de vigência duvidosa apenas quanto à isenção de IA, ao abrigo do artigo 1.º, alínea b) da referida Lei, salvo se considerarmos que o contrato de concessão celebrado entre a SATA e o Estado apenas perdura quanto às isenções, ressalvadas pela cláusula geral revogatória constantes do artigo 2.º/1 do Decreto-Lei n.º 215/89, de 1 de Julho, que aprovou o Estatuto dos Benefícios Fiscais.
- Artigo 17.º/1, alínea h) e 185.º do Estatuto dos Magistrados Judicias, aprovado pela Lei n.º 21/85 de 30 de Julho, que prevê que os magistrados têm direito a deduzir à colecta as quantias despendidas com a valorização profissional, até ao montante a fixar anualmente na Lei do Orçamento do Estado, e que o Conselho Superior da Magistratura goza de isenção de selo e de quaisquer impostos, prémios, descontos ou percentagens nos depósitos, guarda, transferência e levantamentos de dinheiro efectuados na Caixa Geral de Depósitos;
- Artigo 3.º do Decreto-Lei n.º 240-A/89, de 27 de Julho – respeitante à Fundação de Serralves, que remete para os benefícios aplicáveis às pessoas colectivas de utilidade pública, previsto no Decreto-Lei n.º 460/77, de 7 de Novembro e Lei n.º 151/99, de 14 de Setembro;
- Artigos 2.º e 6.º do Decreto-Lei n.º 149/90, de 10 de Maio – respeitante à Fundação Arpad-Szénes-Vieira da Silva, que remete não só para os benefícios aplicáveis às pessoas colectivas de utilidade pública, previsto no Decreto--Lei n.º 460/77, de 7 de Novembro e Lei n.º 151/99, de 14 de Setembro, mas também para o regime do donativos em sede de mecenato, actualmente previsto no Decreto--Lei n.º 74/99, de 16 de Março;
- Artigo 24.º do Decreto-Lei n.º 44/91 de 2 de Agosto – respeitante à Área Metropolitana de Lisboa e Porto, que,

por sua vez, remete para as isenções fiscais conferidas às autarquias locais, isto é, isenção de IRC, IMI, IMT, IS, IMV, Ici e ICa.

- Artigo 6.º-A do Decreto-Lei n.º 453/91 de 11 de Dezembro, introduzido pela Lei n.º 127-B/97, de 20 de Dezembro – respeitante à ANAM – Aeroportos e Navegação Aérea da Madeira, que gozava até 2005, de isenção de IMI, IMT e IS;
- Artigos 1.º e 7.º do Decreto-Lei n.º 75/93, de 10 de Março – respeitante à Fundação de São Carlos, com a remissão para os benefícios fiscais das pessoas colectivas dotadas de utilidade pública e para o regime dos donativos em sede de mecenato já mencionados;
- Decreto-Lei n.º 234/94 de 15 de Setembro – que concede isenção de IMI, IMT e IS à sociedade "Parque EXPO 98, SA", sendo aquela primeira isenção dependente de reconhecimento oficioso;
- Artigo 35.º da Lei n.º 39-B/94 de 27 de Dezembro – respeitante ao Observatório europeu da Droga e da Toxicodependência, que goza da isenção de todos os impostos e taxas nacionais, regionais ou municipais, cumprindo o Protocolo Relativo aos Privilégios e Imunidades das Comunidades Europeias, anexo ao Tratado de Bruxelas de 8 de Abril de 1965;
- Artigo 4.º do Decreto-Lei n.º 27/96, de 30 de Março – respeitante à Fundação Aga Khan, com regime semelhante às Fundações mencionadas *supra*, em sede de utilidade pública e mecenato;
- Artigos 1.º e 6.º do Decreto-Lei n.º 102/97, de 28 de Abril – respeitante à Fundação Cartão do Idoso, igualmente com regime fiscal remissivo para a utilidade pública e mecenato;

- Artigo 9.º do Decreto-Lei n.º 98-A/99, de 26 de Março – respeitante à sociedade Portugal 2000, SA, que remete para o regime vigente dos donativos em sede de mecenato;
- Artigo 7.º da Lei n.º 176-A/99, de 30 de Dezembro – respeitante às Comemorações dos 500 Anos da Descoberta do Brasil, que consagra um regime fiscal próprio para os donativos efectuados nos anos 2000 e 2001 à sociedade "Redescobrir – Associação para o Desenvolvimento para a Imagem de Portugal no Brasil";
- Artigos 1.º e 2.º do Decreto-Lei n.º 361/99, de 16 de Setembro – respeitante à Sociedade Porto 2001, SA, que consagra um regime de isenção de IRC, IS, IMT e IMI, este último dependente de reconhecimento oficioso e um regime próprio de mecenato cultural;
- Artigo 1.º do Decreto-Lei n.º 314/2000, de 2 de Dezembro – respeitante ao Programa Polis e que consagra um regime de isenção de IMI, IMT, IS, sendo aquele primeiro dependente de reconhecimento oficioso;
- Artigos 1.º a 3.º do Decreto-Lei n.º 30/2001, de 7 de Fevereiro – respeitante à Sociedade Euro 2004, SA (até Dezembro de 2004) e que consagra um regime de isenção de IRC, IS, IMT e IMI, estes dois últimos dependentes de reconhecimento pela assembleia municipal da situação dos prédios, para além de prever um regime de mecenato cultural próprio.

Há um aspecto comum a todos estes diplomas extravagantes – é o facto de serem individuais e/ou concretos. De facto, o artigo 5.º/1 do EBF admite a possibilidade de individualização dos benefícios fiscais, por razões excepcionais devidamente justificadas no diploma que os instituir. Entendemos, porém, que esta derrogação extravasa a mera extrafiscalidade. Independentemente do disposto[6], e como já se disse *supra*, as derroga-ções à capacidade contributiva, ou seja, as restrições à igualdade tributária, devem revestir carácter geral e abstracto. Neste sen-tido, seríamos obrigados a não admitir a existência destes bene-fícios, tendo em conta o princípio de proibição de leis de natu-reza individual e concretas restritivas, em concreto, do direito à igualdade como foi configurado.

Quanto aos benefícios fiscais propriamente ditos, mas extra-vagantes, que têm vindo a reclamar a sua inclusão nos Códigos temos, exemplificadamente, dois casos evidentes, sem prejuízo da análise de regime que dedicaremos a cada um dos impostos:

- O Decreto-Lei n.º 404/90, de 21 de Dezembro – respei-tante à isenção de IMT e IS nas operações de reestrutu-ração empresarial aí identificadas (fusão e cisão-fusão);
- A Lei n.º 171/99 de 18 de Setembro de 1999 – respei-tante às isenções de IRC (taxa reduzida) e de IMT (aquisi-ção de imóveis por jovens), em zonas no interior do país, ou seja, com localização desfavorecida, tal como definido no diploma.

Tudo isto permite-nos concluir que o ordenamento por-tuguês distingue três patamares de benefícios fiscais, conforme resulta do esquema piramidal que apresentamos em seguida.

---

[6] Que, em momento algum, pode ser entendido como uma restrição estabelecida por lei (José Joaquim Gomes Canotilho, *Direito...*, op. cit., pág. 1261), porquanto o direito à igualdade tributária estudado em sede constitucional deveria prever, de forma expressa, a possibilidade de restri-ções através de lei.

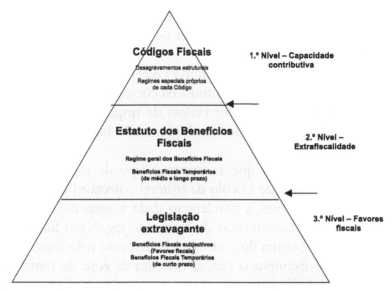

Figura 1 – A Pirâmide dos Benefícios Fiscais em Portugal

Pela análise efectuada à referida pirâmide, podemos inclusive concluir que o legislador vai afastando os benefícios do topo da pirâmide, consoante o grau de derrogação do princípio da capacidade contributiva. Depurada a problemática dos limites da extrafiscalidade, interessa apreciar os benefícios fiscais de 2.º nível vigentes no nosso ordenamento.

Uma nota final, porém, quanto ao imposto especial do jogo, que não versaremos no presente texto, constante dos artigos 84.º a 94.º do Decreto-Lei n.º 422/89 de 2 de Dezembro. De acordo com o artigo 84.º, as empresas concessionárias, na qualidade de sujeitos passivos de imposto, estão obrigadas ao pagamento de um imposto especial pelo exercício da actividade do jogo definida nos artigos 1.º e 4.º do mencionado diploma[7].

---

[7] Que distingue os jogos bancados dos não bancados. Fazem parte do primeiro grupo, por exemplo, a roleta francesa e americana (com um

Assim, é fixada uma taxa (nos artigos 85.º e 86.º) que é aplicada a uma matéria colectável definida no artigo 87.º do diploma em análise.

Quer a determinação da matéria colectável, quer a determinação da taxa, dependem, contudo, da conjugação de duas variáveis principais, a saber, e por ordem de importância: o tipo de jogo (jogo bancado, simples ou duplo, e não bancado) e a zona de tributação.

Quer isto significar que enquanto o tipo de jogo envolvido determina métodos de cálculo da matéria colectável e de aplicação de taxa diferentes, a ponderação dada à zona de tributação evidencia uma discriminação das zonas de jogo[8], em função do princípio da cobertura do custo social envolvido pelo jogo.

Veja-se, por exemplo, o estabelecimento da zona de protecção concorrencial do Estoril (ou em torno do qual se situa o Casino Estoril, tendo em conta do disposto no artigo 3.º/3 do Decreto-Lei n.º 422/89, de 2 de Dezembro e o artigo 4.º do Decreto-Lei n.º 274/84, de 9 de Agosto[9]). Esta zona de pro-

---

zero), o "black-jack/21", o "craps" e o "keno". Fazem parte do grupo dos jogos não bancados, por exemplo, o "bacará chemin de fer", o "bacará de banca aberta" e o bingo. Ainda existem os jogos em máquinas, que normalmente desenvolvem temas próprios dos jogos de fortuna ou de azar. A tipicidade constante do artigo 4.º do Decreto-Lei n.º 422/89 de 2 de Dezembro é fechada, porquanto nos termos do artigo 4.º/3, compete ao membro do Governo da tutela autorizar a exploração dos jogos de fortuna e de azar, a requerimento das concessionárias.

[8] Que são: Algarve, Espinho, Estoril, Figueira da Foz, Funchal, Tróia, Vidago-Pedras Salgadas, Porto Santo, Póvoa de Varzim. Para tal, consultar o Decreto-Lei n.º 275/2001, de 17 de Outubro.

[9] Mais recentemente, o Decreto-Lei n.º 15/2003, de 30 de Janeiro, vem permitir a instalação de Casino em Lisboa, em plena zona de jogo do Estoril, que passa a ser uma mera extensão física do Casino Estoril, por pertencer à mesma entidade concessionária.

tecção concorrencial, explorada por uma única entidade concessionária, está associada a uma série de obrigações assumidas, em resultado de um contrato de concessão[11], pela mesma entidade. Essas obrigações constam do Decreto-Lei n.º 15/2003, de 30 de Janeiro, e como resulta dos seus artigos 3.º e 6.º, vão para além do imposto especial sobre o jogo identificado. Assim, a graduação das zonas de jogo depende da concessão envolvida e, consequentemente, da dimensão da zona de protecção concorrencial.

Cumuladas estas variáveis, percebemos então que a tributação do jogo é algo complexa. Assim, se considerarmos a tributação dos jogos bancados (de banca simples) na zona de jogo do Estoril, por exemplo:

a) a matéria colectável seria constituída por duas partes:

    a. o capital em giro inicial utilizado no mês anterior, constante dos respectivos resgistos (artigo 87.º/1, A), alínea a) do Decreto-Lei n.º 422/89);

    b. o valor correspondente ao lucro bruto das bancas, pela aplicação da percentagem de 21% ao capital em giro inicial.

b) A liquidação do imposto, e o consequente apuramento da colecta, dependeria da fixação de duas parcelas:

    a. A primeira correspondente ao capital em giro inicial, ao qual seria aplicável uma taxa de 0,75%;

    b. A segunda correspondente ao lucro bruto da banca, ao qual seria aplicada uma taxa de 20%.

---

[10] Em concreto, reportamo-nos ao contrato de concessão celebrado, em 14 de Dezembro de 2001, entre o Governo Português e a sociedade "Estoril Sol (III), Turismo, Animação e Jogo, SA.", publicado no Diário da República, 3.ª Série, n.º 27, de 1 de Fevereiro de 2002.

Questiona-se, porém, o facto de esta discriminação das zonas de jogo com base na matéria colectável e com base na taxa aplicável, poder evidenciar ou não uma derrogação à igualdade tributária. É de assinalar, desta forma, que a multiplicidade de tratamentos não permite evidenciar o núcleo essencial deste imposto, o que de todo prejudica a detecção de benefícios fiscais propriamente ditos. Inclusive há um outro aspecto que vem distorcer esta questão – em determinadas zonas de jogo, as taxas aplicáveis vão aumentando com o prolongamento da concessão.

Por tudo isto, a mutabilidade da matéria colectável e das taxas aplicáveis e a concordância desta mesma mutabilidade com a contratualização com determinadas entidades, que estão obrigadas a prestar um conjunto adicional de contrapartidas, permite evidenciar que o imposto especial do jogo não é um verdadeiro imposto, mas sim uma figura contratual, dotada de feixes sinalagmáticos correspectivos, que internaliza, pelo custo causado, algumas externalidades negativas associadas a uma prática de jogo que o Estado quer ver limitada. Pelo que não dedicaremos, à semelhança dos restantes impostos, muito mais tempo na análise própria dos benefícios fiscais implicados no presente ordenamento.

Capítulo II
Os Benefícios Fiscais e os Impostos sobre o Rendimento

§ 1.º O Imposto sobre o Rendimento das Pessoas Singulares

a) Considerações introdutórias

De acordo com o que já se disse *supra*, farão parte do núcleo essencial da tributação em sede de IRS aqueles desagravamentos que decorrem do princípio da capacidade contributiva.

Os benefícios fiscais identificados em IRS, conforme resulta do anexo, incidem sobre vários elementos e visam a concretização dos mais variados fins extrafiscais.

Concentremo-nos nas deduções à colecta identificadas nos artigos 79.º a 86.º do Código do IRS[11]/[12]. São de facto as dedu-

---

[11] Contudo, é de assinalar que uma grande parte dos desagravamentos envolvidos começaram por ser considerados como abatimentos e só em 1999 passaram a deduções à colecta, porquanto nesta qualidade assumiam um carácter menos regressivo (para mais desenvolvimentos cfr. *Reavaliação dos Benefícios Fiscais – Relatório do Grupo de Trabalho criado por Despacho de 1 de Maio de 2005 do Ministro de Estado e Finanças*, Lisboa: CCTF, 2005, pág. 114).

[12] Em termos quantitativos, é possível perceber que são as deduções pessoais ou personalizantes que detêm a maior fatia dos mencionados

ções à colecta constantes do CIRS os desagravamentos estruturais mais importantes. E a razão de tal inclusão no Código tem que ver com o princípio da capacidade contributiva. Repare-se que as deduções personalizantes (artigo 79.° do CIRS), as despesas de saúde (artigo 82.° do CIRS), as despesas de educação e formação (artigo 83.° do CIRS), os encargos com lares (artigo 84.° do CIRS), os encargos com imóveis (artigo 85.° do CIRS)[13], os prémios de seguro (artigo 86.° do CIRS), todas elas são uma decorrência do princípio do líquido subjectivo mencionado *supra*. Assim, e de acordo com a capacidade subjectiva, a configuração do IRS deve ter em conta o enquadramento familiar e pessoal do sujeito passivo.

É de assinalar, porém, que os desagravamentos estruturais em sede de IRS tendem a ter uma natureza regressiva[14], pelo que,

---

desagravamentos (53%), sendo seguidas pelas despesas de saúde (18,4%), pelos encargos com imóveis (17,5%) e pelas despesas de educação e formação (9,6%). Para mais desenvolvimentos cfr. *Reavaliação...* op. cit., págs. 114-115.

[13] Excluindo, por razões extrafiscais, os encargos com energias renováveis, previstos no artigo 85.°/2 do CIRS, que representam um verdadeiro benefício fiscal, porque derrogatório da capacidade contributiva.

[14] Não é no entanto despicienda a análise da concretização do referido princípio, tendo por base os resultados do MIRS (modelo de avaliação do IRS), apresentados in *Reavaliação dos Benefícios Fiscais* (2005)... op. cit., págs. 115-118. Na realidade, a mencionada simulação vem demonstrar o quanto uma possível eliminação das deduções à colecta em sede de IRS vem agravar o imposto e, consequentemente, a capacidade económica do sujeito passivo. E a análise desta simulação vem demonstrar que o apuramento da receita perdida deve estar dissociado do agravamento resultante da eliminação dos desagravamentos em causa.

De facto, as simulações tributárias têm a virtualidade de permitir evidenciar que para além do montante da receita perdida, será necessário cruzá-lo com o montante do agravamento do imposto que resultaria da eliminação do desagravamento (ou até mesmo benefício fiscal formal), ou melhor, da receita ganha. E, deste modelo resulta que:

a) há, primeiramente, um montante global da receita perdida considerado *ex post* (conforme resulta do modelo da receita cessante), contudo insuficiente, uma vez que não reflecte o impacto social resultante do desagravamento criado;

b em seguida, de forma complementar, dado que o montante da receita perdida é "cego", como já se disse, é estimado *ex ante* um montante de receita ganha, considerando os sujeitos afectados pelo agravamento reflexamente causado. Para tal, faz-se uma correcção dos valores, direccionando-os a uma comunidade estratificada consoante o nível de rendimentos declarados, utilizando aqui os cálculos conducentes à configuração de uma curva de Lorenz e, consequentemente, calcular o desvio da curva da igualdade absoluta nela representada através do Coeficiente de Gini.

Um dos indicadores geralmente usados para avaliar até que ponto o sistema fiscal contribui para a redução da desigualdade na distribuição do rendimento é o índice de Gini. O índice de Gini está compreendido entre 0 e 1. No caso de igual distribuição de rendimento o índice assume o valor 0. O quadro seguinte apresenta os resultados obtidos para o caso de Portugal para o ano de 2002 a partir de uma amostra de declarações de IRS. Calculou-se, com base num modelo de microsimulação, o índice em três situações: 1) sobre o rendimento global dos agregados antes de qualquer imposto [RB]; 2) sobre o rendimento disponível – na situação actual [RD1] e na situação actual mas sem desagravamentos [RD2] tal como definidos no quadro abaixo:

Índice de Gini
(x100)

Rendimento antes de Imposto [RB]	Rendimento Disponível (1) [RD1=RB-T1]	Rendimento Disponível (2) [RD2=RB-T2]
48.60	44.77	44.48

Com se pode verificar, a comparação das duas primeiras colunas permite concluir que o índice se reduz cerca de 8% quando passamos duma de futuro, será de repensar a sua utilidade em integrar no núcleo essencial do imposto, porquanto o princípio que os fundamenta — *a capacidade contributiva* — é o primeiro a ser afastado, quando perante dados empíricos evidentes.

A este propósito, veja-se que, só a partir de um determinado nível de rendimento é que o sujeito passivo de IRS é que consegue absorver todas as deduções à colecta estruturantes identificadas. Imaginemos um sujeito passivo solteiro, sem dependentes e sem qualquer deficiência, que aufere exclusivamente rendimentos decorrentes da Categoria A e que apresenta gastos associados à subsistência situados nos valores máximos de dedução previstos nos artigos identificados no CIRS, tendo em conta, contudo, que apresenta despesas de saúde no valor de 2.000,00 Euros.

---

situação sem sistema fiscal para outra com regras semelhantes às definidas no CIRS. Por outro lado, quando os desagravamentos são eliminados, o índice volta a reduzir-se (cerca de 0.8%), facto que permite concluir que, pelo menos ao nível agregado, os desagravamentos actualmente em vigor não contribuem para melhorar a distribuição de rendimento. (Os resultados foram obtidos mediante a utilização de um modelo de microsimulação (MIRS) sobre uma amostra de cerca de 511 mil declarações de IRS para o ano de 2002. De uma forma breve, o modelo permite avaliar o efeito das alterações de política fiscal sobre um leque vasto de indicadores que vão desde os efeitos na receita aos efeitos sobre a distribuição de rendimento. Uma descrição deste tipo de modelos pode ser vista em HELDER REIS, 2001, Modelo Tax-Benefit (MIRS) — Análise descritiva ao IRS. DGEP — Documento de Trabalho 23).

Assim, os gastos com relevância fiscal seriam os constantes do quadro apresentado:

Artigo (CIRS)	Euros
79.º/1 a)	231,54
82.º	600,00
83.º	617,44
84.º	323,00
85.º	562,00
86.º/1	59,00
86.º/2	78,00
Deduções à colecta	**2470,98**

Ora, tendo em conta as taxas constantes do artigo 68.º do CIRS são as aplicáveis para o ano de 2006 e que o montante da retribuição mínima mensal para esse mesmo ano é de 385,90 Euros[15], o sujeito passivo identificado teria de auferir 17.330,40 Euros anuais de rendimento bruto (correspondentes a 13.996,22 Euros de rendimento colectável), ou seja, 1.237,89 Euros mensais brutos. Quer isto significar que, em determinadas circunstâncias, quanto maior for o rendimento bruto auferido pelo sujeito passivo (neste caso estamos a referir-nos a mais do que o triplo da retribuição mínima), menor será o pagamento do imposto, em virtude da capacidade de o sujeito passivo poder absorver todos os benefícios estruturantes disponíveis. Daí a regressividade própria do IRS, quando nos vemos confrontados com as deduções à colecta estruturantes.

Para além desta regressividade, acrescente-se que o líquido subjectivo subjacente a estas deduções estruturantes não está totalmente espelhado no CIRS, na medida em que existe um

---

[15] Cfr. Decreto-Lei n.º 238/2005, de 30 de Dezembro.

determinado conjunto de despesas que são desconsideradas, não obstante fazerem parte dos encargos familiares necessários à sua subsistência. Pensemos, a título exemplificativo, nas despesas de alimentação e transporte. Em todo o caso, pensar em ampliar as hipóteses de dedução estaria a tornar o sistema mais complexo, pelo que a concretização deste princípio do líquido subjectivo, ponderadas as deduções à colecta estruturantes, poderia passar pela redução das taxas previstas no artigo 68.º do CIRS.

Por outro lado, o princípio do *pacta sunt servanda*[16] e a consequente assunção de compromissos internacionais, cuja cláusula de recepção surge por via do artigo 8.º da CRP, surgem benefícios fiscais, normalmente associados a uma cláusula de reciprocidade, referentes a:

- Organizações Internacionais, tendo em conta que o pessoal das missões diplomáticas e consulares ou ao serviço de organizações estrangeiras ou internacionais está, conforme reconhecimento exigido no artigo 35.º/4, isento de IRS quanto às remunerações auferidas nessa qualidade, não obstante os respectivos rendimentos serem englobados para efeitos de determinação de taxa a aplicar aos restantes rendimentos (artigo 35.º do EBF);

---

[16] Sobre a origem deste princípio consultar GROTIUS, *De jure belli ac pacis*, 1625. De acordo com este filósofo holandês, distingue-se o direito natural do direito voluntário. Enquanto o direito natural contém princípios, o direito voluntário resulta da vontade expressa por meio dos acordos entre todas as nações intervenientes. A criação deste direito voluntário equivale à criação de um mecanismo particular de elaboração das suas regras e ao mesmo tempo ao reconhecimento do princípio do respeito da palavra dada (*pacta sunt servanda*), o que quer significar que o direito voluntário deixa de ser válido se for contrário ao direito natural. Para mais desenvolvimentos, consultar NGUYEN QUOC DINH, *Droit International Public* (5.ª ed.), Paris: LGDJ, págs. 54-55.

- Missões Internacionais, ao serviço da NATO ou qualquer outra organização internacional, independentemente da entidade que suporta as respectivas importâncias, tendo em conta que esta isenção total de IRS é dependente de reconhecimento e não prejudica o englobamento para efeitos de determinação de taxa (artigo 36.º do EBF);
- Acordos de Cooperação, sendo que esta isenção é automática, salvo os casos previstos no artigo 37.º/3, e não prejudica o englobamento para efeitos de determinação da taxa (artigo 37.º do EBF);
- Infraestruturas comuns NATO, uma vez que se confere a isenção total e automática dos empreiteiros ou arrematantes relativamente a lucros derivados de obras ou trabalhos das infraestruturas comuns da NATO, sem prejuízo do englobamento já mencionado anteriormente (artigo 38.º do EBF).

Quanto à isenção rendimentos dos eclesiásticos Concordata entre a Santa Sé e a República Portuguesa[17], esta deixou de vigorar com a nova Concordata celebrada entre o Estado Português e a Igreja Católica em 2004, cujas disposições relevantes em sede de IRS entraram em vigor no dia 1 de Janeiro de 2005[18]. Assim, "de acordo com a nova Concordata, os rendimentos dos sacerdotes católicos resultantes do exercício do seu "múnus espiritual" deixaram de beneficiar de qualquer isenção. Consequentemente, as importâncias pagas aos sacerdotes Católicos tanto pela Diocese como por entidade diversa (Fundo Paroquial ou outra entidade canonicamente equiparada) que, nos

---

[17] Resolução da Assembleia da República 74/2004 e ratificada pela Decisão do Presidente da República n.º 80/2004, de 16 de Novembro.

[18] Em consonância com a interpretação constante da Circular 6/2005, de 28 de Abril, da Direcção de Serviços do IRS.

termos da legislação canónica, constituam "condigna remuneração" dos párocos, estão sujeitas a IRS como rendimentos da categoria A, ao abrigo do disposto do artigo 2.º/1, alínea b) do Código do IRS"[19].

b) A extrafiscalidade dos desagravamentos no IRS

É ampla a extrafiscalidade dos desagravamentos no IRS. Tendo em conta, por ordem de importância, temos: (1) medidas de política social e (2) incremento do investimento e da poupança pessoal; (3) medidas de política ambiental; e (4) apoio à cultura, ao desenvolvimento científico e tecnológico.

1. As medidas de política social

Quanto às medidas de política social, a sua admissibilidade decorre dos artigos 63.º a 72.º da CRP. Assim:
- O artigo 14.º/4 do EBF – na sequência do previsto no artigo 63.º da CRP, prevê que às contribuições individuais dos participantes e aos reembolsos pagos por fundos de pensões e outros regimes de segurança social que garantam exclusivamente a reforma se aplique o regime previsto no artigo 21.º do EBF, este aplicável aos Planos de Poupança Reforma;
- O artigo 15.º do EBF – na sequência do mesmo artigo 63.º da CRP, prevê que as contribuições efectuadas pelas entidades patronais para a Segurança Social são isentas de

---

[19] O texto é da Circular 6/2005, de 28 de Abril, da Direcção de Serviços do IRS.

IRS, totalmente no que respeita aos rendimentos pagos ao abrigo de contratos que garantam exclusivamente a reforma constante do artigo 2.º/3, alínea b), n.º 3 do CIRS, e parcialmente (em 1/3, com o limite constante do artigo 15.º/3 do EBF) quanto aos pagamentos previstos na segunda parte do artigo 2.º/3, alínea b), n.º 3 do CIRS;

- O Artigo 5.º do Estatuto do Mecenato[20] – dedução à colecta de donativos, de 25% das importâncias atribuídas, com ou sem o limite de 15% da colecta, nos casos em que o mecenato envolvido esteja, respectivamente, sujeito ou não a limites, desde que sejam para os seguintes fins:
  - Donativos ao Estado, sem limite de dedução (artigo 1.º do Estatuto do Mecenato);
  - Donativos às entidades que prossigam fins sociais, com limites de dedução (artigo 2.º e 2.º-A do Estatuto do Mecenato), com especial relevância no apoio à infância (artigo 69.º da CRP) e terceira idade (artigo 72.º da CRP), apoio a determinadas doenças (artigo 64.º da CRP), criação de oportunidades de trabalho (artigo 58.º da CRP) e apoio à família (artigo 67.º da CRP);
  - Donativos às entidades que prossigam fins culturais (artigo 73.º da CRP), ambientais (artigo 66.º da CRP), desportivos (de carácter não profissional, previsto no artigo 79.º da CRP), educacionais (artigo 73.º da CRP) e tecnológicos (artigo 73.º/4 da CRP) – artigos 3.º e 3.º-A do mesmo Estatuto do Mecenato e todos com limites de dedução;
  - Donativos aos organismos associativos (artigo 4.º do Estatuto do Mecenato e artigo 46.º da CRP), com limites de dedução.

---

[20] Aprovado pelo Decreto-Lei n.º 74/99, de 16 de Março.

- Dedução à colecta dos donativos efectuados às pessoas colectivas religiosas Concordata entre a Santa Sé e a República Portuguesa – 2004, nos termos e limites previstos do artigo 5.º/2 do Estatuto do Mecenato, que falaremos um pouco mais à frente.

2. As medidas de incremento do investimento e da poupança pessoal

É o aumento do bem estar social e económico e o fomento do direito ao desenvolvimento que permite identificar, tendo em conta o artigo 81.º da CRP, a necessidade de algum dirigismo estadual no campo do incremento do investimento e da poupança pessoal. É sabido que o intervencionismo estadual moderno reclama um mercado hetero-regulado ao lado de um mercado auto-regulado. Na verdade, são as três funções das finanças públicas que pemitem evidenciar a tríplice função do Estado: redistribuição, estabilização e afectação. Não obstante, este modelo tem sido posto em causa recentemente pelo Constitucionalismo Financeiro, que tem admitido o fracasso da intervenção pública, por via das falhas de intervenção do Estado. Pelo que é de questionar qual a verdadeira utilidade da despesa fiscal adveniente destas medidas criadas, tendo em conta que as falhas identificadas têm conduzido a uma maior consciencialização da necessidade de redução do Orçamento estadual a pouco mais de 30% do Produto Interno Bruto (PIB). De todo o modo, temos[21]:

- O artigo 19.º do EBF – que estabelece uma isenção total e automática dos juros das contas poupança-reformados,

---

[21] Excluímos desta análise os benefícios constantes dos artigos 33.º e 34.º do EBF, respeitantes às Zonas Francas da Madeira e da Ilha de Santa Maria, por representarem benefícios fiscais com despesa fiscal imprópria

relativamente à parte cujo saldo não ultrapasse o montante previsto no artigo.

- O artigo 20.° do EBF – que estabelece uma redução, em 42,5%, da taxa, prevista no artigo 71.°/3, alínea a) do CIRS (que passa, então, para 11,5%) sobre os juros dos depósitos a prazo produzido por uma conta-emigrante, sem prejuízo, no entanto, que o benefício constante deste artigo caducou uma vez que o sistema poupança-emigrante, previsto e regulado pelo Decreto-Lei n.° 323/95, foi revogado, para efeito de contratações posteriores a 31 de Outubro de 2006, pelo Decreto-Lei n.° 169/2006, de 17 de Agosto.
- O artigo 21.° do EBF – referente aos planos de Poupança-Reforma e que vem estabelecer um regime fiscal mais favorável duplo:
  - Com benefícios à entrada constante do artigo 21.°/2 do EBF, permitindo a dedução à colecta de 20% dos valores aplicados por cada sujeito passivo, com limites variáveis dependentes da idade do mesmo;
  - Com benefícios à saída, constantes do artigo 21.°/3 do EBF, desde que o sujeito opte pelo reembolso total ou parcial das importâncias aplicadas (sem mínimo de reembolso, contudo), sendo a taxa de tributação autónoma efectiva aplicável de 8% (ou seja 20% sobre 2/5 do rendimento)[22].
- O artigo 22.°/2 e 7 do EBF – que prevê a isenção total de IRS quanto aos rendimentos respeitantes às unidades de

---

ou aparente. Para mais desenvolvimentos, consultar o nosso *A Despesa Fiscal...*, op. cit., págs. 93-104.

[22] Pelo contrário, caso o sujeito passivo opte pela percepção das quantias aplicadas sob a forma de prestações regulares aplicar-se-iam as regras próprias da tributação dos rendimentos em categoria H (artigo 11.° e 53.° do CIRS), aqui com necessidade de englobamento e consequente aplicação das taxas progressivas (artigo 22.° e 68.° do CIRS).

participação em Fundos de Investimento, Imobiliários e Mobiliários, auferidos fora do âmbito de actividades comerciais, industriais ou agrícolas, sem prejuízo da possibilidade de englobamento de 50% dos rendimentos relativos a acções, conforme resulta do artigo 22.º/10 do EBF.

- O artigo 22.º-A – respeitante aos Fundos de Capital de Risco, que apenas prevê, no seu n.º 3, a possibilidade de o sujeito passivo de IRS deduzir à colecta, no caso de englobamento, 50% dos rendimentos auferidos e respeitantes às unidades de participação[23].

- O artigo 24.º do EBF – que prevê um regime mais favorável de tributação à saída para as importâncias aplicadas em planos de poupança acções, remetendo para o artigo 5.º/3 do CIRS, o que quer significar que se aplicam as regras previstas para a Categoria E do IRS, com a aplicação de uma taxa reduzida efectiva alternativa de 16% (artigo 5.º/3, alínea a) e 71.º/3, alínea c) do CIRS, quando o resgate, adiantamento ou remição ocorra após os cinco e antes dos oito anos de vigência do contrato) ou de 8% (artigo 5.º/3, alínea b) e 71.º/3, alínea c) do CIRS, quando o resgate, adiantamento ou remição ocorra depois dos oito anos de vigência do contrato).

---

[23] A proposta de lei do Orçamento do Estado para 2007passa a prever, para além desta possibilidade de dedução, uma redução de taxa (10% passa a ser a taxa especial aplicável) quanto aos rendimentos respeitantes às unidades de participação. Igualmente esta proposta inclui o desagravamento fiscal dos fundos de investimento imobiliário em recursos florestais (novo artigo 22.º-B), em que os rendimentos respeitantes a unidades de participação passam a estar sujeitos a uma taxa de 10% de IRS, sujeita a retenção na fonte, definitiva nos casos previstos no n.º 3 e não definitiva, nos restantes casos ou por opção do sujeito passivos, sem prejuízo da opção de englobamento em 50%.

- O artigo 23.º do EBF – que prevê regras para as aplicações a prazo, muito semelhantes às previstas nos artigos 24.º do EBF e 5.º/3 do CIRS.
- O artigo 27.º do EBF – que prevê a isenção, total ou parcial[24], dependente de reconhecimento de juros referentes a empréstimos externos e rendas de locação de equipamentos importados, que dedicaremos mais umas linhas no capítulo *infra*, dedicado ao IRC.
- O artigo 59.º do EBF – que prevê a possibilidade, pelo prazo máximo de cinco exercícios, de dedução à matéria colectável, e líquido de outros benefícios, de 50% dos rendimentos respeitantes aos dividendos das acções adquiridas na sequência de processo de privatização iniciado até 2002. É de assinalar que a alteração efectuada neste artigo pela Lei n.º 55-B/2004, vem permitir a aplicação e reconhecimento deste benefício, pelo Ministro das Finanças, até ao termo de 2007, desde que o processo de privatização inicial tenha decorrido até ao final de 2002[25].
- O artigo 4.º do Regime Especial de Tributação dos Rendimentos de valor mobiliário representativos de dívida, aprovado pelo Decreto-Lei n.º 193/2005, de 7 de Novembro – que prevê a isenção total e automática de IRS respeitante aos rendimentos dos valores mobiliários identificados no artigo 3.º do mesmo diploma.

---

[24] Não percebendo, no entanto, qual a margem de livre discricionariedade conferida ao Ministro das Finanças na opção entre isenção total e parcial, por falta de densificação legal suficiente do respectivo benefício.

[25] Repare-se que o benefício constante do artigo 59.º/1 do EBF já não está em vigor, porquanto faz depender a sua aplicação da finalização (e não o mero início, como consta do número seguinte) processo de privatização até ao final do ano de 2002. A remissão operada pelo n.º 2 do mesmo artigo é meramente material, isto é, dependente apenas da identificação da modalidade técnica de benefício em causa.

3. As medidas de política ambiental

Quanto às medidas de política ambiental, para além das invocadas em sede de mecenato ambiental, destaca-se o artigo 85.º/2 do CIRS, que consagra a possibilidade de dedução à colecta de 30%, com um limite quantitativo constante da parte final desta disposição, das importâncias despendidas com a aquisição de equipamentos novos para utilização de energias renováveis. Esta dedução, não obstante poder decorrer do artigo 66.º da CRP, não apresenta os caracteres de generalidade, nem se consubstancia como uma medida verdadeiramente legitimada constitucionalmente, porque identifica os bens a adquirir para usufruição deste benefício[26]. Isto seria, contudo, mais problemático não fosse este benefício não cumulável com o constante do artigo 85.º/1 do CIRS, este aplicável aos encargos com a aquisição de imóveis pelo sujeito passivo, o que lhe retira muito o efeito derrogatório da igualdade tributária invocado.

4. As medidas de apoio à cultura, ao desenvolvimento científico e tecnológico

Ainda temos as medidas de apoio apoio à cultura, ao desenvolvimento científico e tecnológico, cuja derrogação à igualdade tributária é legitimada e preenchida pelo artigo 42.º e artigo 74.º da CRP. Assim, temos:

---

[26] Que, aliás, estão identificados na Portaria n.º 751/91, de 29 de Julho, que, no seu artigo 4.º, prevê (algo que, em nosso entender, extravazará a tipicidade fechada exigida pela legalidade fiscal constante do artigo 103.º/2 da CRP) que, em caso de dúvida quanto à qualificação dos equipamentos, a administração poderá recorrer a parecer técnico a emitir pela Direcção-Geral da Energia.

- Na prossecução deste direito fundamental de criação cultural, previsto no artigo 42.º da CRP, o artigo 56.º do EBF – que consagra a dedução à matéria colectável de 50% dos rendimentos provenientes (com o limite de 27.194 Euros) da propriedade literária, artística e científica, excluindo as obras de arquitectura e obras publicitárias.
- Na prossecução deste direito fundamental ao ensino, previsto no artigo 74.º/2, alínea d) da CRP, o artigo 64.º do EBF – que consagra a possibilidade de dedução à colecta de 50% (com o limite de 250 Euros) dos montantes despendidos com a aquisição de computadores pessoais. Esta dedução só é aplicável até ao final de 2008 e está dependente das condições previstas no n.º 2 da mesma disposição. A utilização desta dedução à colecta não permite a utilização dos montantes despendidos em IVA, para efeitos do exercício do direito à dedução, previsto e regulado nos artigos 19.º e 20.º do CIVA.
- O artigo 5.º do Estatuto do Mecenato[27] – dedução à colecta de donativos, de 25% das importâncias atribuídas, com ou sem o limite de 15% da colecta, nos casos em que o mecenato envolvido esteja, respectivamente, sujeito ou não a limites, desde que as entidades que prossigam fins culturais (artigo 73.º da CRP), ambientais (artigo 66.º da CRP), desportivos (de carácter não profissional, previsto no artigo 79.º da CRP), educacionais (artigo 73.º da CRP) e tecnológicos (artigo 73.º/4 da CRP) – artigos 3.º e 3.º-A do mesmo Estatuto do Mecenato e todos com limites de dedução.
- O artigo 9.º da Lei do Mecenato Científico, aprovada pela Lei n.º 26/2004, de 8 de Julho – que prevê a possibilidade

---

[27] Aprovado pelo Decreto-Lei n.º 74/99, de 16 de Março.

de dedução à colecta de donativos, de 25% das importâncias atribuídas, com ou sem o limite de 15% da colecta, desde que, respectivamente, as entidades beneficiárias sejam as constantes do artigo 8.º/2 ou do artigo 8.º/1 do diploma em análise.

c) Notas finais: as apostas mútuas hípicas e os benefícios fiscais da Igreja Católica

Duas notas especiais quanto aos benefícios fiscais dedicados às apostas mútuas desportivas e aos donativos efectuados à Igreja.

Salienta-se, a título de mera curiosidade, o regime transitório (até ao quinto exercício) conferido às apostas mútuas hípicas (previsto no artigo 29.º/10, da Lei n.º 87-B/98, de 31 de Dezembro) de isenção total de IRS relativamente aos prémios distribuídos. A referida disposição, para além de não ter uma base constitucional que legitime a referida derrogação à igualdade tributária, é de interpretação duvidosa, porquanto não se compreende verdadeiramente se a isenção de IRS é conferida à entidade que explora as apostas mútuas (na medida em que faz depender do seu exercício efectivo da actividade a caducidade do benefício, se bem que se adequaria mais a isenção de IRC) ou aos jogadores, que vêem distribuídos os prémios resultantes das apostas efectuadas. Não obstante, a referida disposição está em perfeita consonância sistemática com a exclusão de tributação de rendimentos dos jogos de fortuna e azar, pela interpretação *a contrario* do disposto no artigo 9.º/2 do CIRS, sem prejuízo de esta última compreender-se mais a exclusão, já que há tributação da actividade do jogo em sede de imposto especial do jogo, e naquela não.

Quanto aos donativos efectuados às pessoas colectivas religiosas questionamo-nos quanto à conformidade do n.º 2 com o artigo 5.º do Estatuto do Mecenato com o n.º 3 do artigo 32.º da Lei n.º 16/2001, de 22 de Junho – na verdade, e ao contrário do que se pode pensar, a majoração da dedução à colecta em 130% prevista no Estatuto do Mecenato aplica-se a igrejas, instituições religiosas e pessoas colectivas por eles instituídas, qualquer que seja a confissão religiosa. Ainda assim podemos questionar a verdadeira compatibilidade entre o regime constante do n.º 1 do artigo 65.º e obrigações decorrentes da Portaria 362/2004, de 8 de Abril. É de salientar que, pela aplicação da nova Concordata celebrada entre o Estado Português e a Igreja Católica, as comunidades católicas estão sujeitas às obrigações previstas na mencionada Portaria para obtenção da isenção de IVA. Repare-se que, desde 2005, que as comunidades católicas não usufruem de uma cláusula geral de isenção.

§ 2.º O Imposto sobre o Rendimento
das Pessoas Colectivas

a) *A extrafiscalidade dos desagravamentos no IRC*

O núcleo essencial do IRC é composto por desagravamentos que são, na sua maioria, de natureza subjectiva[28], porque existem entidades que exercem actividades de natureza não comercial, que, por sua vez, devem ser excluídas da regra geral de tributação do lucro, baseado no resultado líquido de exercício (cfr. artigos 10.º, 11.º do CIRC, 31.º, 48.º a 50.º, 52.º e 53.º do EBF e Lei n.º 85/98, de 16 de Dezembro).

Por outro lado, e porque há necessidade de cumprimento de obrigações assumidas no âmbito do direito convencional internacional, cuja cláusula de recepção está prevista no artigo 8.º da CRP, estão previstas algumas isenções nos artigos 13.º e 14.º do

---

[28] Em termos quantitativos, os valores evidenciados quanto aos desagravamentos estruturais são bastante menos precisos do que os analisados em sede de IRS, por duas razões:

– em primeiro lugar, porque a sua estimativa não se concentra numa eventual concretização do princípio da capacidade contributiva, porquanto apresenta valores por referência às modalidades técnicas de benefícios fiscais, o que lança uma óbvia confusão entre benefícios fiscais e desagravamentos estruturais, impossíveis de identificar e dissecar;

– em segundo lugar, porque as estimativas reflectem valores impróprios de despesa fiscal, como seja a dedicada às isenções temporárias próprias da Zona Franca da Madeira.

CIRC. Na verdade, e em resultado da celebração de convenções internacionais, cuja cláusula de recepção do seu direito surge por via do artigo 8.º da CRP, surgem os benefícios fiscais relativos às infra-estruturas comuns da NATO (artigo 14.º, n.º 2 do CIRC) e a isenção de impostos quanto aos templos, seminários ou outros estabelecimentos destinados à formação do clero, conforme resulta da Concordata entre a Santa Sé e a República Portuguesa – 2004.

Dividiremos a análise dos benefícios em sede de IRC, tendo em conta, por ordem de importância: (1) medidas de política social e (2) incremento do investimento; (3) apoio ao associativismo, como forma de prossecução privada de actividades que inicalmente pertenceriam ao sector Estado e (4) apoio à educação, à cultura e ciência[29].

1. As medidas de política social

Quanto às medidas de política social, cuja admissibilidade decorre dos artigos 63.º a 72.º da CRP, temos:
- O artigo 40.º do CIRC – Majoração do custo fiscal das realizações de utilidade social
- O artigo 17.º do EBF – que majora em 150%, aumentando, assim, as deduções à matéria colectável, os encargos correspondentes criação líquida de emprego para jovens, admitidos por contrato de trabalho sem termo[30].

---

[29] Acrescente-se ainda, a título de curiosidade, que o legislador pontualmente tem criado um conjunto de medidas destinadas ao descongestionamento de pendências judiciais, como as constantes da Lei n.º 60-A/2005, de 30 de Dezembro.

[30] Assinalando-se, contudo, que, com a proposta de lei do Orçamento do Estado para 2007, alarga-se o benefício à criação líquida de postos de trabalho para jovens e para os desempregados de longa duração.

- O Decreto-Lei n.º 35/98, de 18 de Julho – cujo artigo 12.º atribui o direito das Organizações Não Governamentais de Ambiente (ONGA) às isenções conferidas às pessoas colectivas de utilidade pública, constantes do artigo 1.º, alínea c) da Lei n.º 151/99, de 14 de Setembro e artigo 10.º do CIRC. Igualmente prevê este diploma um regime de mecenato ambiental, no artigo 13.º.
- A Lei n.º 66/98, de 14 de Outubro – cujo artigo 15.º/1 atribui o direito das Organizações Não Governamentais de cooperação para o Desenvolvimento (ONGD) às isenções conferidas pela lei às pessoas colectivas de utilidade pública, constantes do artigo 1.º, alínea c) da Lei n.º 151/99, de 14 de Setembro e artigo 10.º do CIRC. Igualmente prevê este diploma um regime de mecenato para a cooperação, no artigo 13.º.
- O Decreto-Lei n.º 26/99, de 28 de Janeiro – cujo artigo 10.º prevê a possibilidade de deduzir aos proveitos, os encargos suportados pelas entidades empregadoras para criação de fundos destinados à emissão de vales sociais a serem utilizados junto das entidades aderentes, para pagamento de creches, jardins-de-infância e lactários.
- Os artigos 1.º e 2.º do Estatuto do Mecenato, aprovado pelo Decreto-Lei n.º 74/99, de 16 de Março – que prevêem, mediante reconhecimento administrativo prévio das entidades beneficiárias[31], a admissibilidade e majoração de custos, por parte das empresas, quanto a donativos efectuados põe estas ao Estado, outras entidades, ou que visem a concretização de fins sociais pelas entidades identificadas pelo artigo 2.º.

---

[31] Reconhecimento administrativo este que desaparece com a recente proposta de introdução do Estatuto do Mecenato no EBF, por via da proposta de lei de Orçamento do Estado para 2007 (proposta de lei n.º 99/X).

2. As medidas de incremento do investimento

É o já mencionado aumento do bem estar social e económico e o fomento do direito ao desenvolvimento, tendo em conta o artigo 81.º da CRP, que reclama também em IRC a necessidade de algum dirigismo estadual no campo do incremento do investimento. Assim, temos, quanto a benefícios fiscais em IRC:

- O artigo 13.º CIRC – que prevê a isenção total, desde que esteja garantida a reciprocidade às residentes, dos lucros auferidos pelas pessoas colectivas e outras entidades de navegação marítima ou aérea não residentes.
- O artigo 14.º/3 e 4 CIRC – que prevê a isenção total dos lucros distribuídos por entidades residentes a outra entidade residente na EU, desde que seja feita a prova exigida no n.º 4 da mesma disposição;
- O artigo 14.º do EBF – que prevê a isenção total automática dos rendimentos dos fundos de pensões e equiparáveis, que se constituam e operem de acordo com a legislação nacional.
- O artigo 21.º do EBF – que prevê a isenção total automática dos Fundos poupança-reforma (FPR), poupança-educação (FPE) e poupança reforma /educação (FPR/E), que se constituam e operem de acordo com a legislação nacional.
- O artigo 22.º, n.º 1 do EBF – que prevê um regime de taxas reduzidas aplicáveis automaticamente para os Fundos de Investimento Mobiliário, conforme se explicará um pouco mais à frente.
- O artigo 22.º/6 do EBF – que prevê um regime de taxas reduzidas aplicáveis automaticamente para os Fundos de Investimento Imobiliário, conforme se explicará um pouco mais à frente.

- O artigo 22.º-A do EBF – que prevê a isenção total automática para os Fundos de Capital de Risco.
- O artigo 24.º do EBF – que prevê a isenção total automática para os Planos de Poupança em Acções.
- O artigo 27.º do EBF – que prevê a isenção, total ou parcial, dependente de reconhecimento empréstimos externos e rendas de locação de equipamentos importados pelo Estado e outras entidades públicas, bem como de empresas que prestem serviço público, sobre o qual nos deteremos mais à frente.
- O artigo 28.º do EBF – que prevê a dedução à matéria colectável dos juros devidos às instituições de crédito, desde que sejam realizadas pelas entidades públicas operações de financiamento a empresas com recurso a fundos obtidos de empréstimo com essa finalidade junto daquelas instituições de crédito.
- O artigo 29.º do EBF – que prevê a isenção total automática dos empréstimos e dos *swaps* efectuados por instituições financeiras não residentes a instituições de crédito residentes.
- O artigo 29.º do EBF – que prevê a isenção total automática dos empréstimos e dos *swaps* efectuados por instituições financeiras não residentes a instituições de crédito residentes.
- O artigo 30.º do EBF – que prevê a isenção total automática dos juros de depósitos a prazo efectuados por estabelecimentos autorizados a receber das instituições de crédito não residentes.
- O artigo 31.º do EBF – que prevê a dedução total ao rendimento dos lucros distribuídos, nos termos previstos no artigo 46.º do CIRC, bem como a possibilidade de dedução à matéria colectável identificada no artigo 83.º/1, alí-

nea a) do CIRC uma importância utilizada para investimento em sociedades com potencial de crescimento e valorização, para as Sociedades de Capital de Risco.

- O artigo 31.º do EBF – que prevê a dedução total ao rendimento dos lucros distribuídos, nos termos previstos no artigo 46.º do CIRC, bem como das mais-valias e menos-valias realizadas, nos termos previstos no artigo 31.º/2 e 3, para as Sociedades Gestoras de Participações Sociais (SGPS).
- Os artigos 33.º a 34.º do EBF – que prevê um regime especial de isenção de IRC para a Zona Franca da Madeira e Ilha de Santa Maria.
- O artigo 39.º/1 do EBF – que prevê a possibilidade de dedução à matéria colectável até 20% das aplicações relevantes tipificadas, dependente de reconhecimento contratual, a empresas, nacionais e estrangeiras, que realizem projectos de investimento produtivo considerados estratégicos para a economia nacional e para a redução das assimetrias regionais, que falaremos mais à frente, a propósito do regime aplicável.
- O artigo 39.º/4 do EBF – que prevê a possibilidade de dedução à matéria colectável até 20% das aplicações relevantes tipificadas, com o limite identificado no artigo 39.º/5, alínea a) do mesmo EBF, dependente de reconhecimento contratual, a empresas, nacionais e estrangeiras, a empresas portuguesas que invistam no estrangeiro, que falaremos mais à frente.
- O artigo 48.º do EBF – que prevê a dedução à colecta de 70% do lucro tributável, para as empresas armadoras da marinha mercante nacional.
- O artigo 50.º do EBF – que isentam de IRC, total e automaticamente, as entidades gestoras de sistemas de embalagens e resíduos de embalagens, excepto quanto aos rendimentos de capitais.

- O artigo 59.º do EBF – que prevê a possibilidade, pelo prazo máximo de cinco exercícios, de dedução à matéria colectável, e líquido de outros benefícios, de 50% dos rendimentos respeitantes aos dividendos das acções adquiridas na sequência de processo de privatização iniciado até 2002. É de assinalar, mais uma vez, e à semelhança do que se disse a propósito do IRS, que a alteração efectuada neste artigo pela Lei n.º 55-B/2004, vem permitir a aplicação e reconhecimento deste benefício, pelo Ministro das Finanças, até ao termo de 2007, desde que o processo de privatização inicial tenha decorrido até ao final de 2002.

Na legislação extravagante temos ainda:
- O Decreto-Lei n.º 80/98, de 2 de Abril – que cria o Sistema de Incentivos à Revitalização e Modernização das Empresas (SIRME).
- O Decreto Legislativo Regional n.º 2/99/A e Decreto Legislativo Regional n.º 3/2006/A – que adapta o sistema fiscal nacional às especificidades regionais, reduzindo a taxa de IRC em 30% e prevê a concessão de benefícios fiscais contratuais.
- O Decreto Legislativo Regional n.º 18/99/M, de 28 de Junho – que adapta às especificidades regionais os benefícios fiscais em regime contratual previstos no art. 39.º do EBF.
- A Lei n.º 171/99, de 18/9 – que prevê um regime de redução de taxa aplicável às regiões do interior (para 20% ou 15%) para áreas beneficiárias identificadas de acordo com vários critérios (como densidade populacional, carência fiscal ou desigualdade de oportunidades sociais).
- O Decreto-Lei n.º 219/2001, de 4 de Agosto – que prevê a isenção total automática das unidades de titularização de créditos e obrigações titularizadas, definidas no respectivo diploma.

- A Lei n.º 40/2005, de 3 de Agosto – que cria o SIFIDE (Sistema de incentivos fiscais em investigação e desenvolvimento empresarial), que prevê deduções à matérial colectável de investimentos destinados à Investigação e Desenvolvimento.
- O Decreto-Lei n.º 193/2005, de 7 de Novembro – que prevê a isenção total e automática dos rendimentos de valores mobiliários representativos de dívida, como sejam os valores mobiliários representativos de dívida pública e não pública, incluindo as obrigações convertíveis em acções, independentemente da moeda em que essa dívida seja emitida, integrados em sistema centralizado reconhecido nos termos do Código dos Valores Mobiliários e legislação complementar, incluindo o sistema centralizado gerido pelo Banco de Portugal[32].
- O Artigo 268.º do Código da Insolvência e da Recuperação de Empresas, aprovado pelo Decreto-Lei n.º 53/2004, de 18 de Março, que prevê algumas deduções automáticas ao rendimento a efectuar pelo devedor, em sede de mais-valias e variações patrimoniais positivas.

3. As medidas de apoio ao associativismo

Para além do Estado, autarquias locais e Regiões Autónomas, temos um conjunto de entidades que gozam de isenção total,

---

[32] Assinale-se que, no que respeita aos rendimentos advenientes de títulos de dívida não pública, derroga-se o conteúdo constante do artigo 27.º do EBF, no que concerne aos juros auferidos por entidade mutuária não residente. Assim, os rendimentos obtidos após a data do primeiro vencimento do cupão ocorrido depois da entrada em vigor deste regime, não necessitarão do reconhecimento constante desta disposição do EBF.

fundamentalmente pela prossecução de funções do Estado e em resultado do exercício da liberdade de associação, previsto no artigo 46.º da CRP, e do direito de participação na vida pública, constante do artigo 48.º da CRP. Assim, temos, nos códigos tributários, isenções totais automáticas conferidas às Instituições Particulares de Solidariedade Social e a pessoas colectivas de Utilidade Pública Administrativa (artigo 10.º do CIRC), às associações de cultura e recreio e associações desportivas (artigo 11.º do CIRC), às Comissões Vitivinícolas Regionais (artigo 49.º do EBF), a colectividades desportivas, de cultura e recreio (artigo 52.º do EBF), às Associações e Confederações Patronais e Sindicais e às Associações de Pais (artigo 53.º do EBF), às Comunidades e Baldios Locais (artigo 56.º-A do EBF), às Associações de Consumidores (artigo 18.º/1, alínea p) da Lei n.º 24/96, de 31 de Julho), às pessoas colectivas religiosas (artigo 32.º/1 da Lei n.º 16/2001, de 22 de Junho) e aos Partidos Políticos (artigos 10.º/1 da Lei n.º 19/2003, de 20 de Junho)[33].

Acrescem ainda, nos códigos tributários e legislação extravagante, as isenções totais, dependentes de reconhecimento conferidas às pessoas colectivas de utilidade pública (artigo 10.º do CIRC), às sociedades ou associações científicas internacionais (artigo 55.º do EBF), bem como gozam das isenções, dependentes de reconhecimento, conferidas pela lei às pessoas colectivas de utilidade pública, constantes do artigo 1.º, alínea c) da Lei n.º 151/99, de 14 de Setembro e artigo 10.º do

---

[33] É curioso assinalar que a Lei n.º 19/2003, de 20 de Junho prevê que os partidos políticos formalmente não estão sujeitos a IRC, e não isentos. Materialmente, e por tudo o que se disse, pensamos que esta situação enquadra-se melhor no conceito de benefício fiscal, por não fazer parte do núcleo essencial do imposto, sendo assim derrogatório da igualdade tributária.

CIRC, as Associações de Família (artigo 6.º da Lei n.º 9/97, de 12 de Maio), as Associações de Mulheres (Lei n.º 10/97, de 12 de Maio), as Casas do Povo (artigo único do Decreto-Lei n.º 171/98, de 25 de Junho), as Associações de Profissionais Independentes (Lei n.º 87/98, de 31 de Dezembro), as Associações de Imigrantes (artigo 4.º/1, alínea e) da Lei n.º 115/99, de 3 de Agosto), as Associações de Pessoas Portadoras de Deficiência (artigo 10.º, alínea a) da Lei n.º 127/99, de 20 de Agosto), as Associações juvenis (Lei n.º 23/2006, de 23 de Junho).

Acrescente-se ainda algumas situações especiais no campo associativo:

- Uma referente ao apoio da actividade associativa desportiva, que evidencia deduções ao rendimento mais favoráveis, conforme resulta dos artigos 3.º e 4.º da Lei n.º 103/97, de 13 de Setembro (Regime fiscal específico das sociedades desportivas).
- Outra referente ao apoio do Terceiro Sector cooperativo, consagrado no artigo 85.º da CRP e regulado pela Lei n.º 85/98, de 16 de Dezembro.
- Uma outra, finalmente quanto à admissibilidade de custos das importâncias atribuídas pelos associados aos respectivos organismos associativos que pertençam, constante do artigo 4.º do Estatuto do Mecenato, aprovado pelo Decreto-Lei n.º 74/99, de 16 de Março.

3.1. *As medidas de apoio ao associativismo e o caso específico das fundações*

Em matéria de apoio ao associativismo, assume especial relevância a análise das pessoas colectivas declaradas de utilidade pública.

Pensemos no caso específico das fundações[34]. O regime fiscal das Fundações depende da atribuição da declaração de utilidade pública a essas pessoas colectivas. Essa concessão permite-lhes aceder a inúmeros benefícios fiscais previstos em legislação dispersa[35]. A atribuição desse estatuto é da competência do Governo (artigo 3.º do Decreto-Lei n.º 460/77).

---

[34] Não excluímos que poderíamos aplicar semelhante raciocínio a outras entidades, como sejam as pessoas colectivas religiosas. Resulta da Lei da Liberdade Religiosa, aprovada pela Lei n.º 16/2001, de 22 de Junho, mais concretamente do artigo 32.º, que as pessoas colectivas religiosas inscritas estão isentas de qualquer imposto ou contribuição geral sobre o imóveis afectos aos seus fins e sobre as aquisições de bens, móveis e imóveis, desde que afectos a fins religiosos. Ora, essa inscrição como pessoa colectiva religiosa está regulada no Decreto-Lei n.º 134/2003, de 28 de Junho, e tem por efeito a atribuição de personalidade jurídica e o já referido acesso aos benefícios fiscais invocados. Ao referido registo poderão aceder as igrejas e demais comunidades religiosas, os institutos de vida consagrada e as federações ou associações de pessoas colectivas religiosas, nos termos do artigo 2.º do mencionado Decreto-Lei n.º 134/2003. O pedido de inscrição no registo é formalizado com os documentos constantes nos artigos 3.º a 7.º do referido diploma, bem como exige a intervenção prévia da Comissão de Liberdade Religiosa, sempre que requerida pelo Registo Nacional das Pessoas Colectivas. A inscrição só poderá ser recusada pelas razões invocadas no artigo 9.º do Decreto-Lei n.º 134/2003. A atribuição de um regime fiscal ainda mais favorável para a como pessoa colectiva religiosa, uma vez inscrita e registada como pessoa colectiva religiosa, depende da atribuição da declaração de utilidade pública a essas pessoas colectivas. Essa concessão permite-lhes aceder a inúmeros benefícios fiscais previstos em legislação dispersa (consultar Anexo I), para além daqueles que resultariam da mera atribuição da personalidade jurídica religiosa. A atribuição desse estatuto é da competência do Governo (artigo 3.º do Decreto-Lei n.º 460/77, de 7 de Novembro). Não confundir este reconhecimento com a atribuição de personalidade jurídica, que opera por via do n.º 3 do artigo 1.º do Decreto-Lei n.º 134/2003, de 28 de Julho.

[35] A saber, entre outros:
• Isenção de IRC desde que prossigam predominantemente fins cientí-

150 *Guilherme Waldemar d'Oliveira Martins*

Não confundamos este reconhecimento com a atribuição de personalidade jurídica às fundações e associações, a obter junto da autoridade competente (normalmente junto do Ministro da

---

ficos, culturais, de caridade, assistência, beneficência ou solidariedade social (artigo 10.°/1, alínea a) do Código do IRC)[37];
- Isenção de IMI em relação aos prédios ou parte de prédios destinados directamente à realização dos seus fins (artigo 40.°/1, alínea e) do EBF);
- Isenção de Imposto do Selo (artigo 6.°, alínea c) do Código do Imposto do Selo);
- Isenção de IMT pela aquisição dos imóveis destinados à realização dos seus fins estatutários (artigo 6.°, alínea d) do Código do IMT);
- Isenção de Imposto sobre veículos (artigo 5.°, n.° 1, alínea c) do Regulamento do Imposto Municipal sobre Veículos), Imposto de Circulação (artigo 4.°, n.° 1, alínea d) do Regulamento dos Impostos de Circulação e Camionagem) e Imposto Automóvel (Lei n.° 151/99, de 14/09 e Decreto-Lei n.° 27/93, de 12/02) nos casos em que os veículos a adquirir a título oneroso sejam classificados como veículos ligeiros de mercadorias derivados de ligeiros de passageiros, todo-o-terreno e furgões ligeiros de passageiros;
- Isenção de Custas Judiciais;
- Em sede de IVA, o CIVA estabelece quais as pessoas singulares ou colectivas que são sujeitos passivos de IVA (artigo 2.° do CIVA), não estando prevista qualquer isenção deste imposto para as pessoas colectivas de utilidade, designadamente para as fundações de utilidade pública. O que se verifica é que há um conjunto de actividades desenvolvidas por estas instituições que estão isentas do pagamento deste imposto. De entre estas isenções são relevantes para as fundações de utilidade pública as que incidem sobre as seguintes operações internas:
  - Transmissão de bens e prestações de serviços efectuados no exercício da actividade habitual por estabelecimentos para crianças e jovens deficientes, lares de idosos e outros estabelecimentos oficiais pertencentes a pessoas colectivas de utilidade pública e instituições de solidariedade social (n.° 8 do artigo 9.° do CIVA);
  - Prestação de serviços no âmbito da educação e formação profissio-

Administração Interna) após a sua constituição e antes da mesma ser registada, de acordo com o disposto no artigo 188.º do Código Civil e 17.º do Decreto-Lei n.º 215/87, de 29 de Maio. Em regra, só após o funcionamento durante um período de cinco anos, neste caso, das Fundações, é que lhes é atribuída declaração de utilidade pública de modo a terem acesso aos benefícios fiscais estabelecidos para as fundações privadas como acima se mencionou.

Mais concretamente, em sede de IRC, a fundação estará sujeita a tributação, nos termos do art.º 2.º do CIRC, como pessoa colectiva de direito privado com sede em território português. Porém, nos termos do artigo 10.º, n.º 1, c), do CIRC, estão isentas de IRC "*as pessoas colectivas de mera utilidade pública que prossigam, exclusiva ou predominantemente, fins científicos ou culturais, de caridade, assistência, beneficência, solidariedade social ou defesa do meio ambiente*". Dispõe o n.º 2 dessa norma que "*essa isenção depende de reconhecimento pelo Ministro das Finanças, a requerimento dos interessados, mediante despacho publicado no Diário da República, que define a respectiva amplitude, de harmonia com os fins prosseguidos e as actividades desenvolvidas para a sua realização, pelas entidades em causa e as informações dos serviços competentes da Direcção-Geral dos Impostos e outras julgadas necessárias*". Deste modo, após a concessão da declaração de utilidade pública, a fundação ainda teria

---

nal quando prestado por organismo que tenha sido reconhecido para esse efeito (n.º 10, 11, 14, 15 e 38 do artigo 9 do CIVA);
– As Fundações de Solidariedade Social (fundações a quem é reconhecido o estatuto de IPSS ao abrigo do Decreto-Lei n.º 119/83, de 25/01) beneficiam de isenção de IVA (Decreto-Lei n.º 20/90, de 13/01) na medida em que se prevê a possibilidade de restituição do IVA correspondente às aquisições de bens e serviços relacionados com a construção, manutenção e conservação de imóveis utilizados total ou parcialmente na prossecução dos fins estatutários.

que obter o reconhecimento à isenção em IRC para afastar a tributação em sede desse imposto. E concedido esse reconhecimento, este ainda está condicionado à verificação de determinados requisitos previsto no n.º 3 da mesma norma, como sejam: (a) exercício efectivo, a título exclusivo ou predominante, de actividades dirigidas à prossecução dos fins que a justificaram; (b) afectação aos fins referidos na alínea anterior de, pelo menos, 50% do rendimento global líquido que seria sujeito a tributação nos termos gerais, até ao fim do 4.º exercício posterior àquele em que tenha sido obtido, salvo em caso de justo impedimento no cumprimento do prazo de afectação, notificado ao director-geral dos Impostos, acompanhado da respectiva fundamentação escrita, até ao último dia útil do 1.º mês subsequente ao termo do referido prazo; (c) inexistência de qualquer interesse directo ou indirecto dos membros dos órgãos estatutários, por si mesmos ou por interposta pessoa, nos resultados da exploração das actividades económicas por elas prosseguidas.

Pelo que, para uma fundação alcançar a isenções fiscais previstas terá que:

– obter, em primeiro lugar, a declaração de utilidade pública;

– em segundo, conseguir o reconhecimento à isenção de acordo com o acima explicado; e

– em terceiro cumprir as condições previstas no art.º 10.º, n.º 3, do CIRC, para o caso concreto da isenção de IRC.

4. As medidas de apoio à educação, cultura e ciência

Em matéria de apoio à educação, investigação e, indirectamente, de combate ao desemprego dos mais jovens, os benefícios fiscais existentes são muito incipientes. Prevêem-se, assim, para além do regime das reintegrações e amortizações constante do Decreto Regulamentar n.º 2/90, de 12 de Janeiro: o 31.º do CIRC (Despesas com investigação e desenvolvimento) e o artigo 17.º do EBF (Criação de emprego para jovens).

A primeira medida representa uma forma de crédito de imposto sobre quantias, que admitidas como custo, podem ser deduzidas aos proveitos, nos termos do CIRC. Está, no entanto, limitada às seguintes situações: (1) a despesas realizadas pela empresa com vista à aquisição de novos conhecimentos científicos ou técnicos e (2) a despesas realizadas através da exploração de resultados de trabalhos de investigação ou de outros conhecimentos científicos ou técnicos com vista à descoberta ou melhoria substancial de matérias-primas, produtos, serviços ou processos de fabrico. Quer isto significar que, na óptica empresarial, será de optar pelas soluções tecnologicamente mais avançadas desde que estas possam representar resultados de investigações e estudos recentes.

Acresce a esta medida o facto de as bolsas de estudo e de investigação não serem objecto de qualquer tributação em sede de IRS, desde que, evidentemente, não estejam associadas a contratos de trabalho subordinado[36] e prestações de serviços[37] /[38]. O benefício fiscal consagrado no artigo 17.º do EBF[39]

---

[36] O que daria lugar à tributação em sede de categoria A (artigo 2.º do CIRS).

[37] O que daria lugar à tributação em sede de categoria B (artigo 3.º do CIRS).

[38] Seria, talvez nesse sentido, até de excluir expressamente a tributação nestas situações, porquanto poderiam representar a possibilidade, não presente, de as empresas poderem contratar pessoal qualificado para a componente investigação.

[39] Cfr., para mais desenvolvimentos, *Reavaliação dos Benefícios Fiscais (2005)...*, op. cit., págs. 197-203.

consiste na majoração dos encargos correspondentes à criação líquida de postos de trabalho para trabalhadores admitidos por contrato sem termo com idade não superior a 30 anos. Essa majoração será efectuada durante um período de cinco anos que se inicia com a vigência do contrato de trabalho e corresponde à consideração como custo fiscal do montante da totalidade dos encargos suportados com o posto de trabalho, majorados em 50%, sem que tal majoração possa exceder, anualmente, 14 vezes o valor do salário mínimo nacional mais elevado. Por outro lado, a lei condiciona o benefício aos "encargos correspondentes à criação líquida de postos de trabalho", expressão que foi interpretada no sentido de corresponder à diferença positiva entre as contratações efectuadas e o número de saídas num exercício, fazendo-se a aferição da mesma no final de cada exercício e que nesse cômputo só entram os trabalhadores com idade não superior a 30 anos. O benefício é exclusivamente aplicável em IRC, ou seja, dele apenas podem usufruir as entidades empregadoras sujeitas a IRC, não podendo ser utilizado, por falta de previsão legal, por entidades empregadoras sujeitas a IRS, ainda que neste caso tivesse de limitar-se o benefício a entidades empregadoras com contabilidade regularmente organizada. Quer isto significar que a falta de menção ao tipo (qualificado ou não) de pessoal contratado, mas apenas à sua faixa etária, só muito indirectamente poderá significar a implementação de incentivos à pesquisa e investigação.

No âmbito do apoio à educação, cultura e ciência, como concretização do constante no artigo 73.º da CRP, temos ainda:

- O artigo 54.º do EBF – que prevê a redução de taxa (20%) aplicada ao ensino particular, salvo se lhes for reconhecida isenção de IRC conferida pelo artigo 10.º do CIRC, *ex vi* o artigo 7.º do Decreto-Lei n.º 553/80, de 21 de Novembro.

- A Lei n.º 26/2004, de 8 de Julho, que aprova o Estatuto do Mecenato Científico, que prevê, em estrita coexistência com o Estatuto do Mecenato, um regime de admissibilidade e majoração de custos quanto a donativos efectuados a entidades acreditadas através da emissão do certificado Ciência 2010. Sendo um benefício que só poderá produzir efeitos depois do reconhecimento da entidade beneficiária, verificamos que coexistem dois procedimentos: o da acreditação da entidade/projecto e o do reconhecimento administrativo da entidade beneficiária. De todo o modo, há que distinguir duas situações:
  - No caso de a entidade beneficiária ser de natureza pública – o processo de acreditação Ciência 2010 não depende de reconhecimento administrativo prévio por despacho ministerial conjunto;
  - No caso de a entidade beneficiária ser de natureza privada – o processo de acreditação Ciência 2010 depende de reconhecimento prévio, por meio de despacho conjunto dos Ministros das Finanças e da Ciência e do Ensino Superior, o qual incide sobre os pressupostos formais e materiais do benefício (natureza jurídica da entidade beneficiária e natureza científica da actividade por si desenvolvida e, se for o caso, do projecto ou programa em causa).
- O Decreto-Lei n.º 74/99, de 16 de Março – artigo 3.º do Estatuto do Mecenato – que prevê a admissibilidade e majoração de custos quanto a donativos efectuados a entidades beneficiárias aí tipificadas (mais concretamente no artigo 3.º/1, alínea f)).

b) *Análise em especial de algumas medidas extrafiscais no IRC*

1. O regime do mecenato

Dispõe o Acórdão n.º 23238, de 26/10/1995, do Tribunal da Relação de Lisboa que: *"às dotações patrimoniais em benefício de uma fundação aplica-se o princípio das liberalidades"*.

Temos, contudo, que enquadrar as referidas dotações como custos, para os efeitos previstos no Estatuto do Mecenato. Há que distinguir, assim, as dotações patrimoniais iniciais (efectuadas pela entidade instituidora) das dotações patrimoniais anuais (efectuadas por qualquer entidade).

Quanto às dotações patrimoniais iniciais efectuadas pela entidade instituidora estas só são consideradas como custo nos termos do artigo 1.º, n.º 1 do Estatuto do Mecenato, podendo a dedução atingir 140% do valor total, quando se destinar *exclusivamente* a prosseguir fins de carácter social, ou a 120%, se destinada *exclusivamente* a fins de carácter cultural, ambiental, científico ou tecnológico, desportivo e educacional.

Este benefício fiscal não é dependente de reconhecimento, a efectuar por despacho conjunto dos Ministro das Finanças e da tutela, salvo se, de acordo com o disposto no art.º 1.º, n.º 2, da mesma Lei, a Fundação prosseguir fins de natureza predominantemente social ou cultural e os respectivos estatutos prevejam que, no caso de extinção, os bens revertam para o Estado ou, em alternativa, sejam cedidos às entidades abrangidas pelo artigo 9.º do Código do IRC.

Quanto às dotações patrimoniais efectuadas por qualquer entidade durante a vida da instituição são liberalidades feita em atenção aos serviços recebidos pelo doador, que não tenham a natureza de dívida exigível.

Desse modo, dificilmente as doações a efectuar anualmente, mesmo que os estatutos estabeleçam um carácter de obrigatoriedade, poderão ser fiscalmente dedutíveis.

A solução passará pelo facto de os donativos a realizar serem considerados como mecenato social, cultural ou educacional conforme a natureza que for atribuída à Fundação a constituir e de acordo com os pressupostos dispostos no Estatuto do Mecenato.

Se, por exemplo, uma fundação vier a ser classificada como pessoa colectiva de mera utilidade pública que prossiga fins de caridade, assistência, beneficência e/ou solidariedade social, poderão ser esses donativos considerados custos, até ao limite de 8/1000 do volume de vendas ou dos serviços prestados. Contudo, este benefício fiscal depende de reconhecimento, salvo se a Fundação for dotada de estatuto de utilidade pública e lhe tenha sido reconhecida a isenção de IRC nos termos do art.º 10.º do CIRC (artigo 1.º, n.º 3, do preâmbulo do diploma que aprovou o Estatuto do Mecenato).

Pelo que, não só as dotações patrimoniais iniciais a serem efectuadas pela entidade instituidora a uma fundação, como também as dotações efectuadas por qualquer entidade a uma fundação, e enquanto esta perdurar:

- não serão fiscalmente dedutíveis de acordo com o disposto no artigo 23.º do CIRC;
- serão fiscalmente dedutíveis (e até beneficiar de majoração) se preenchidos os requisitos previstos no Estatuto do Mecenato.

2. O regime dos fundos de investimento

Algumas notas iniciais quanto aos fundos de investimento[40]. O fundo de investimento representa um património autónomo, detido por um depositário, resultante da aplicação de poupança de entidades individuais e colectivas, em mercados primários ou secundários de valores. Estes organismos de investimento colectivo podem assumir várias formas[41]: Fundo de Investimento Imobiliário (FII)[42], Fundo de Investimento Mobiliário (FIM)[43], Fundo de Capital de Risco (FCR)[44], Fundo de Investimento em recursos Florestais (FIF), Fundo de Poupança Acções (FPA).

Cada uma das partes do fundo é representada por unidades de participação, que são detidas pelos participantes. Dependendo da forma legal, o fundo pode ser separado em unidades de participação, detidas por vários participantes/investidores. A gestão do fundo é assumida por uma empresa, que é obrigada a calcular e publicar o valor líquido dos activos[45] numa base diária.

---

[40] Para mais desenvolvimentos estudar o recente estudo de TOMI VITTALA, *Taxation of Investment Funds in The European Union*, Vol. 8, Amsterdam: International Bureau of Fiscal Documentation, 2005.

[41] Acresce ainda, a título informativo, que os Planos Poupança Reforma, os Planos Poupança Educação e Planos Poupança Reforma/Educação, poderão assumir a forma de Fundo Investimento Imobiliário, Fundo de pensões ou Fundo autónomo de uma modalidade de seguro do ramo "Vida", conforme podemos verificar no artigo 1.º do Decreto-Lei n.º 158/2002, de 2 de Julho.

Ainda podemos adicionar a esta lista, meramente enunciativa, os fundos de titularização de créditos, constantes do artigo 9.º do Decreto-Lei n.º 453/99, de 5 de Novembro, que são, na verdade, Fundos de Investimento Mobiliário.

[42] Regulado pelo Decreto-Lei n.º 60/2002, de 20 de Março.

[43] Regulado pelo Decreto-Lei n.º 276/94, de 2 de Novembro.

[44] Regulado pelo Decreto-Lei n.º 319/2002, de 28 de Dezembro.

[45] Que se obtém através da seguinte fórmula VLA=(VMA-Responsabilidades)/UP, em que VLA é o Valor Líquido dos Activos, VMA o Valor de

Por serem um património autónomo[46], os fundos pertencem a uma pluralidade de pessoas singulares ou colectivas (o participantes)[47]. Isso não significa, contudo, que este património não possa ter personalidade jurídica. O único elemento característico destes fundos é o facto de serem caracterizados por um regime especial de responsabilidade por dívidas. Na verdade, o fundamento desta característica está "em íntima conexão com a função de garantia do património perante os credores"[48], sendo isso que justifica a separação do património na esfera da pessoa que assume a sua titularidade. Problema diferente deste, tem a ver com o dos direitos de participação conferidos ao participante, que podem ser tanto maiores quando o fundo dependa de uma organização societária exterior, ou tanto menores quando, inversamente, esteja assente numa estrutura intra-orgânica, própria de uma sociedade.

Não confundamos esta estrutura, societária ou não, com a personalidade conferida às entidades gestoras de fundos, bem como à empresa de gestão. Enquanto o gestor do fundo assume a responsabilidade de seleccionar e gerir o *portfolio* de investimentos em causa (do lado da oferta – poupança), as empresas de gestão têm a função de arrecadar os investimentos efectuados (do lado da procura – investimento). Este mercado entre

---

Mercado de todos os Activos, e UP, o número de todas as unidades de participação emitidas.

[46] Sobre o conceito de património autónomo ou separado, por contraposição ao de património geral, consultar Luís A. CARVALHO FERNANDES, *Teoria Geral do Direito Civil*, Vol. I (2.ª edição), Lisboa: Lex: 1995, págs. 132-134.

[47] Cfr. o artigo 3.º do Decreto-Lei n.º 276/94, de 2 de Novembro (Regime Jurídico dos Fundos de Investimento Mobiliário) e o artigo 2.º do Decreto-Lei n.º 60/2002, de 20 de Março (Regime Jurídico dos Fundos de Investimento Imobiliário).

[48] Luís A. CARVALHO FERNANDES, *Teoria...*, op. cit., pág. 132.

gestores e empresas de gestão apenas existe quando os fundos sejam abertos (*open-end*), ou seja, sempre que exista uma empresa de gestão disponível para trocar os investidores, garantindo a liquidez no curto-prazo dos investidores, ao contrário do que sucede com os fundos fechados (*closed-end*), que garantem uma liquidez de médio-longo prazo, permitindo uma diversificação de investimentos, mais adequados à distinção entre património particular e alheio.

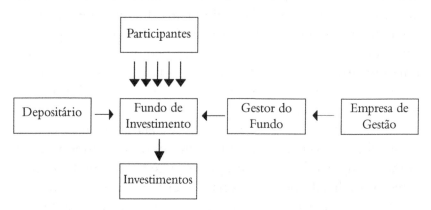

Figura 2 – A estrutura funcional dos Fundos de Investimento

É por tudo isto – responsabilidade própria e liquidez numa multiplicidade de horizontes temporais – que o legislador fiscal autonomiza o regime fiscal, nos artigos 22.º e 22.º-A, do EBF[49] Regime fiscal esse que, caso não existisse, daria lugar à tributação normalmente aplicável a entidades previstas no artigo 2.º/1, alínea a) ou b) do CIRC, consoante, respectivamente, fossem ou não dotadas de personalidade jurídica.

---

[49] E, mais recentemente, o artigo 22.º-B do EBF, dedicado aos Fundos de Investimento em recursos florestais.

Assim, e tendo em conta o artigo 22.° do EBF, há que distinguir os rendimentos e mais-valias das carteiras dos fundos dos rendimentos incorporados nas unidades de partipação, que podem ser detidas por sujeitos passivos de IRS e IRC.

Analisemos então, a título exemplificativo, dois regimes fiscais: o dos FII e dos FCR.

Assim, para os rendimentos do FII, enquanto os rendimentos prediais são tributados a uma taxa autónoma de 20%, conforme resulta do artigo 22.°/6, alínea a) do EBF, os rendimentos advenientes das mais-valias, excluindo os relativos à habitação social sujeita a regime legal de custos controlados, são tributados a uma taxa autónoma efectiva de 12,5%, ou melhor, como resulta do artigo 22.°/6, alínea b) do EBF, a uma taxa de 25%, incidente sobre 50% da diferença positiva entre as mais e menos-valias realizadas. Já os restantes rendimentos são tributados conforme resulta do artigo 22.°/1 do EBF. Já os participantes do FII, se forem residentes em território português[50]:

a) se forem sujeitos passivos de IRS, estão isentos de tributação, desde que os rendimentos sejam obtidos fora de uma actividade comercial, industrial ou agrícola, nos termos do artigo 22.°/2 do EBF;

b) se forem sujeitos passivos de IRC ou de IRS, fora das situações previstas na alínea anterior, os rendimentos são considerados no apuramento da matéria colectável. Acresce ainda que deverão ser considerados os pagamentos por conta ou as retenções na fonte sobre os rendimentos da carteira do fundo para eventual apuramento do crédito de imposto, nos termos constantes do artigo 22.°/3 do EBF.

---

[50] Os sujeitos passivos não residentes em território português estão isentos de IRC e IRS, desde que os respectivos rendimentos não sejam imputáveis a estabelecimento estável situado neste território.

162   *Guilherme Waldemar d'Oliveira Martins*

Quanto aos Fundos de Capital de Risco, que terão um novo regime a partir de 1 de Janeiro de 2007[51], passam a beneficiar de um regime próprio de tributação. Assim, e à semelhança do que sucede com os Fundos de Investimento Imobiliário em recursos florestais os rendimentos destes fundos são isentos de IRC. No que concerne aos rendimentos respeitantes a unidades de participação, que não sejam advenientes de mais-valias, são sujeitos a uma taxa de 10% de IRS ou de IRC, sujeita a retenção na fonte, definitiva nos casos previstos no n.º 3 e não definitiva, nos restantes casos ou por opção do sujeito passivos. Por seu lado, os rendimentos respeitantes a dividendos, quando englobáveis, são considerados em 50%. Os rendimentos respeitantes ao saldo positivo entre as mais e menos-valias e resultantes da alienação das unidades de participação são tributadas a uma taxa de 10%.

Questão interessante de assinalar é aquela que resulta da evidente sobreposição de regimes evidenciada nos artigos 21.º a 24.º do EBF. Questionam-se, assim, quais as consequências que advêm da revogação, por exemplo, do regime fiscal dos FCR – será que dão lugar à reposição do regime geral de tributação, ou, alternativamente, dão lugar à aplicação do regime constante do artigo 22.º do EBF, concernente a todos os Fundos de Investimento, mobiliários e imobiliários? A resposta varia consoante a natureza jurídica que damos às normas criadoras de benefícios fiscais. Se, por um lado, encararmos os artigos 22.º e 22.º-A do EBF como normas excepcionais, a revogação de um deles daria lugar à aplicação do direito regra aplicável às situações, ou seja, remeteria para a tributação destes fundos em sede de IRC. Se, por outro, defendermos a especialidade inerente aos artigos

---

[51] Por força da aprovação da proposta de lei n.º 99/X correspondente ao Orçamento do Estado para 2007.

22.º e 22.º-A do EBF, por consagrarem "uma disciplina nova ou diferente para círculos mais restritos de pessoas, coisas ou relações"[52]. Inclinamo-nos para esta última posição, na medida em que as normas consagradoras da tributação dos fundos, não obstante incorporarem benefícios fiscais, evidenciados pelas taxas reduzidas e modos próprios de quantificação da matéria colectável, são verdadeiros regimes especiais, na medida em que encerram uma verdadeira "redução teleológica"[53] ou até mesmo um alargamento das normas constantes do CIRC e respeitantes à tributação societária. Esta extensão normativa espelhada no EBF é, desta forma, partilhada por várias disposições, consoante o tipo de Fundos regulados no Estatuto. Assim, a revogação de uma das disposições, não repõe a tributação normal, mas mantém a aplicação dos pressupostos prevalecentes quanto à lei geral[54]. No nosso ordenamento, apenas a revogação do artigo 22.º do EBF, sem que seja apresentada a existência de uma *lex specialis* de natureza substitutiva, encerraria o desaparecimento de um regime especial e, consequentemente, a reposição da tributação normal.

---

[52] JOÃO BAPTISTA MACHADO, *Introdução ao Direito e ao Discurso Legitimador*, Coimbra: Almedina, 1994, pág. 94.

[53] KARL LARENZ, *Methodenlehre der Rechtswissenschaft*, Berlin: Springer Verlag, 1969 (versão traduzida para português por JOSÉ DE SOUSA E BRITO e JOSÉ ANTÓNIO VELOSO, para a Fundação Calouste Gulbenkian, em 1978, pág. 583).

[54] É por esta razão, e como já se disse *supra*, que a proposta de lei de Orçamento do Estado para 2007 contém no artigo *2.º-A*, referente à caducidade dos benefícios fiscais, o seguinte número 3: "*O disposto no n.º 1 não se aplica aos benefícios fiscais constantes dos artigos 14.º, 15.º, 21.º, 22.º, 22.º-A, 22.º-B e 40.º, bem como ao Capítulo V do presente diploma*". Ora a exclusão da regra de caducidade aos artigos 21.º a 22.º-B evidencia a especialidade do regime identificada.

3. As reestruturações empresariais

Vejamos, ainda, o artigo 69.º do Código do Imposto do Rendimento sobre as Pessoas Colectivas (CIRC)[55]. Não se trata verdadeiramente de um benefício fiscal, mas sim um desagravamento estrutural, uma mera delimitação da tributação-regra. O actual artigo 69.º do CIRC visa remover um obstáculo à fusão de empresas e faculta ao Ministro das Finanças a possibilidade de autorizar que os prejuízos fiscais das sociedades fundidas possam ser deduzidos aos lucros tributáveis da nova sociedade ou da sociedade incorporante. Está associado ao princípio geral do reporte de prejuízos, previsto no artigo 47.º do CIRC[56], que pressupõe que sendo uma actividade empresarial exercida normalmente com carácter continuado, a mesma gera lucros e por vezes prejuízos. Assim, o facto de o legislador ter instituído um período anual para encerramento das contas não pode prejudicar o facto de a continuidade da actividade exer-

---

[55] Aprovado pelo Decreto-Lei n.º 442-B/88, de 30 de Novembro.

[56] De acordo com a posição sempre assumida pelo Banco Mundial, "When a company makes a loss instead of a profit, many countries allow them to deduct losses from taxes payable in future years. This is known as carry forward of losses. Some countries also permit companies to receive a refund from taxes paid in previous years or carry back of loss. Countries vary greatly in the number of years for which carry forward or carry back are permitted, in the percentage of losses that can be carried forward or back (the loss offset rate) and in the amount of past or future profits that can be used for carry forward or back. In the presence of inflation, countries may also differ in the rules they apply for the valuation of past losses in other years. A common rule is to permit 100% of loss to be carried forward for between 6 and 10 years. *Economically, these rules make a government a partner in the riskiness of investments undertaken by firms. However, since firms that are largely debt financed will have relatively low gross profits compared to firms that are largely equity financed but are otherwise identical, loss offset provisions are more valuable to firms with low debt-equity ratios.*"

cida pela sociedade exigir a solidariedade entre os vários exercícios. Neste sentido o legislador criou um prazo dentro do qual os prejuízos havidos podem ser deduzidos para efeitos de tributação, que é actualmente de seis anos[57], posteriores àquele em que os prejuízos ocorrem[58].

É de assinalar, contudo, duas especificidades a ter em conta: (1) em primeiro lugar o reporte de prejuízos deve apenas ser permitido nas reestruturações efectuadas ao abrigo do regime de neutralidade fiscal; (2) em segundo lugar, deve ser fixado (ou limitado) um plano específico de deduções de prejuízos fiscais a efectuar pelas sociedades reestruturadas pelo período em que estas podem ser efectuadas.

Quanto à primeira questão, entende a Administração que as operações de reestruturação efectuadas a valores de mercado, isto é, sem que seja considerado um regime de neutralidade fiscal definido nos artigos 67.º e seguintes do CIRC, vêm demonstrar que as empresas implicadas têm património suficiente para avançar com uma operação daquelas. Neste sentido, o princípio geral do reporte de prejuízos, constante do artigo 47.º, que vem garantir uma forma efectiva de solidificação patrimonial empresarial, já não cumpre os objectivos para que

---

[57] É de salientar que, na redacção inicial do CIRC, o prazo começou por ser de cinco anos.

[58] De acordo com as alterações recentemente introduzidas pela Lei n.º 50/2005, de 30 de Agosto o n.º 1 passa a ter a seguinte redacção: "Os prejuízos fiscais das sociedades fundidas podem ser deduzidos dos lucros tributáveis da nova sociedade ou da sociedade incorporante, nos termos e condições estabelecidos no artigo 47.º e até ao fim do período referido no n.º 1 do mesmo artigo, contado do exercício a que os mesmos se reportam, desde que seja concedida autorização pelo Ministro das Finanças, mediante requerimento dos interessados entregue na Direcção-Geral dos Impostos até ao fim do mês seguinte ao do pedido do registo da fusão na conservatória do registo comercial".

foi criado – *a solidariedade entre os exercícios* – que estão associados a uma actividade exercida de forma contínua e que o período anual fixado pelo legislador fiscal não pode constituir um obstáculo. Assim, a solidariedade entre os exercícios não admite que as empresas possam gozar do reporte de prejuízos quando tenham beneficiado de um incremento patrimonial decorrente de uma operação de reestruração a valores de mercado, desconsiderando a aplicabilidade do regime de neutralidade. Veja-se mesmo que os termos do artigo 67.º do CIRC incentivam a Administração a negar a possibilidade de reporte a determinadas operações, como sejam as fusões inversas, a mera transmissão de activos e passivos de uma sociedade previamente liquidada para uma outra e até mesmo as operações de fusão em que não exista qualquer relação de troca de participações aos accionistas das sociedades incorporadas. Embora alguns indeferimentos tenham consagração legal, à outros de enquadramento duvidoso, o que nos permite evidenciar um grande incentivo administrativo à negação de pretensões que materialmente conduziriam ao mesmo resultado e que, consequentemente, às quais não poderia ser negada a solidariedade entre os exercícios reclamada. Mas o intuito na cobrança da receita é superior ao custo adveniente da concessão de benefícios.

Quanto à segunda questão, desde 2002 que, com o propósito de atenuar a receita perdida e compatibilizar os interesses financeiros do Estado com o regime de neutralidade fiscal em que se integra este benefício, o Governo entendeu ser de limitar a discricionariedade conferida pelo n.º 4 do artigo 69.º do CIRC. Assim, mais recentemente, entendendo-se que o poder discricionário conferido pela mencionada disposição deve ser exercido de forma transparente e pautar-se por orientações claras e assentes em elementos objectivos por forma a que haja uniformidade nas decisões, determinou-se, doravante, que o cálculo dos limites à dedução dos prejuízos a efectuar, em cada exercício, passasse a basear-se num critério misto, que atende não apenas ao impacto económico positivo da operação de fusão, traduzido pelo acréscimo do lucro tributável mas igualmente ao contributo que, em termos relativos, é dado pela sociedade que transmite os prejuízos fiscais[59]. O que permite evidenciar que o interesse na cobrança de receita é superior ao que está ínsito à concessão de benefícios.

4. Os benefícios contratuais ao investimento

Quanto aos contratos de concessão de benefícios fiscais, o artigo 39.º do EBF prevê duas situações possíveis: o investimento

---

[59] Assim, de acordo com despacho n.º 79/2005-XVII, de 2005/04/15, do Secretário de Estado dos Assuntos Fiscais, cujo conteúdo foi divulgado pela Circular n.º 7/2005 da DGCI, foi determinado que a dedução dos prejuízos fiscais transmitidos por uma sociedade fundida fosse limitada, em cada exercício, de acordo com as orientações seguintes:

a) Quando se trate de uma operação de fusão por incorporação, ao acréscimo do lucro tributável da sociedade incorporante relativamente ao lucro tributável apurado por esta sociedade no exercício anterior ao da fusão adicionado, quando for o caso, dos lucros tributáveis das demais sociedades fundidas, com excepção da sociedade transmitente dos prejuízos, apurados nesse mesmo exercício;

b) Quando se trate de uma fusão por constituição de uma nova sociedade, ao acréscimo de lucro tributável da nova sociedade relativamente ao resultado da soma dos lucros tributáveis apurados pelas demais sociedades fundidas, com excepção da sociedade transmitente dos prejuízos, no exercício anterior ao da fusão;

c) Nos casos referidos nas alíneas anteriores, o limite da dedução dos prejuízos fiscais resultantes da aplicação das regras aí estabelecidas não poderá exceder, em cada exercício, o montante do lucro tributável da sociedade incorporante, ou da nova sociedade, correspondente à proporção entre o valor do património líquido da sociedade fundida e o valor do património líquido de todas as sociedades envolvidas na operação, determinados com base no último balanço anterior à fusão.

168 *Guilherme Waldemar d'Oliveira Martins*

produtivo (artigo 39.°/1) e a internacionalização das empresas portuguesas (artigo 39.°/4). Ambos os benefícios encontram-se, respectivamente, regulados no Decreto-Lei n.° 409/99, de 15 de Outubro e no Decreto-Lei n.° 401/99, de 14 de Outubro[60].

Não obstante a regulação diversa, os regimes coincidem quanto aos vários campos de análise jurídica, a saber: (1) pressupostos, (2) modalidade de benefício envolvida; (3) celebração do contrato; (4) obrigações contratuais e (5) cessação do contrato.

Quanto aos pressupostos, os mesmos podem ser objectivos e subjectivos.

Quanto aos objectivos de carácter positivo temos a necessária existência de aplicações relevantes (avaliadas pela Agência Portuguesa para o Investimento – API – e pelo Instituto de Apoio às Pequenas e Médias Empresas – IAPMEI), a existência de projectos de investimento (interesse avaliado pela API e IAPMEI) e quantificação de investimento total – expresso no Plano Global de Investimento – que tem a sua data de início definida pelo primeiro contrato de aquisição de aplicações relevantes.

Quanto aos objectivos de carácter negativo temos a capacidade técnica e de gestão, a situação financeira equilibrada, contabilidade organizada regularmente, a exigência de o lucro tributável não ser determinado por métodos indiciários, a inexistência de dívidas tributárias ao Estado.

Já os pressupostos de carácter subjectivo variam consoante estarmos perante os projectos de intenacionalização (PME's – se sediadas na UE, PME's e restantes empresas se sediadas fora da UE) ou de investimento produtivo.

As modalidades de benefícios envolvidas reportam-se, em regra, ao crédito de imposto em sede de IRC, normalmente

---

[60] Sobre o assunto e para mais desenvolvimentos, consultar, por todos, José Casalta Nabais, *Por um Estado Fiscal Suportável – Estudos de Direito Fiscal*, Coimbra: Almedina, 2005, págs. 407-432.

dedutíveis no exercício em que foram realizadas as aplicações relevantes, integral ou parcialmente, com a possibilidade de deduzir o remanescente nos 5 exercícios seguintes. É conferida ainda a possibilidade de majoração dos benefícios fiscais, dependendo esta majoração da relevância excepcional do projecto para economia nacional. Adicionalmente o benefício pode corporizar, de forma normalmente cumulativa com a identificada supra, a eliminação da dupla tributação económica dos lucros distribuídos.

A celebração do contrato compete à entidade promotora, que, por sua vez, é remetido Direcção-Geral dos Impostos – DGCI – no prazo de 60 dias seguintes à apresentação da candidatura.

Existem duas formas de aprovação do contrato: (1) Resolução do Conselho de Ministros – dependendo do valor; (2) despacho conjunto do Ministro das Finanças e do Ministério da Economia. Em qualquer dos casos deverá ser dada publicidade aos contratos – *vide* 59.º/3 alínea i) da LGT e Lei n.º 26/94, de 19 de Agosto – no caso de excederem 3 anualizações dos salários mínimos.

A continuidade da atribuição dos benefícios constantes do contrato fica dependente, contudo, do cumprimento das obrigações contratuais, nomeadamente, a utilização do activo adquirido e considerado como aplicação relevante, a manutenção da contabilidade organizada e a exigência da transparência e clareza nas relações com a Administração Tributária.

A cessão do contrato só poderá ter lugar quando haja lugar a incumprimento dos objectivos e obrigações estabelecidos no contrato, por facto imputável à empresa promotora, a incumprimento das obrigações fiscais por parte da empresa promotora e a prestação de informações falsas sobre a situação da empresa ou viciação de dados fornecidos na apresentação, apreciação e acompanhamento dos projectos.

A renegociação do contrato é admissível desde que seja invocada, como já explicado supra, a alteração das circunstâncias. Em qualquer dos casos isso dá lugar à redução proporcional dos benefícios fiscais concedidos à promotora.

Imaginemos que a empresa estrangeira X[61] resolve investir em Portugal e para tal concorre à aplicação dos benefícios fiscais constantes do artigo 39.º do EBF e regulamentados pelo DL n.º 409/99, de 15/10. Para tal, e uma vez considerado elegível o seu projecto, faz depender, no contrato de concessão de benefícios fiscais celebrado com o Estado Português, representado pelo Ministro das Finanças, a atribuição dos incentivos fiscais de um sistema de pontuação que medirá o grau de de cumprimento dos objectivos contratuais (GCC) em relação aos valores do projecto, no que respeita a três indicadores xi: (x1) construção de unidade fabril; (x2) fabrico de 1000 produtos/ano; (x3) criação de 1000 postos de trabalho. Aos indicadores supra referidos serão atribuídos factores de ponderação, tendo em atenção os impactos macroeconómicos 9i: 9 1 – 0,30; 9 2 – 0, 40; 9 3 – 0,30 (desde que a totalidade dos factores seja de 1.00). Para cada um dos indicadores xi, será calculado um factor de realização 1i (1i = x'i / xi), sendo o cálculo do GCC efectuado através da aplicação da seguinte fórmula:

$$GCC = 8\ i = 1...n\ 9\ i1i$$

ou seja,

$$GCC = 0,30\ (x'i\ /\ xi) + 0,40\ (x'i\ /\ xi) + 0,30\ (x'i\ /\ xi)$$

---

[61] Todos os dados aplicados neste caso são fictícios.

Assim, o grau de cumprimento contratual dependerá do valor percentual resultante da aplicação da fórmula, e: (1) caso o GCC seja superior ou igual a 90%, os objectivos contratuais consideram-se cumpridos e o incentivo fiscal atribuído corresponderá ao montante máximo estabelecido; (2) caso o GCC seja inferior a 90%, mas igual ou superior a 50%, os objectivos contratuais consideram-se parcialmente cumpridos e o incentivo fiscal atribuído sofrerá um reajustamento, em resultado da verificação do projecto, nos anos seguintes. Este reajustamento será sempre proporcional à pontuação efectivamente obtida, em cada momento da verificação, face à pontuação desejável de 1.00, podendo assim consistir no decréscimo ou no acréscimo do valor anteriormente ajustado até ao montante máximo atribuído; (3) caso a empresa não atinja o valor mínimo de execução do projecto de 50%, os objectivos consideram-se não cumpridos.

5. O financiamento externo

Vejamos ainda o benefício constante do artigo 27.º do EBF[62]/[63]. O artigo 27.º do EBF prevê que pode ser concedida isenção total ou parcial de IRS//IRC relativamente a juros de capitais provenientes do estrangeiro, representativos de empréstimos e rendas de locação de equipamentos importados de que

---

[62] Aprovado pelo Decreto-Lei n.º 215/89, de 1 de Julho.

[63] De acordo com a entrada em vigor do Regime Especial de Tributação dos Rendimentos de Valores Mobiliários Representativos de Dívidas, aprovado pelo Decreto-Lei n.º 193/2005, de 7 de Novembro, o regime previsto no artigo 27.º do EBF foi parcialmente derrogado, passando esta disposição, a partir da data de vencimento do primeiro cupão ocorrido depois da entrada em vigor do regime (a saber, 1 de Janeiro de 2006), a ser aplicável apenas às rendas de locação aí previstas.

sejam devedores o Estado ou qualquer dos seus serviços, e as empresas que prestem serviços públicos, desde que os credores tenham domicílio no estrangeiro e não disponham em território português de estabelecimento estável ao qual o empréstimo seja imputado. Assim, só estão verificados os pressupostos de isenção previstos no artigo 27.° do Estatuto dos Benefícios Fiscais, quanto à concessão de isenção em sede de IRC/IRS, desde que a referida entidade comprove que os juros e rendas de locação advêm de entidades credoras que tenham domicílio no estrangeiro.

Em primeiro lugar, a distinção entre isenção parcial e total permite detectar a possibilidade da Administração poder adequar a concessão do benefício fiscal ao custo adveniente. Evidência esta que, contudo, não é posta em prática. Repare-se, a título de exemplo nos empréstimos concedidos por entidades não residentes para amortização de dívidas das entidades aí previstas a entidades credoras nacionais. Sem dúvida que esta primeira relação creditícia não está abrangida pela disposição em análise. No entanto, pode uma entidade pública recorrer a um empréstimo externo para financiamento da amortização desta dívida. Rigorosamente, e conjugando com o disposto no n.° 1 do artigo 2.° do EBF, a concessão deste benefício fiscal deveria ficar limitado ao montante da dívida em causa, porquanto o interesse extrafiscal da sua concessão fundamenta-se na dívida inicial contraída no espaço nacional. Na verdade, não obstante a extrafiscalidade da norma situar-se na obtenção de capital externo, não podemos olvidar-nos que o que deu causa ao referido financiamento externo foi um de carácter interno. Mas lá está, mais uma vez o interesse administrativo a prevalecer sobre o interesse fundamentado legalmente, em prejuízo, neste caso, da arrecadação de receita.

Em segundo lugar, a limitação da concessão deste benefício está dependente da verificação da condição de todos os credores terem domicílio no estrangeiro. Ora, uma leitura mais atenta permitir-nos-ia sustentar que a concessão dos benefícios fiscais poderia ser deferida aos credores residentes no estrangeiro, independentemente do facto de poder a referida relação creditícia vincular credores nacionais e estrangeiros. Este raciocínio aplica-se fundamentalmente aos casos de emissão de títulos de crédito (acções e obrigações) inominados. Repare-se que a vantagem da emissão deste tipo de título está associada à facilidade na sua transacção, pelo que sempre que o credor seja não residente poderá usufruir da isenção de IRC/IRS quanto aos juros que possa vir a auferir no vencimento dos respectivos cupões ou no momento do reembolso[64]. Ora, aqui o interesse na arrecadação de receita é superior ao extrafiscal, que baseia a concessão do benefício.

---

[64] Problema bem diferente está conectado com a fiabilidade dos sistemas de controlo das transacções dos referidos títulos inominados e, consequentemente, com a adequada comunicação por parte dos participantes/adquirentes dos mencionados títulos em mercado próprio. Mas optámos por não trabalhar esta questão, por extravasar o âmbito do presente estudo.

CAPÍTULO III

OS BENEFÍCIOS FISCAIS E OS IMPOSTOS
SOBRE O PATRIMÓNIO

A recente reforma do património empreendida fez uma arrumação dos desagravamentos e dos benefícios em vigor nos tributos em análise. É de denotar que os desagravamentos detectados, quer em IMT, quer em IMI, são muito similares, e seguem de perto as orientações decorrentes do Relatório elaborado pela Comissão de Reforma da Tributação do Património[65], a saber:

1) A consideração da afectação a uma *função social* dos prédios urbanos: que determina a isenção de IMT e de IMI (artigos 6.º do CIMT, 11.º do CIMI e 40.º e 42.º do EBF);
2) A manutenção da isenção dos prédios destinados a habitação (artigo 42.º do EBF), agora com um número de anos menor, dada a redução de taxas de IMI e de IMT;
3) A consideração, para efeitos de IMT, da aquisição de prédio urbano para habitação (artigo 9.º do CIMT);
4) A manutenção das isenções para os emigrantes (artigo 44.º do EBF);
5) A criação da figura da *suspensão de pagamento* para os sujeitos passivos de baixos rendimentos (artigo 45.º do EBF);
6) É proposta a eliminação das isenções técnicas.

---

[65] Cfr. COMISSÃO DE REFORMA DA TRIBUTAÇÃO DO PATRIMÓNIO, *Projecto de Reforma da Tributação do Património*, Cadernos de Ciência e Técnica Fiscal, n.º 182, Centro de Estudos Fiscais, Lisboa, 1999, pp. 162-163.

Quanto à afectação social dos imóveis, como elemento extra-fiscal preponderante nos impostos sobre o património, como iremos ver, pense-se no caso paradigmático dos prédios afectos exclusivamente a parques de estacionamento subterrâneos. De facto, é notória a função social a atribuir à construção e instalação de um parque de estacionamento. No entanto, o prazo de 25 anos parece ser excessivo, uma vez que este prazo constitui o prazo mais longo conferido a um benefício em vigor. Pelo que se recomenda a compatibilização deste prazo com a regra de caducidade geral anteriormente proposta. Por outro lado, a remissão feita pelo n.º 1 do artigo 47.º do EBF para a Lei n.º 1/87, de 6 de Janeiro (Lei das Finanças Locais), entretanto revogada pela Lei n.º 42/98, de 6 de Agosto, deixa de fazer sentido, uma vez que deixaram, com este diploma, as autarquias locais de auferir compensação financeira pela mera concessão de benefícios fiscais. Actualmente, e nos termos do n.º 2 e 3 do artigo 4.º da Lei das Finanças Locais, só há compensação financeira (através de verba a inscrever no Orçamento do Estado) quando esteja em causa o reconhecimento, em concreto, de benefícios que afectem mais do que um município ou que consituam contrapartida da fixação de grandes projectos de investimento de interesse para a economia nacional.

Finalmente, cumpre dar umas palavras quanto à falta de quantificação da receita perdida adveniente da concessão dos benefícios/desagravamentos em sede de impostos sobre o património. Para além do que resulta dos relatórios anexos ao Orçamento, não existem valores correctos e fiáveis quanto à despesa fiscal adveniente da concessão de benefícios nestes impostos. Acresce a isso o facto de a justificação estar no artigo 4.º da Lei das Finanças Locais, que apenas atribui ênfase financeira à concessão de benefícios pelas autarquias locais que impliquem compensação através de verba a inscrever no Orçamento.

§ 1.º O Imposto Municipal sobre os Imóveis

A tributação estática do património, que conhecemos actualmente[66], tem a sua origem em Portugal na Lei de 19 de Abril de 1845 e visou fundamentalmente, em pleno governo conservador radical cabralista, a diminuição do défice crónico das contas públicas e financiar o projecto de modernização pela "tentativa de criação de redes e estruturas de caminhos-de-ferro"[67]. Inicialmente fazia parte do *novo systema organico da Fazenda*, que era composto por três impostos directos: a contribuição predial, de maneio e a pessoal. O regime da contribuição predial foi objecto de reestruturações sucessivas[68], tendo sido afecta a receita cobrada pela Lei n.º 1/79, de 2 de Janeiro aos municípios, e até à Reforma Fiscal de 1989 manteve a natureza de imposto directo sobre os rendimentos prediais rústicos e urbanos.

Pelo Decreto-Lei n.º 442-C/88, de 30 de Novembro é criada a Contribuição Autárquica, que passa a incidir sobre o património e não sobre o rendimento, que, por seu lado, passa a ser tributado nos dois impostos sobre o rendimento entretanto criados – IRS e IRC. Sendo assim, a cada prédio seria atribuído um valor tributável, determinado no termo de um Código de

---

[66] Não falamos aqui da jugada, de natureza dominial, cobrada já por D. Afonso Henriques, e da décima militar, de 1641.

[67] NUNO VALÉRIO (COORD.), *Os Impostos no Parlamento português – Sistemas fiscais e doutrinas fiscais nos séculos XIX e XX*, Lisboa: Colecção Parlamento, 2005, pág. 29.

[68] PEDRO SOARES MARTINEZ, *Direito...*, op. cit., págs. 534-536.

Avaliações. Este Código das Avaliações nunca chegou a ser publicado, pelo que até á criação do IMI, o valor patrimonial era definido pelo Código da Contribuição Predial e do Imposto sobre a Indústria Agrícola[69] anterior e noutros casos pelo CIMSISSD.

E é só com o Decreto-Lei n.º 287/2003, de 12 de Novembro, que se procede a uma verdadeira reforma da tributação do património, pela instauração de um sistema efectivo de avaliação dos prédios urbanos e rústicos, permitindo assim o estabelecimento do valor patrimonial próximo do valor de mercado, algo que não acontecia com a anterior Contribuição Autárquica, o que causava sérios problemas de igualdade horizontal e vertical. Esta criação de um sistema efectivo de avaliação dos prédios permitiu assim criar um verdadeiro imposto sobre o património e não sobre o rendimento, abrindo, igualmente, a possibilidade de o legislador descer as taxas, em resultado do aumento dos valores patrimoniais, que serviriam de base tributável.

a) A extrafiscalidade dos desagravamentos no IMI

A admissibilidade dos benefícios fiscais em sede de IMI encontra-se num feixe complexo de direitos subjectivos, que ao lado do IMT, constituem o tecido mais alargado de benefícios fiscais em sede de impostos sobre o património.

Dividiremos a análise dos benefícios em sede de IMI, tendo em conta, por ordem de importância: (1) apoio ao associativismo, como forma de prossecução privada de actividades que inicalmente pertenceriam ao sector Estado; (2) incremento do investimento; e (3) apoio à cultura.

---

[69] Aprovado pelo Decreto-Lei n.º 45104, de 1 de Julho de 1963.

Advirta-se, e à semelhança do sucedido nos impostos sobre o rendimento que o Estado, autarquias locais e Regiões Autonómas gozam de isenção total de IMI. Acrescente-se que, em resultado da celebração de convenções internacionais, cuja cláusula de recepção do seu direito surge por via do artigo 8.º da CRP, surgem, igualmente neste imposto, os benefícios fiscais referentes aos Estados Estrangeiros (artigo 40.º/1, alínea a) do EBF) e a isenção de impostos da Igreja Católica quanto aos templos, seminários ou outros estabelecimentos destinados à formação do clero, por via da Concordata de 2004, celebrada entre o Estado português e a Santa Sé.

1. As medidas de apoio ao associativismo

Assim, para além do Estado, autarquias locais e Regiões Autonomas, gozam de isenção total, dependente de reconhecimento, fundamentalmente pela prossecução de funções do Estado e em resultado do exercício da liberdade de associação, previsto no artigo 46.º da CRP, e do direito de participação na vida pública, constante do artigo 48.º da CRP. Falamos, mais concretamente, das Associações e Organizações Religiosas (Artigo 40.º/1, alínea c) do EBF), das Associações Sindicais, das Associações de Agricultores, das Associações de Profissionais Independentes, das Associações de Comerciantes, das Associações de Industriais (artigo 40.º/1, alínea d) do EBF), das pessoas colectivas de utilidade pública e utilidade pública administrativa (artigo 40.º/1, alínea e) do EBF), das IPSS (artigo 40.º/1, alínea f), do EBF), das Associações Juvenis e das Associações Desportivas (artigo 40.º/1 alínea i) do EBF), do apoio ao Ensino Particular (artigo 40.º/1, alínea h), do EBF), dos prédios cedidos gratuitamente a entidades públicas isentas (artigo 40.º/1, alínea j) do EBF), das colectividades de cultura e de recreio, organizações não gover-

180   *Guilherme Waldemar d'Oliveira Martins*

namentais e outro tipo de associações não lucrativas a quem tenha sido reconhecida utilidade pública (artigo 40.°/1, alínea m)
do EBF), das Associações de Consumidores (artigo 18.°/1, alínea p) da Lei n.° 24/96, de 31 de Julho), das Associações de
Família (artigo 6.° da Lei n.° 9/97, de 12 de Maio), das Casas
do Povo (Decreto-Lei n.° 4/82, de 11 de Janeiro, Decreto-Lei
n.° 171/98, de 25 de Junho e Decreto-Lei n.° 246/90, de 27
de Julho), das Organizações Não Governamentais do Ambiente
(Lei n.° 35/98, de 18 de Julho), das Organizações Não Governamentais de cooperação para o Desenvolvimento (Lei n.° 66/98,
de 14 de Outubro), das Associações de Moradores (Lei n.° 87-B/
/98, de 31/12) e dos Partidos Políticos (Lei n.° 19/2003, de 20
de Junho).

2. As medidas de incremento do investimento

Por outro lado, encontram-se isenções como medidas de fomento económico e de incentivo ao investimento, admitido
pelos artigos 81.° e 87.° da CRP, a saber:

a) Benefícios constantes do EBF:
* Artigo 39.°/2, alínea b) – isenção total, dependente de reco-
  nhecimento contratual, ao investimento produtivo, regu-
  lado pelo Decreto-Lei n.° 409/99, de 15 de Outubro;
* Artigo 40.°/1, alínea l) – isenção total automática das socie-
  dades de capitais exclusivamente públicos;
* Artigo 40.°/1, alínea g) e Decreto-Lei n.° 422/89, de 2 de
  Dezembro – isenção total automática das entidades licen-
  ciadas ou que venham a ser licenciadas a operar na Zona
  Franca da Madeira e Ilha de Santa Maria;
* Artigo 40.ª-A – isenção total temporária (por dois anos, a
  contar do ano de emissão da licença camarária) dos prédios

objecto de reabilitação urbanística, desde que esta resulte de certificação nos termos dos n.º 3 e 5 do artigo em causa;

- Artigo 42.º – isenção total temporária (pelo período máximo de dois anos), dependente de reconhecimento e limitada a um valor patrimonial máximo (225.000,00 Euros), dos melhoramentos, ampliação e reconstrução de prédios para habitação própria e permanente do sujeito passivo ou do seu agregado familiar e de prédios destinados a arrendamento para habitação, pelo período mínimo de 6 meses;

- Artigo 43.º – isenção total temporária (pelo período de 7 anos), dependente de reconhecimento, de prédios urbanos integrados em empreendimentos de utilidade turística ou afectos ao turismo de habitação;

- Artigo 44.º – isenção total temporária (pelo período de 10 anos), dependente de reconhecimento, de prédios adquiridos ou construídos através do sistema "Poupança-Emigrante"[70];

- Artigo 46.º – isenção total automática dos Fundos de Investimento Imobiliário, Fundos de Pensões e Equiparáveis e Fundos de Poupança-Reforma;

- Artigo 47.º – isenção total temporária (pelo período de 25 anos), dependente de reconhecimento de prédios urbanos afectos exclusivamente (e não predominantemente, assinale--se) a parques de estacionamento subterrâneos;

- Artigo 65.º – isenção total temporária (pelo período de 10 anos), dependente de reconhecimento, de prédios localizados nas áreas de localização empresarial (ALE).

---

[70] É de assinalar, e como já se disse supra, entretanto, que o benefício constante deste artigo caducou uma vez que o sistema poupança-emigrante, previsto e regulado pelo Decreto-Lei n.º 323/95, foi revogado, para efeito de contratações posteriores a 31 de Outubro de 2006, pelo Decreto--Lei n.º 169/2006, de 17 de Agosto.

b) Benefícios constantes de diplomas extravagantes:
- Artigo 92.º do Decreto-Lei n.º 422/89, de 2 de Dezembro – Zonas de Jogo;
- Decreto-Lei n.º 361/99, de 16 de Setembro – Sociedade Porto 2001, SA;
- Decreto-Lei n.º 314/2000, de 2 de Dezembro – Programa Polis;
- Decreto-Lei n.º 236/85, de 5 de Julho e Decreto-Lei n.º 39/89, de 2 de Janeiro – Contratos de Desenvolvimento para Habitação.

3. As medidas de apoio à cultura

No campo da defesa do património cultural, constante do artigo 78.º/2, alínea c) da CRP, prevê-se a isenção total para os prédios classificados como monumentos nacionais ou de imóveis de interesse público e bem assim os classificados como património cultural (artigo 40.º/1, alínea n) do EBF).

b) *A capacidade contributiva e a equivalência no IMI: algumas questões*

É de assinalar, igualmente, que, para além das isenções concedidas, se estabelece o chamado mínimo de existência em sede de IMI, previsto no artigo 45.º do EBF, na medida em que faz depender a aplicação deste imposto não só do nível de rendimento do sujeito passivo e do agregado familiar, como também do valor patrimonial mínimo. Trata-se contudo de uma disposição conforme à capacidade contributiva, porquanto vem considerar que a tributação do património incidirá sobre o rendimento líquido do sujeito passivo, depois de deduzidas as despesas necessárias à sua subsistência.

Detecta-se, no entanto, na fundamentação dos vários benefícios fiscais, uma lógica de adequação do custo social ao custo individualmente suportado pelo contribuinte. Na verdade, a propriedade de imóveis deverá ter um custo individual proporcional ao benefício auferido, em resultado da intervenção autárquica, na manutenção das infra-estruturas básicas que permitem a usufruição pelo sujeito passivo do direito à propriedade. Mas existe, no caso de intervenções colectivas, tendo, em vista a prossecução de funções do Estado, um desfazamento entre o custo individual e o benefício social auferido – o que evidencia a existência de externalidades positivas, que terão de ser internalizadas à custa dos sujeitos activos do imposto, neste caso as autarquias.

Assim, os benefícios fiscais constantes do IMI têm uma dupla fundamentação:

c) assentam num feixe de direitos subjectivos, constitucionalmente consagrados;

d) representam uma forma de compensação/internalização de externalidades positivas, resultante do desfazamento entre custo individual e benefício colectivo, numa determinada circunscrição.

§ 2.º O Imposto Municipal sobre as Transmissões Onerosas de Bens Imóveis

O IMT, é, não obstante a denominação evidenciar uma realidade mais recente[71], nada mais é que um imposto que sustentou uma grande parte das receitas do Estado no Antigo Regime. A sisa, originalmente, surgiu no reinado de D. Dinis. Já tinha a natureza de imposto indirecto e também constituia receita municipal. A sua incidência era, no entanto, diferente da actual. Era mais ampla, e a sua restrição, aproximada àquilo a que hoje conhecemos só foi possível na Reforma fiscal de Mouzinho da Silveira. Assim pelo Decreto 13, de 19 de Abril de 1832 restringiu-se a sisa às transmissões onerosas de imóveis, à taxa de 5%. É curioso, que o Decreto 13 representou uma restrição do âmbito de incidência justificada pela necessidade de estímulo ao comércio interno[72].

E é também curioso actualmente discutir-se a verdadeira utilidade do imposto, dado o acréscimo económico evidenciado quanto aos custos de transacção[73], dada a integração sistemática do IVA como imposto geral sobre o consumo.

---

[71] O Decreto-Lei n.º 287/2003, de 12 de Novembro, que procedeu à Reforma da Tributação do Património.

[72] NUNO VALÉRIO (COORD.), *Os Impostos...*, op. cit., págs. 25-26.

[73] Este problema é, aliás, detectado, entre nós, por FERNANDO ROCHA ANDRADE, in "Reflexões em torno do imposto mais estúpido do mundo", *Homenagem a José Guilherme Xavier de Basto*, Coimbra: Coimbra Editora, págs. 164-165.

A dinâmica dos custos de transacção[74] admite que possam ser criados mecanismos contratuais por forma a que as partes cumpram os seus termos, ou que, caso isso não suceda, a outra parte possa tomar uma acção apropriada. Repare-se que só adoptando esta óptica é que se percebe que não só a tributação imobiliária incide sobre as sucessivas transmissões do mesmo bem, novo ou usado, como também que compreende por que razão é o património ou o rendimento futuro[75] do sujeito passivo a suportar o respectivo imposto. Neste sentido, compreende-se a opção tomada pelo legislador, como regulador de um mercado imobiliário e garante da certeza no estabelecimento das relações jurídicas. Esta análise não quer evidenciar, contudo, e numa lógica de simplificação, que a tributação imobiliária não faça mais sentido quando integrada na sistemática do IVA[76], ponderadas as taxas (se 5% ou 21%) que seriam mais adequadas à referida manutenção das expectativas das partes envolvidas no negócio jurídico.

---

[74] Não obstante o termo custos de transacção estar associado a RONALD COASE, é a OLIVER WILLIAMSON que devemos a sua teorização nas relações entre os agentes económicos. Consultar, sobre todos, OLIVER WILLIAMSON, *The Economics of Discretionary Behavior: Managerial Objectives in a Theory of the Firm*, Englewood Cliffs, N.J.: Prentice-Hall, 1964, OLIVER WILLIAMSON, *The Economic Institutions of Capitalism: Firms, Markets, Relational Contracting*, New York: The Free Press, 1985 e PAUL L. JOSKOW, "Contract Duration and Relationship-Specific Investments: Empirical Evidence from Coal Markets," in *American Economic Review*, March, 1987.

[75] No caso de empréstimo bancário contraído pelo sujeito passivo para aquisição do património. Repare-se, a este propósito, que o legislador prevê para estes casos uma subsidiação dos juros decorrentes de empréstimo bancário no artigo 85.º do CIRS.

[76] Cfr. JOSÉ XAVIER DE BASTO, "As perspectivas actuais de revisão da tributação do rendimento e do património em Portugal", *Boletim de Ciências Económicas*, Vol. XLI, 1998, págs. 147 e ss.

Pelo que se disse, o núcleo essencial do IMT encontra fundamento, não só na arrecadação de receita, mas também, mais recentemente, na criação de custos de transacção necessários ao cumprimento do contrato de aquisição de bens imóveis.

a) A extrafiscalidade dos desagravamentos no IMT

Encetada esta análise, e tendo em conta a coincidência entre os benefícios em sede de IMI e de IMT, interessa recortar a tessitura dos benefícios fiscais vigentes relativos a este imposto. Assinale-se que, salvo indicação em contrário, todas as isenções (aqui referimo-nos a uma modalidade técnica) indicadas dependem de reconhecimento por acto administrativo, conforme resulta da cláusula geral constante do artigo 10.º/1 do EBF. Faz todo o sentido que assim seja, na medida em que em que a liquidação precede sempre o acto ou facto translativo do bem, nos termos do artigo 22.º/1 do CIMT. Parece, assim, evidente que o momento mais adequado para verificação dos pressupostos da isenção seja no momento anterior à transmissão.

São cinco as principais áreas de atribuição de benefícios, a saber, por ordem de importância: (1) apoio ao associativismo, como forma de prossecução privada de actividades que inicalmente pertenceriam ao sector Estado; (2) incremento do investimento; (3) apoio à habitação e à defesa da propriedade privada; e (4) defesa da saúde.

À semelhança dos impostos anteriores, em resultado da celebração de convenções internacionais, cuja cláusula de recepção do seu direito surge por via do artigo 8.º da CRP, surgem os benefícios fiscais referentes aos Estados Estrangeiros (artigo 6.º, alínea c) do CIMT) e a isenção de impostos da Igreja Católica quanto aos templos, seminários ou outros estabelecimentos destinados à formação do clero, por via da Concordata de 2004, celebrada entre o Estado português e a Santa Sé[77].

1. As medidas de apoio ao associativismo

Em matéria de apoio ao associativismo, como forma de prossecução privada de actividades que inicalmente pertenceriam ao sector Estado, temos a isenção total de IMT, dependente de reconhecimento, conferida às Casas do Povo (Decreto-Lei n.º 4/82, 11 de Janeiro, Decreto-Lei n.º 171/98, de 25 de Junho e Decreto-Lei n.º 246/90, 27 de Julho), às Associações de Consumidores (artigo 18.º, n.º 1, alínea p) da Lei n.º 24/96, de 31 de Julho), às Associações de Família (artigo 6.º da Lei n.º 9/97, de 12 de Maio), às Organizações Não Governamentais do Ambiente (Decreto-Lei n.º 35/98, de 18 de Julho e Lei n.º 35/98, de 18/7), às Organizações Não Governamentais de cooperação para o Desenvolvimento (Lei n.º 66/98, de 14/10), às Associações de moradores (Lei n.º 87-B/98, 31 de Dezembro), às Associações religiosas (Lei n.º 16/2001, 22 de Junho e artigo 6.º, alínea f) do CIMT), às pessoas colectivas de utilidade pública e utilidade pública administrativa (artigo 6.º, alínea d) do CIMT), às actividades industriais e agrícolas e aquisição de prédios ou terrenos situados nas regiões económicamente desfavorecidas para instalação de actividades de superior interesse económico e social (artigo 6.º, alínea h) do CIMT), às Associações de Cultura e de Recreio e Desportivas (artigo 6.º, alínea l) do CIMT), às Associações Desportivas (artigo 6.º, alínea i) do CIMT), às Associações e Organizações Religiosas (artigo 6.º, alínea f) do

---

[77] Resolução da Assembleia da República 74/2004 e ratificada pelo Decisão do Presidente da República 80/2004, de 16 de Novembro.

CIMT), às IPSS (artigo 6.º, alínea e) do CIMT), à instalação de jovens agricultores (artigo 6.º, alínea j) do CIMT), às Sociedades Agrícolas (artigo 6.º, n.º 1, alínea h) do CIMT) e às Associações juvenis (Lei n.º 23/2006, de 23 de Junho). Os partidos políticos gozam, por seu lado, de isenção de IMT automática na aquisição de imóveis destinados à sua actividade própria e pelas transmissões resultantes de fusão, de acordo com o artigo 10.º/1, alínea c) da Lei n.º 19/2003, de 20 de Junho. Acrescente-se ainda, neste campo, que a relevância fiscal do Terceiro Sector cooperativo, consagrado no artigo 85.º da CRP, alarga-se às isenções de IMT, conforme resulta da Lei n.º 85/98, de 16 de Dezembro.

2. As medidas de incremento do investimento

No que respeita às medidas de incremento do investimento, que aliás são uma constante nos benefícios fiscais, tendo em conta o artigo 81.º da CRP, no IMT podemos encontrar, como complemento aos benefícios em sede de impostos sobre o rendimento, a necessidade de algum dirigismo estadual no campo do incremento do investimento. Assim, temos, seguindo a ordem usual EBF/códigos/legislação extravagante:

- O artigo 39.º/2, alínea c) do EBF – isenção total, dependente de reconhecimento contratual, ao investimento produtivo, regulado pelo Decreto-Lei n.º 409/99, de 15 de Outubro.
- O artigo 14.º/2 do EBF – isenção, total, das aquisições de imóveis efectuadas para Fundos de Pensões ou equiparáveis.
- O artigo 65.º do EBF – isenção, total e automática, das aquisições de imóveis localizados nas áreas de localização empresarial (ALE).

- O artigo 8.º do CIMT– isenção, total e dependente de reconhecimento pelo Ministro das Finanças, das dações em pagamento efectuadas para realização de créditos de instituições de crédito, que referiremos mais à frente.
- O artigo 8.º do CIMT– isenção, total, das aquisições efectuadas em processos de falência ou insolvência ou resultantes de processos de execução tendo em vista a recuperação de créditos, desde que efectuadas por instituições de crédito ou por sociedades comerciais por aquelas dominado.
- O Decreto-Lei n.º 311/82, de 4 de Agosto – redução de taxa (4%), pela aquisição de prédios ou de terrenos para construção através da locação financeira, desde que sejam destinados à instalação de indústrias para o desenvolvimento económico do país ou à ampliação de empresas pré-existentes.
- O Decreto-Lei n.º 423/83, de 5 de Dezembro – isenção, total, das aquisições de prédios ou fracções autónomas com destino à instalação de empreendimentos qualificados de utilidade turística.
- O Decreto-Lei n.º 447/85 de 25 de Outubro – isenção, total e dependente de reconhecimento por acto administrativo, decorrente da cisão e tranformação no sector da Indústria Metalomecânica.
- O Decreto-Lei n.º 165/86, de 26 de Junho e Decreto-Lei n.º 63/87, de 5 de Fevereiro – isenção total para os participantes de empresas e para as empresas, desde que sediadas nas zonas francas da Madeira e Ilha de Santa Maria. É de assinalar, contudo, que nesta última zona franca a isenção dependente de reconhecimento contratual, enquanto aquela zona franca da Madeira é de carácter automático.
- O Decreto-Lei n.º 251/86 de 25 de Agosto – isenção, total e dependente de reconhecimento por acto administrativo, decorrente da reestruturação de sectores industriais.

- O artigo 1.º do Decreto-Lei n.º 1/87, de 3 de Janeiro – isenção, total, das aquisições de bens para Fundos de Investimento Imobiliário pelas respectivas entidades gestoras.
- O Decreto-Lei n.º 168/87 de 18 de Abril – isenção, total e dependente de reconhecimento por acto administrativo, decorrente da cisão e tranformação de Seguradoras, incluindo fusões, desde que haja manutenção da mesma carteira de seguros.
- O artigo 8.º do Decreto-Lei n.º 336/89, de 26 de Novembro – isenção, total e automática, das aquisições efectuadas pelas Sociedades de Agricultura de Grupo.
- O artigo 92.º do Decreto-Lei n.º 422/89, de 2 de Dezembro – isenção total das aquisições efectuadas pelas empresas concessionárias das Zonas de Jogo, desde que conexas com o cumprimento das obrigações contratuais.
- O Decreto-Lei n.º 168/90, de 24 de Maio – isenção, total e dependente de reconhecimento por acto administrativo, decorrente da cisão e tranformação de empresas em processo de privatização.
- O Decreto-Lei n.º 404/90, de 21 de Dezembro – isenção, total e dependente de reconhecimento por acto administrativo, decorrente da concentração e cooperação de Empresas, que analisaremos mais à frente.
- A Lei n.º 103/97, de 13 de Setembro – isenção, total e dependente de reconhecimento por acto administrativo, decorrente da reestruturação das Sociedades Desportivas.
- O artigo 11.º da Lei n.º 171/99, de 18 de Setembro – isenção, total e dependente de autorização das assembleias municipais, de aquisições de imóveis situadas em determinadas regiões do interior do país, desde que efectuadas pelas empresas ou por jovens, tal como definidos os pressupostos na mencionada disposição.

3. As medidas de apoio à habitação

O artigo 65.° da CRP prevê que o Estado deve estimular a construção e o acesso à habitação própria ou arrendada, bem como promover a execução de uma política de habitação. Mas as políticas de ordenamento não se esgotam na propriedade urbana, na medida em que a propriedade rústica é o sustentáculo de uma política agrícola, disciplinada nos artigos 93.° a 98.° da CRP. Nesse sentido, falamos em medidas de apoio à habitação e, mais genericamente, de apoio à propriedade privada. Assim, mencionamos:

- O artigo 40.ª-A do EBF – isenção total das aquisições de prédios urbanos destinados a reabilitação urbanística e desde que as obras se iniciem no prazo de 2 anos a contar da aquisição.
- O artigo 9.° do CIMT – isenção da aquisição de prédios para habitação cujo valor não exceda o indicado na disposição.
- O artigo 6.°, n.° 1, alínea h) do CIMT – isenção total das aquisições de bens situados em regiões economicamente desfavorecidas, desde que os bens sejam destinados ao exercício de actividades agrícolas ou industriais de superior interesse económico e social.
- O Decreto-Lei 49033 de 28 de Maio de 1969 – isenção total da aquisição das casas distribuídas pelo Fundo Fomento Habitação em regime de propriedade resolúvel.
- O Decreto-Lei n.° 236/85, de 5 de Julho e Decreto-Lei n.° 39/89, de 2 de Janeiro – isenção total das aquisições da propriedade do terrenos ou constituição do direito de superfície, pelos sujeitos dos Contratos de Desenvolvimento para Habitação, desde que este seja celebrado no prazo de 2 anos a contar da referida transmissão ou constituição do direito.

- O artigo 28.º do Decreto-Lei n.º 385/88, de 25 de Outubro – isenção total das aquisições efectuadas pelo arrendatário rural, desde que exista contrato há mais de três anos, com ou sem exercício do direito de preferência conferido por esta disposição.
- O artigo 51.º, n.º 1, alínea a) do Decreto-Lei n.º 103/90, de 22 de Março – isenção total das transmissões resultantes de operações de emparcelamento rural definidas no diploma, bem como das transmissões de prédios confinantes definidos na alínea b) do mesmo número.
- O Decreto-Lei n.º 44/91 de 2 de Agosto – isenta subjectivamente as Áreas Metropolitanas de Lisboa e Porto na aquisição de imóveis, por equiparar as referidas entidades às autarquias locais.
- O artigo 4.º do Decreto-Lei n.º 308/91, de 17 de Agosto – isenção parcial, quanto à parte excedente do valor da quota-parte do adquirente, das transmissões resultantes da divisão de prédios rústicos em regime de compropriedade, desde que integrados em zonas de recuperação urbanística
- O artigo 5.º do Decreto-Lei n.º 272/93 de 4 de Agosto – isenção total das transmissões efectuadas no âmbito do Programa de Construção de Habitações económicas, bem como da primeira compra e venda das habitações económicas.
- O artigo 61.º do Decreto-Lei n.º 275/93, de 5 de Agosto e Decreto-Lei n.º 182/99, 22 de Maio – isenção total da transmissão do direito real de habitação periódica.

4. As medidas de apoio à educação e à cultura

Como concretização do artigo 73.º da CRP, no campo do apoio à educação e à cultura, os benefícios fiscais não fogem ao que já se disse a propósito dos impostos sobre o rendimento. A sua incipiência manifesta-se nos seguintes casos:

- O artigo 3.º da Lei n.º 9/79, de 19 de Março – que confere ao ensino particular as isenções conferidas pela lei às pessoas colectivas de utilidade pública, constantes do artigo 1.º, alínea b) da Lei n.º 151/99, de 14 de Setembro.
- O artigo 16.º da Lei 54/90 de 5 de Setembro – que isenta totalmente Ensino Superior pollitécnico de IMT.
- O artigo 7.º/2 do Decreto-Lei n.º 16/94, de 22 de Janeiro – que confere ao ensino superior particular e cooperativo as isenções conferidas pela lei às pessoas colectivas de utilidade pública, constantes do artigo 1.º, alínea b) da Lei n.º 151/99, de 14 de Setembro[78].
- O artigo 6.º, n.º 1, alínea g) do CIMT – que isenta a aquisição de prédios classificados de interesse nacional, público ou municipal.

b) Algumas notas sobre o artigo 8.º do CIMT e sobre o Decreto-Lei n.º 404/90, de 21 de Dezembro

Duas notas adicionais ainda: uma respeitante ao artigo 8.º do CIMT, outra ao Decreto-Lei n.º 404/90, de 21 de Dezembro.

A primeira respeitante ao artigo 8.º do CIMT[79]. O disposto neste artigo constitui, desde o início, uma facilidade atribuída

---

[78] A aplicação desta disposição tem, no entanto, sido objecto de alguma controvérsia quanto à sua aplicação em sede de IRC.

[79] Que será alterado e objecto de uma forte restrição, uma vez aprovada a proposta de lei de Orçamento do Estado para 2007, já identificada, passando a ter a seguinte redacção:

"1 – São isentas do IMT as aquisições de imóveis por instituições de crédito ou por sociedades comerciais cujo capital seja directa ou indirectamente por aquelas domi-

às instituições de crédito, isentando de IMT a aquisição de bens imóveis que se destinem à realização dos seus créditos. Assim sendo, quando o adquirente seja uma instituição de crédito ou sociedade comercial directa ou indirectamente dependente, desde que, neste caso, as aquisições resultem da cessão de crédito ou da fiança efectuadas pelas mesmas instituições àquelas sociedades comerciais, há lugar a isenção de IMT uma vez verificadas uma das três situações:

a) Realização de créditos resultantes de empréstimos feitos ou de fianças prestadas em processo de execução movido por essas instituições ou por outro credor – aqui a isenção é absoluta e opera *ipso jure*, não carecendo de prévia apreciação pela Administração Fiscal. E este carácter automático tem a ver com a qualidade de credor privilegiado que

---

nado, em processo de execução movido por essas instituições ou por outro credor, bem como as efectuadas em processo de falência ou de insolvência, desde que, em qualquer caso, se destinem à realização de créditos resultantes de empréstimos feitos ou de fianças prestadas.

2 – A isenção prevista no número anterior é ainda aplicável às aquisições de imóveis por entidades nele referidas, desde que a entrega dos imóveis se destine à realização de créditos resultantes de empréstimos ou fianças prestadas, nos termos seguintes:

a) Nas aquisições de prédios urbanos ou de fracções autónomas destes exclusivamente destinados a habitação, que derivem de actos de dação em cumprimento.

b) Nas aquisições de prédios ou de fracções autónomas destes não abrangidos no número anterior, que derivem de actos de dação em cumprimento, desde que tenha decorrido mais de um ano entre a primeira falta de pagamento e o recurso à dação em cumprimento e não existam relações especiais entre credor e devedor, nos termos do n.º 4 do artigo 58.º do CIRC.

3 – No caso de serem adquirentes sociedades directa ou indirectamente dominadas pelas instituições de crédito, só há lugar à isenção quando as aquisições resultem da cessão do crédito ou da fiança efectuadas pelas mesmas instituições àquelas sociedades comerciais e desde que estas sociedades sejam qualificadas como instituições de crédito ou como sociedades financeiras”.

a entidade bancária assume no âmbito do processo de execução. Tal isenção não se aplica, desta forma, à venda feita por negociação particular, uma vez que o Banco nesta hipótese não age como credor privilegiado, mas numa posição de qualquer interessado na aquisição do bem.

b) Realização de créditos resultantes de empréstimos feitos ou de fianças prestadas em processo de falência ou de insolvência;

c) Realização de créditos resultantes de empréstimos feitos ou de fianças prestadas que derivem de actos de dação em cumprimento – trata-se aqui de uma isenção condicionada ao prévio reconhecimento da Administração Fiscal, porque se trata de mera negociação particular, mediante prévia (por referência ao facto ou acto translativo) apresentação de requerimento instruído com os documentos necessários para comprovar os factos alegados, conforme Despacho de 26/4/1985:
   – título ou títulos de dívida autenticados;
   – contrato-promessa de dação em cumprimento ou acta da Assembleia Geral da Sociedade devedora ou carta dirigida ao devedor particular dando conta da proposta de dação e identificação dos bens a entregar.
   Quanto à eficácia desta isenção, apenas produz efeitos depois do Despacho de reconhecimento. Todavia, se houver urgência na celebração da escritura de dação, poderá, após a apresentação do requerimento solicitando a isenção, proceder à liquidação e pagamento do IMT. Uma vez obtido o despacho favorável, pode o contribuinte reclamar ou impugnar a liquidação.

Em segundo, o Decreto-Lei n.º 404/90, de 21 de Dezembro. Na redacção actual do Decreto-Lei 404/90 (em resultado das alterações constantes na Lei n.º 55-B/2004, de 30/12 – Lei do

OE para 2005) foram suprimidos todos os procedimentos específicos previstos para as operações efectuadas ao abrigo do regime de neutralidade fiscal, às quais passou agora a ser aplicável o procedimento geral[80].

Assim, a dispensa de formalidades, caso a operação fosse realizada ao abrigo do regime de neutralidade fiscal previsto nos artigos 67.º e seguintes do CIRC, foi suprimida e o ónus de solicitar os *pareceres favoráveis* junto da Autoridade da Concorrência e do Ministério da tutela, *que deverão acompanhar o pedido*, passou a recair sobre as empresas.

---

[80] A propósito, discute-se na mudança do regime do Decreto-Lei 404/90 qual a verdadeira amplitude do n.º 1 do artigo 10.º do EBF. Na realidade, esta disposição vem sublinhar que o âmbito de aplicação das regras contidas se restringe aos benefícios fiscais a que se reconhece um direito adquirido, sem prejuízo do disposto na lei. Com efeito, a manutenção dos benefícios fiscais deverá ser assegurada desde que se tenham criados expectativas atendíveis. No entanto, esta manutenção de benefícios fiscais não está dependente apenas da não caducidade subjectiva dos benefícios. Como sucedeu na Reforma Fiscal de 1989, as expectativas atendíveis poderão ser asseguradas por regimes substitutivos ou equivalentes. Neste caso, temos razões fundadas para sustentar a existência de um regime equivalente, porquanto é difícil traduzir imediatamente o benefício fiscal anterior para um novo sistema criado pelo Decreto-Lei 404/90, na Lei do Orçamento para 2005: (a) não só porque está dependente de um pedido instruído com pareceres que até ao final de 2004, alternativamente, tinham natureza facultativa (o parecer emitido pela tutela) ou eram instruídos pela DGCI (quer o parecer emitido pela Autoridade da Concorrência, quer o parecer da Direcção--Geral dos Registos e Notariado); (b) mas também porque restringe o âmbito dos benefícios fiscais a conceder.

Ora, a criação de um regime substitutivo ou equivalente constitui um obstáculo expresso à manutenção de benefícios fiscais concedidos ao abrigo de sistemas anteriores. Pelo que, perante a caducidade do benefício, é nosso entendimento que a entidade requerente a quem tinha sido concedido um benefício fiscal anterior, venha desencadear novo procedimento à luz do novo regime.

Para além disso, a nova redacção suprimiu o prazo legal de deferimento tácito do pedido apresentado. De facto, a falta de resposta nos 30 dias subsequentes à apresentação do pedido conduzia, na anterior redacção, ao seu deferimento tácito, o que tinha como efeito prático, na maior parte das vezes, a inviabilização da análise da operação em causa e a validação das vantagens subjacentes aos actos de reestruturação projectados – situação que a nova redacção deixou de permitir. Consequentemente, fica estipulado que sempre que os actos de concentração ou de cooperação antecederem o despacho do Ministro das Finanças, os interessados poderão solicitar, no prazo de um ano a contar da data de apresentação a registo dos actos de concentração e cooperação, o reembolso dos impostos, emolumentos e outros encargos legais suportados com as operações em causa.

No entanto, é de denotar que o legislador assenta o interesse extrafiscal na necessidade de os pareceres da tutela e da Autoridade da Concorrência analisarem que das operações de reestruturação empresarial previstas no diploma só podem derivar do facto de os efeitos positivos, isto é, os efeitos económicos e sociais que lhes estão associados, superarem os efeitos negativos, ou seja, a perda de receita que lhes é imputável. Assim, os Ministérios da tutela teriam de apreciar se as referidas vantagens mencionadas pelas empresas encerram uma adequação entre os objectivos visados pelo regime vigente e os efeitos económico-
-financeiros do acto projectado. Tal apuramento de adequação é uma tarefa complexa, porquanto uma vez averiguados os objectivos visados pelo legislador, por via interpretativa, há que apurar os efeitos económicos e financeiros da criação dos incentivos, que podem ser: (1) Efeitos positivos, no caso da verificação do *aumento* causal das receitas tributárias ou da *diminuição* causal das despesas ou no caso de garantir a alocação *eficiente* e *equitativa* dos recursos disponíveis; (2) Efeitos negativos, no caso

da verificação da *diminuição* causal das receitas tributárias ou do *aumento* causal das despesas ou no caso de não se garantir a alocação *eficiente* e/ou *equitativa* dos recursos disponíveis.

Como é de esperar, a falta de preocupação evidente por parte da tutela aliada à falta de capacidade técnica para estudar os termos das operações em causa, conduz-nos a resultados bastante díspares: por vezes, pode atribuir-se interesse extrafiscal à operação quando não exista, noutras situações, pode surgir precisamente o contrário. São decisões discricionárias e, como tal, não reflectem, amiúde, uma apreciação objectiva do interesse extrafiscal implicado, à luz do n.º 1 do artigo 2.º do EBF.

§ 3.º O Imposto Municipal sobre os Veículos e os Impostos Rodoviários

O IMV constitui um imposto da titularidade dos municípios que é devido essencialmente pelos automóveis ligeiros de passageiros e cuja base tributável é *ad rem* constituída pela respectiva cilindrada. A sua lógica inicial está associada ao princípio da capacidade contributiva, na medida em que trata o automóvel como uma manifestação excepcional de riqueza. Ao contrário do IA, este imposto é periódico e transporta a parte fiscal para a fase da circulação. E, quanto aos encargos suportados pelos sujeitos passivos suscita as mesmas críticas que tecemos a propósito do problemas que antecederam a reforma do património, mormente a introdução do IMI.

Tendo em conta a que na escolha da base tributável entra em consideração uma medida física (a cilindrada), percebe-se que a alternativa *ad valorem* teria o inconveniente de poder gerar a formação de oligopólios e cartelização de preços, na medida em que a tributação teria de depender, por exemplo, do preço dos bens, que poderiam necessitar de homologação administrativa eventual.

Os Impostos Rodoviários (Circulação e Camionagem), regulados pelo Regulamento dos Impostos de Circulação e Camionagem, aprovado pelo Decreto-Lei n.º 116/94, de 3 de Maio, são devidos essencialmente por veículos comerciais de mercadorias, ligeiros e pesados, assentando no seu peso bruto, número de eixos e tipo de suspensão, tendo em conta as directivas aplicáveis neste campo. A extrafiscalidade admitida decorre (1) do cumprimento de obrigações internacionais e (2) das medidas de apoio ao associativismo, como forma de prossecução privada de actividades que inicalmente pertenceriam ao sector Estado.

Assim, no primeiro campo, o das relações internacionais, temos a isenção de ICi dos Estados estrangeiros, quando haja reciprocidade de tratamento (artigo 4.º/1, alínea e)), das Embaixadas, missões diplomáticas e consulares, nos termos das respectivas convenções (artigo 4.º/ 1, alínea f)) e das Organizações estrangeiras ou internacionais, nos termos de acordos celebrados pelo Estado Português (artigo 4.º/ 1, alínea g)). Quanto às medidas de apoio ao associativismo, as Instituições Particulares de Solidariedade Social, as pessoas colectivas de utilidade pública (artigo 4.º/1, alínea d)) e as Cooperativas de Educação e Reabilitação de Cidadãos Inadaptados, mais conhecidas por CERCIS (Decreto-Lei n.º 9/85, de 9 de Janeiro), estão isentas de ICi.

É de salientar que todas estas isenções são dependentes de reconhecimento, conforme previsto no artigo 4.º/4 do diploma em causa. Quanto ao ICa, as isenções constantes do artigo 4.º/3, têm carácter meramente técnico, pelo que estão desprovidas de extraficalidade e, consequentemente, estão excluídas desta análise.

§ 4.º O Imposto do Selo

O imposto do selo, não obstante ser o imposto mais antigo português[81], é um imposto anacrónico. Não só porque não depende de uma norma de incidência geral, mas também porque foi deixando progressivamente de estar associado à ideia de monopólio fiscal dos valores selados.

De facto a norma de incidência constante do artigo 1.º do CIS remete para a Tabela Geral do Imposto do Selo, fazendo prevalecer na delimitação da incidência de uma técnica pautal, própria dos impostos aduaneiros. A tabela identifica, assim, os actos sujeitos a imposto e as respectivas somas fixas ou taxas aplicáveis.

Por seu lado, e tradicionalmente, a cobrança do imposto do selo verificava-se pela conjugação de três realidades distintas[82]: a previsão da obrigação, a obrigação de utilizar uma moeda fiscal e o monopólio na fabricação e venda desta moeda. Assim, o momento da cobrança não coincidia normalmente com o do pagamento, porquanto este só se verificava, até à abolição dos valores selados pelo Decreto-Lei n.º 435/86, de 31 de Dezembro, com a inutilização das estampilhas fiscais ou do papel selado. Isto estava de tal forma institucionalizado que até uma parte da doutrina italiana[83] chegou a defender que a obrigação

---

[81] Como refere o preâmbulo do próprio Código, foi criado pelo Alvará de 24 de Dezembro de 1660.

[82] ALBERTO XAVIER, *Manual...*, op. cit., pág. 86.

[83] BERLIRI, *Principii di Diritto Tributario*, Vol. I, Milão, 1964, pág. 235.

do imposto do selo teria por objecto não um *dare*, mas um *facere*. Actualmente, e com a abolição destes valores, os momentos do pagamento e da cobrança coincidem necessariamente.

O desaparecimento da moeda fiscal e do monopólio na sua fabricação, não fez desaparecer, no entanto, a existência de barreiras de entrada no mercado. Nesse sentido, e à semelhança do que sucede com o IMT, o Estado utiliza a fiscalidade para estabelecer barreiras a potenciais concorrentes no mercado[84], favorecendo determinados agentes a esquivarem-se aos efeitos da concorrência própria do mercado[85].

É no entanto de assinalar que no selo não há coincidência, normalmente[86], entre sujeito passivo e aquele que suporta o imposto. Na realidade os actos identificados na Tabela Geral evidenciam uma repercussão legal, como tal exludente da qualidade de sujeito passivo[87].

Pense-se no caso das empresas seguradoras[88], quando procedem à cobrança do prémio do seguro de doença ao respectivo segurado. De acordo com a verba 22.1.2 da Tabela Geral a taxa a liquidar sobre a soma do prémio do seguro seria de 5%. A liquidação e o pagamento seria efectuado pela entidade seguradora,

---

[84] É interessante verificar que a fiscalidade é um óptimo veículo de estabelecimento de barreiras aos comportamentos económicos. A título exemplificativo, consultar WILLIAM GENTRY e R. GLENN HUBBARD, "Tax Policy and Entrepreneurial Entry", *American Economic Review*, May 2000, vol. 90, págs. 283-287 e dos mesmos autores "Tax Policy and Entry into Entrepreneurship", June 2004, não publicado, disponível em http://www.williams.edu/Economics/gentry/.

[85] FERNANDO ARAÚJO, *Introdução...*, op. cit., págs. 587-588.

[86] Excepcionalmente, no caso das transmissões gratuitas, o sujeito passivo é aquele que paga o imposto (p. ex. a herança, quando representada pelo cabeça-de-casal).

[87] Cfr. artigo 18.º/3 e 4 da LGT.

[88] Cfr. artigo 2.º/1, alínea e) do CIS.

nos termos dos artigos 23.º e 41.º do CIS. O segurado, por seu lado apenas suportaria o imposto por repercussão, na medida em que deu lugar ao contrato subjacente, sem prejuízo de poder ser responsável solidariamente, de acordo com o previsto no artigo 42.º do CIS.

a) A extrafiscalidade dos desagravamentos no IS: os benefícios fiscais acessórios e os benefícios fiscais exclusivos

Não obstante a inexistência de uma norma geral de incidência percebe-se que o selo tributa manifestações da capacidade contributiva. Deste modo, a extrafiscalidade associada aos benefícios fiscais deste imposto derroga necessariamente aquela capacidade contributiva identificada. É de assinalar, nesse sentido, que os benefícios fiscais no impostos do selo inserem-se em dois grupos:

a) o primeiro que chamamos *benefícios fiscais acessórios*, e que por razões de uniformidade tributária, associa a extrafiscalidade dos benefícios criado, à extrafiscalidade criada para outros impostos estaduais. O exemplos são múltiplos, como os que identificamos no quadro abaixo:

Diploma relevante	Benefícios fiscais e diplomas associados	Disposições que prevêem isenção de Imposto do Selo
Decreto-Lei n.º 423/83, de 5 de Dezembro	Artigo 20.º – isenção de IMT	Artigo. 18.º – Utilidade Turística
Decreto-Lei n.º 20/86, de 13 de Fevereiro e n.º 1/87, de 3 de Janeiro	Artigos 22.º e 22.º-A – regime especial em sede de IRC	Fundos de Investimento – Unidades de Participação
Decreto-Lei n.º 215/89, de 1 de Julho	Artigo 39.º – crédito de imposto em IRC, isenção de IMI e de IMT	Artigo 39.º, n.º 1 – Investimento produtivo EBF artigo 48.º, b) – Marinha mercante

		Art.º 33.º, n.º 11 – Isentos documentos, livros, papéis, contratos, operações, actos e produtos previstos na tabela geral do imposto do selo respeitantes a entidades licenciadas nas zonas francas da Madeira e da ilha de Santa Maria, bem como às empresas concessionárias de exploração das mesmas zonas francas, salvo quando tenham por intervenientes ou destinatários entidades residentes no território nacional, exceptuadas as zonas francas, ou estabelecimentos estáveis de entidades não residentes que naquele se situem
Decreto-Lei n.º 215/89, de 1 de Julho	Artigo 33.º – Isenção de IRS e IRC	
Decreto-Lei n.º 336/89, de 26 de Novembro	Remete para o regime previsto no Estatuto Fiscal Cooperativo, sem prejuízo da caducidade do artigo 63.º do EBF	Artigo 8.º – Sociedades de Agricultura de Grupo
Decreto-Lei n.º 404/90, de 21 de Dezembro	Artigo 1.º – Isenção de IMT	Artigo 1.º – Concentração e Cooperação de Empresas
Lei n.º 103/97, de 13 de Setembro	Artigo 5.º – Isenção de IMT	Artigo 5.º – Sociedades Desportivas
Decreto-Lei n.º 80/98, de 2 de Abril	Ver artigo 39.º do EBF (remissão de regime)	Sistema de Incentivos à Revitalização e Modernização das Empresas (SIRME)
Lei n.º 35/98, de 18 de Julho	Isenção de IRC, IMI e IMT, se for declarada de utilidade pública	Organizações Não Governamentais do Ambiente (ONGA)
Lei n.º 66/98, de 14 de Outubro		Organizações Não Governamentais de coopetação para o Desenvolvimento (ONGD)
Lei n.º 85/98, de 16 de Dezembro	Isenção de IRC (nos casos previstos no artigo 13.º), ou, nos restantes casos à redução de taxa de IRC (20%), definida no artigo 7.º	EFC (Estatuto Fiscal Cooperativo) – Art.º 8.º, n.ºs 1 e 2– livros de escrituração e demais documentos e papéis, bem como nos actos preparatórios e nos necessários à constituição, dissolução e liquidação, e ainda nos títulos de capital, títulos de investimento, obrigações ou outros títulos que emitirem, e nos contratos que celebrarem quando o selo constitua seu encargo. Quanto às letras e outros títulos de crédito em que intervenham na qualidade de sacador, as cooperativas ficam sujeitas a imposto do selo pela taxa mínima

Lei n.º 87-B/98, de 31 de Dezembro	Artigo 29.º, n.º 10 – Isenção temporária de IRS (a vigorar a partir da concessão e nos cinco anos posteriores)	Artigo 29.º, n.º 10 – Apostas Mútuas Hípicas
Lei n.º 150/99, de 11 de Setembro	Isenção de IRC, IMI e IMT, dependente da declaração de utilidade pública	CIS – Artigo 6.º, alínea d) + 7.º, n.º 1, q) + DL 9/85, 09/01 – IPSS
Lei n.º 150/99, de 11 de Setembro		CIS Artigo 1.º, n.º 5, alínea d) – Donativos sujeitos a Mecenato
Decreto-Lei n.º 215/89, de 1 de Julho	Artigo 31.º – Regime especial de IRC, em matéria de lucros distribuídos e mais-valias	CIS – Artigo 7.º, n.º 1, alíneas g) e s) – Sociedades Gestoras de Participações Sociais (SGPS)
Lei n.º 150/99, de 11 de Setembro	Isenção de IRC, IMI e IMT	CIS Artigo 5.º e 7.º, n.º 1, alínea q) – Utilidade Pública e Utilidade Pública Administrativa
Decreto-Lei n.º 215/89, de 1 de Julho	Artigo 42.º – Isenção de IMI e artigos 9.º e 17.º do CIMT	CIS – art.º 7.º, n.º 1, l) + i) – juros nos contratos de empréstimos para habitação própria
Decreto-Lei n.º 314/2000, de 2 de Dezembro	Artigo 1.º – Isenção de IMI e IMT.	Programa Polis
Lei n.º 19/2003, de 20 de Junho	Artigo 10.º – Isenção de IRC, IMT, IMI, IA, IVA.	Partidos Políticos
Decreto-Lei n.º 53/2004, 18 de Março	Isenção de IRC	Artigo 268.º a 270.º do CIRE – Insolvência
Concordata entre a Santa Sé e a República Portuguesa – 2004 (Resolução da AR n.º 74/2004 e ratificada pelo DPR 80/2004, de 16 de Novembro)	Isenção de IRC, IMI, IMT, desde que haja conexão com fins religiosos	Concordata 2004 – Isenção de impostos quanto aos templos, seminários ou outros etabelecimentos destinados à formação do clero
Lei n.º 23/2006, de 23 de Junho	Isenção de IRC, IMI e IMT, dependente da declaração de utilidade pública	Associações juvenis

Esta extrafiscalidade por associação não retira o valor atribuído nos outros tributos. Apenas uniformiza o tratamento dos sujeitos passivos ou contribuintes, cujo comportamento é desagravado por razões extrafiscais. Isto vem demonstrar que não é o carácter eclético do legislador no imposto do selo que impede uma determinada uniformidade no tratamento das matérias que merecem relevância extrafiscal, dado o acolhimento constitucional devido, que legitima a cedência da capacidade contributiva.

b) o segundo grupo, que abrange os *benefícios fiscais exclusivos* do imposto. Estes são, porém em menor número, e visam objectivos muitos concretos.

São de apontar dois exemplos: o dos benefícios respeitantes aos contratos de futuros e opções (previstos no art.º 7.º/1, alíneas c) e d) do CIS e os respeitantes aos contratos de reporte de valores mobiliários realizados em bolsa (previstos no artigo art.º 7.º/1, alínea m) do CIS). Estão aqui em causa, como legitimadores da derrogação à capacidade contributiva, os artigos 61.º e 87.º, ambos da CRP. O legislador cria, assim, condições para propiciar à celebração de determinados contratos relativos a valores mobiliários, pela remoção de barreiras, tendo em vista o financiamento de entidades públicas e privadas, atraindo o investimento interno e externo, potenciando os interesses dos adquirentes. O núcleo essencial do imposto, no que respeita às operações financeiras identificadas na verba 17 da Tabela Geral, é desta forma recortado, derrogando a igualdade, pelo revestimento de um benefício ao investimento.

Em suma, o imposto do selo, por estar dotado de heterogeneidade, só excepcionalmente admite benefícios fiscais exclusivos, tendo em conta que todos os actos e contratos nele tributados são objecto de tratamento pelas normas de incidência próprias de outros impostos. Nesse sentido, podemos defender, pelo menos no que respeita à extrafiscalidade dos benefícios fiscais, que, em tese geral, estes são dotados de acessoriedade, porquanto a sua existência e elementos depende da prévia existência de outros benefícios, dotados de extrafiscalidade admitida noutros impostos.

Capítulo IV
Os Benefícios Fiscais e os Impostos sobre o Consumo

§ 1.º O Imposto Automóvel

O IA surge no nosso ordenamento pelo Decreto-Lei n.º 405/ /87, de 31 de Dezembro, e mais recentemente pelo Decreto--Lei n.º 40/93, de 18 de Fevereiro, como forma de tributação da aquisição dos veículos automóveis, no momento da matrícula dos mesmos, ou seja no momento da sua admissão a circulação ou no acto de importação. O IA vem substituir o imposto sobre a venda de veículos automóveis, que foi criado pela primeira vez pelo Decreto 37539, de 2 de Setembro de 1949[89], cujas receitas eram, originalmente, inteiramente consignadas ao Fundo de Fomento de Exportação[90]. A reforma de 1987 passou a adoptar a cilindrada como base tributável, tendo as principais vantagens de segurança e simplicidade no cálculo do imposto, sendo que a manipulação da cilindrada nunca foi tarefa fácil.

---

[89] Denominando-se, primitivamente, como taxa sobre a venda de veículos.

[90] Pelo Decreto n.º 653/70, de 28 de Dezembro, parte da receita deixou de estar consignada ao mencionado Fundo de Fomento de Exportação, passando a diferença entre a aplicação do factor estimado no artigo 1.º do Decreto n.º 38208 e das percentagens fixadas no artigo 19.º do Decreto n.º 653/70 em causa, a constituir receita geral do Estado.

Mas tem-se sentido necessidade, mais recentemente, de substituir este figurino. O automóvel deixa de ser encarado como manifestação de riqueza, mas como utensílio comum da vida moderna e tem associados custos ambientais incontroláveis. A resolução do problema ambiental deve ser um fim social assumido pelo Estado[91]. Fundamentalmente porque envolve a exteriorização[92] de custos e de benefícios. Exteriorização de custos, porque evidencia, por exemplo, gastos sociais, por vezes incomportáveis, no campo da poluição industrial. Exteriorização de benefícios, porque a intervenção de entidades reguladoras, públicas ou privadas, desencadeia um conjunto de benefícios sociais superiores aos benefícios individuais. Desta forma, bastaria o Estado assumir a resolução do problema ambiental, para garantir a interiorização das referidas exterioridades.

O problema ambiental não é, porém, tão simples. Em primeiro lugar, porque o *Teorema de Coase* indica-nos que é possível internalizar determinadas exterioridades sem intervenção dos poderes públicos, pela extensão dos direitos de propriedade[93], desde que não coexistam custos de transacção[94]. Em se-

---

[91] É que os próprios textos constitucionais prevêem. A Constituição da República Portuguesa prevê no artigo 66.º, n.º 1, que "Todos têm direito a um ambiente de vida humano, sadio e ecologicamente equilibrado e o dever de o defender".

[92] JOSEPH STIGLITZ, *Economics of the Public Sector* (3rd edition), New York: W. W. Norton, 2000, págs. 215-217.

[93] RONALD H. COASE salienta que a análise político-económica actual envolve a comparação entre uma situação existente e as condições óptimas próprias do bem-estar económico, ou, em caso de divergência, das políticas de optimização alternativas. Esta abordagem, porém, resulta "errónea" (RONALD H. COASE, "Discussion", *American Economic Review*, 54, Maio, pág. 194). De acordo com COASE, esta análise pertence ao mundo da ardósia negra (blackboard), na medida em que "os factores de produção são modificados, a tributação é imposta, os subsídios são garantidos, os preços sobem

gundo, porque será, consequentemente, necessária a detecção dos custos de transacção para invocar razões que legitimem a intervenção estadual na economia do ambiente. De qualquer modo, aposta-se na privatização do problema ambiental, no pressuposto que exista um sistema legal que providencie um conjunto de protecções contra as exterioridades[95]. No extremo, falar em problema ambiental significa testar os limites das falhas de mercado[96], ou seja, assumir que só existem falhas de mer-

---

e descem – o óptimo social é atingido e as relações que este implica são atingidas – mas tudo acontece sobre uma ardósia negra" (RONALD H. COASE, "Social cost and Public Policy", in GEORGE A. EDWARDS, *Explaining the Frontiers of Administration: Six Essays for Managers*, Toronto: York University Faculty of Administrative Studies, Bureau Research, págs. 41 – 42). Sendo assim, "a discussão torna-se irrelevante para as questões de política económica uma vez que tendo em mente o nosso mundo ideal, resulta claro que ainda não descobrimos como sair da situação estabelecida" (RONALD H. COASE, "The Problem of Social Cost" (reimp.), in KENNETH G. DAU-SCHMIDT e THOMAS S. ULEN, *Law and Economics Anthology*, Cincinnati: Anderson Publishing Co., 1998, pág. 110). Sobre o assunto consultar ainda WARREN J. SAMUELS e STEVEN G. MEDEMA, "Ronald Coase on Economic Policy Analisys: Framework and Implications", in STEVEN G. MEDEMA (ed.), *Coasean Economics: Law and Economics and the New Institucional Economics*, Boston/Dordrecht/London: Kluwer Academic Publishers, 1998, págs. 161-183.

[94] Os custos de transacção são uma criação de RONALD COASE ("The nature of the firm", in *Economica*, 4/15) "são todos aqueles em que se incorre na troca de utilidades e na afectação comutativa de recursos, quando se busca uma contraparte, se negoceia com ela, se prevêem e supervisionam as contigências do cumprimento" (FERNANDO ARAÚJO, *Introdução à Economia*, Vol. II, Coimbra: Almedina, 2004, pág. 952).

[95] JOSEPH STIGLITZ, *Economics...*, op. cit., pág. 219.

[96] Partimos do princípio que são quatro as falhas de mercado a que a doutrina económica se refere: (1) imperfeição na concorrência, (2) existência de exterioridades, (3) insuficiência no fornecimento de bens públicos e (4) assimetrias informativas. Sobre o assunto, consultar, com uma

cado, porque os mecanismos do mercado não conseguem evitar a criação de custos de transacção. Assim, problema ambiental só pode passar a fim do Estado, quando sejam detectadas falhas de mercado que exponenciem os custos de transacção a elas inerentes.

Uma vez detectada a necessidade e urgência da intervenção estadual, em caso algum poderá a dita correcção das exterioridades diminuir o bem-estar da economia. Na verdade, até ao surgimento dos problemas ambientais era possível falar em bem-estar social, uma vez assumidos os gastos do Estado e a correspondente obtenção de receita, através de um sistema fiscal. Porém, a ampliação dos fins do Estado evidencia aumento de gastos e necessidade de arrecadação de mais receitas e, eventualmente, aumento dos impostos. Dessa forma, não basta o Estado assumir como fim a resolução do problema ambiental – será necessário assumir o fim sem que isso signifique a redução do bem-estar social. Fala-se, assim em "troca tributária ambiental" (*environmental tax shift*)[97].

a) A extrafiscalidade dos desagravamentos no IA

Não obstante a necessidade de associar o IA ao princípio da equivalência, pelo facto de implicar custos sociais ambientais

---

classificação mais ampla, JOSEPH STIGLITZ, *Economics of the Public Sector* (3rd edition), New York: W. W. Norton, 2000, págs. 77-85.

[97] Foi Henry George (*Progress and Poverty: An inquiry into the cause of industrial depressions and of increase in want with increase of wealth,* 1879) que introduziu, pela primeira vez, este conceito, por referência à necessidade de substituição da tributação sobre a produção agrícola pela tributação do rendimento auferido pelos proprietários. Foi nos finais do século XIX que se criou o movimento do imposto único (*single-tax movement*) e que sustentou a necessidade de evitar a dupla tributação da actividade produtiva.

consideráveis, tem sido ampla a extrafiscalidade dos desagravamentos no IA. Tendo em conta, por ordem de importância, temos: (1) medidas de política social; (2) medidas de apoio ao associativismo, como forma de prossecução privada de actividades que inicalmente pertenceriam ao sector Estado e (3) medidas de política ambiental[98].

Por outro lado, em resultado da aplicação do princípio do *pacta sunt servanda* já mencionado e a conhecida assunção de compromissos internacionais, cuja cláusula de recepção surge por via do artigo 8.º da CRP, surgem benefícios fiscais, normalmente associados a uma cláusula de reciprocidade. Nesse sentido, temos os seguintes diplomas:

- O Decreto-Lei n.º 371/85, de 19 de Setembro que estabelece um regime excepcional de importação temporária isenta de IA, para as missões diplomáticas e consulares acreditadas em Portugal e respectivos funcionários;
- O Decreto-Lei n.º 471/88, de 22 de Dezembro, que confere isenção de IA, dependente de reconhecimento, para os cidadãos de nacionalidade da UE que tenham residido e exercido uma actividade profissional num país terceiro durante pelo menos 24 meses e transfiram a residência para Portugal;
- O Decreto-Lei n.º 35/93, de 13 de Fevereiro que estabelece isenção de IA, dependente de reconhecimento, para os funcionários e agentes da UE e parlamentares europeus

---

[98] Sem qualquer tipo de enquadramento constitucional, ficando assim por compreender a razão de ser desta extrafiscalidade, na medida em que se afasta muito do bem-estar identificado no artigo 81.º da CRP, o Decreto-Lei n.º 40/93, de 18 de Fevereiro identifica redução de taxas nos derivados e jipes com 4x4 (artigo 1.º/5, Tabela III), nas furgonetas de trabalho e Pick-ups sem 4x4 (artigo 1.º/5, Tabela IV), nos pick-ups com 4x4 (artigo 1°/5, Tabela V) e nos monovolumes (artigo 1.º/5, Tabela VI).

após cessação de funções, não podendo as referidas isenções ser usufruídas mais de uma vez em cada quinquénio;

- O Decreto-Lei n.º 56/93, de 1 de Março que estabelece isenção de IA, dependente de reconhecimento, para os funcionários diplomáticos e consulares portugueses e equiparados que regressem a Portugal após cessação das funções;
- O Decreto-Lei n.º 264/93, de 30 de Julho que estabelece isenção de IA, dependente de reconhecimento (previsto no artigo 16.º do diploma em análise) de veículos automóveis ligeiros que se destinem a permanecer temporariamente em território nacional para cidadãos residentes na UE e transfiram a residência para Portugal durante pelo menos 185 dias por ano civil, não podendo a referida isenção ser usufruída mais de uma vez em cada quinquénio.

1. As medidas de política social

Quanto às medidas de política social, a sua admissibilidade decorre dos artigos 63.º a 72.º da CRP, temos:

- O artigo 15.º/2 do Decreto-Lei n.º 43/76, de 20 de Janeiro, que confere isenção total, que só pode ser usufruída uma vez de cinco em cinco anos, para as pessoas com deficiência das Forças Armadas, com incapacidade igual ou superior a 60%;
- O Decreto-Lei n.º 103-A/90, de 22 de Março, com as alterações introduzidas pelo Decreto-Lei n.º 259/93, de 22 de Julho e pela Lei n.º 3-B/2000, de 4 de Abril que confere aos deficientes motores com um grau de incapacidade igual ou superior a 60%, multideficientes profundos com grau de incapacidade superior a 90% e invisuais com um grau de incapacidade igual ou superior a 95%, isenção

total de IA, com o limite constante no artigo 4.º do mesmo diploma, na aquisição de automóveis novos, que só pode ser usufruída uma vez de cinco em cinco anos.

2. As medidas de apoio ao associativismo

Quanto ao apoio ao associativismo, como forma de prossecução privada de actividades que inicalmente pertenceriam ao sector Estado, em resultado do exercício da liberdade de associação, previsto no artigo 46.º da CRP, e do direito de participação na vida pública, constante do artigo 48.º da CRP, já mencionados noutras partes deste texto, o Decreto-Lei n.º 40/93, de 18 de Fevereiro, que regula o IA, isenta de IA, quer no acto de admissão ou de importação, as Associações e Corporações de Bombeiros, para veículos para serviço de incêndio, ambulâncias, as Forças militares, militarizadas e de segurança, relativamente a veículos destinados a patrulhamento, fiscalização (artigo 7.º), a táxis (artigo 8.º) e a automóveis antigos fabricados há mais de 30 anos e classificados como antigos pelo Clube Português de Automóveis Antigos (artigo 9.º). Acrescem ainda um conjunto variado de diplomas que prevêem isenção de IA quanto ao acto de admissão ou importação de veículos, como sejam:

- O Decreto-Lei n.º 27/93, de 12 de Fevereiro aplicável às Pessoas Colectivas de Utilidade Pública e Instituições Particulares de Solidariedade Social;
- A Lei n.º 151/99, de 14 de Setembro aplicável às instituições de Utilidade Pública;
- A Lei n.º 19/2003, de 20 de Junho aplicável aos partidos políticos.

3. As medidas de política ambiental

Como medidas de política ambiental, preenchidas pelo artigo 66.º da CRP, o Decreto-Lei n.º 40/93, de 18 de Fevereiro prevê duas reduções de taxa:

- Uma de 50% (artigo 1º/12), referente a automóveis ligeiros que utilizem exclusivamente como combustível gases de petróleo liquefeito (GPL) ou gás natural;
- Outra de 40% (artigo 1º/13), referente a veículos com motores híbridos (GPL, Gás natural, electricidade, solar/gasolina, gasóleo).

Acrescente-se, ainda neste campo, o Decreto-Lei n.º 292-A/2000, de 15 de Novembro prevê uma redução quantitativa de IA, para pessoas que adquiram um veículo novo em troca de um veículo abatido em fim de vida, visando, complementarmente à resolução do problema ambiental, melhorar circulação rodoviária.

§ 2.º O Imposto sobre o Valor Acrescentado

A demonstração da manifesta incompatibilidade entre os impostos cumulativos ou em cascata e o princípio da neutralidade fiscal[99] está na base da fixação legislativa da possbilidade de permitir aos adquirentes dos bens nas várias fases do processo produtivo deduzirem os investimentos efectuados. Assim se criou o IVA – o Imposto sobre o Valor Acrescentado[100]. O IVA existen-

---

[99] Como refere CLOTILDE CELORICO PALMA (in *O IVA e o Mercado Interno – Reflexões sobre o Regime Transitório*, Lisboa: CCTF, 1998) "a aplicação de uma taxa proporcional em todas as transmissões de bens efectuadas, origina, no sistema de imposto em cascata, alterações significativas nos circuitos económicos, e provoca consequências inflaccionistas, dado o imposto ser incorporado no preço dos produtos, incidindo não apenas sobre o lucro dos diversos vendedores como também sobre o imposto cobrado aquando das anteriores transacções". Na realidade, a implantação de um sistema de imposto em cascata ao longo do processo produtivo vai aumentando os custos de produção, provocando uma retracção da curva da oferta agregada que, empurra para cima, consequentemente, os preços pretendidos dos vendedores, falando-se em *"cost-push inflation"* (sobre o conceito *vide*, DONALD RUTHER-FORD, *Routledge Dictionary of Economics* (2ª ed.), London: Routledge, 2002, pág. 116 e entre nós, FERNANDO ARAÚJO, *Introdução à Economia*, Coimbra: Almedina, 2002, pág. 646).

[100] O IVA é um nome criado por MAURICE LAURÉ, que, por via da Lei francesa de 10 de Abril de 1954, estabeleceu as regras essenciais ao fixar que as taxas sobre a produção e as transacções fossem substituídas por uma só taxa sobre o valor acrescentado, calculado sobre a diferença entre o preço de venda et o preço de compra. A taxa era de 20% e comportava majorações até 23% e 25%, como reduções entre os 10% e os 6%. Seguiu-se um longo processo de generalização da tributação desde o gaz e a electricidade

te em Portugal, e na maior parte dos países europeus, é um imposto de tipo consumo[101], baseado no sistema de "inputs// outputs"[102] e assente no sistema de pagamentos fraccionados

---

en 1951, até às operações immobiliárias em 1963, e às vendas comerciais em geral em 1966 (pela Lei n.º 66-10 de 6 de Janeiro de 1966, entrada em vigor a 1 de Janeiro de 1968). Em seguida, a mais importante etapa de expansão do IVA resulta da Sexta directiva IVA (n.º 77/388/CEE) de 17 Maio de 1977 (publicado in *JO*, L 145, 13/6/1977, pág.1 e cujo texto consolidado podemos encontrar no sítio http://europa.eu.int/eur-lex/pt), que procedeu a uma harmonização das legislações nacionais europeias, clarificando o campo de aplicação do IVA, definido sumariamente pelas 1ª e 2ª directivas IVA. Sobre o assunto *vide* MAURICE LAURÉ, *Au secours de la T.V.A.*, Paris: Presses Universitares de France (PUF), 1957 e, sobre a evolução recente, RÉPUBLIQUE FRANCAISE – COUR DE COMPTES (CONSEIL DES IMPÔTS), *La Taxe Sur La Valeur Ajoutee – XIXe Rapport Au President De La Republique*, 2001 (Junho), disponível no sítio http://www.ccomptes.fr/organismes/conseil-des-impots/rapports/.

[101] Dependendo da forma como são tratados os bens de investimento, são-nos apresentados três tipos de IVA: do tipo produto bruto, do tipo rendimento e do tipo consumo. Assim:

a) O IVA tipo produto bruto não permitiria a dedução do imposto relativo a investimentos;

b) O IVA tipo rendimento permitiria a dedução do imposto relativo aos investimentos na medida da amortização anual;

c) O IVA tipo consumo permitiria a dedução relativamente a todos os investimentos.

Sobre o assunto cfr. ARLINDO CORREIA, *Os Impostos sobre a Despesa*, Évora: (polic.), 1990, pág. 27.

[102] De facto, se estabelecermos um resultado quantitativo do fluxo dos bens e serviços numa determinada economia entre a indústria e a procura final chegamos à conclusão que o nível de produção (*output*) de cada sector define os factores de produção (*inputs*) aplicados nos outros sectores, falando-se, deste modo, no famoso *zig-zag* intersectorial de rendimento. Assim o fizeram, relativamente a França, FRANÇOIS QUESNAY (*Tableau Economique*, Versailles, 1758) e, para a economia norte-americana, WASSILY W. LEONTIEF (*The Structure of the American Economy*, New York, 1951).

destinados a tributar o consumo final. A dedução do imposto pago nas operações intermédias do circuito económico é, desta forma, indispensável ao funcionamento do mencionado sistema.

Não confundamos o referido direito à dedução com o conceito de isenção. Não é correcto reconduzir, em regra, as situações que consubstanciem isenção tributária[103] em sede de IVA, a uma renúncia a receitas por parte do Estado e à consequente redução do *quantum* da obrigação tributária a que o contribuinte está sujeito, à semelhança do que sucede com os impostos sobre o rendimento e sobre o património. Pense-se no caso das isenções que não atribuam o direito à dedução (isenções simples ou incompletas)[104] – na verdade, o estabelecimento da isenção do estádio final do processo produtivo envolve o pagamento de um imposto oculto, correspondente à soma do IVA entregue ao Estado pelas empresas que participaram nos estádios iniciais e intermédios, porquanto resulta impossível para a

---

[103] Seguimos de perto ALBERTO XAVIER (*Manual...*, op. Cit., págs. 281--282), que refere: "A norma tributária material não se limita sempre, na sua hipótese, à previsão do facto tributário, isto é do facto constitutivo da obrigação de imposto. Muitas vezes, na verdade, faz paralisar a eficácia desse facto pela previsão de um outro cuja verificação impede a produção dos efeitos do primeiro: *esse outro facto é a isenção do imposto.*"

[104] No IVA é frequente a distinção de dois tipos de isenções, por referência à previsão do direito à dedução: as isenções simples ou incompletas e as isenções completas. Enquanto que nas isenções simples ou incompletas não há direito à dedução do imposto suportado a montante, nas isenções completas é atribuído o direito à dedução do imposto suportado a montante. É nestas últimas que encontramos a isenção taxa zero, pela criação de um direito à dedução da totalidade do imposto suportado a montante na aquisição, sem que a venda por parte do produtor implique a aplicação de qualquer taxa (podendo assim falarmos em "esquema especial de isenção" na venda acompanhado de uma "desoneração especial", pela dedução do investimento produzido – *vide* J. L. SALDANHA SANCHES, *Manual...*, op. cit., pág. 272).

entidade em desonerar-se da tributação suportada na aquisição dos bens e serviços essenciais à prossecução da actividade económica.

Substancialmente, em sede de IVA, podemos estabelecer uma relação entre o Estado e o Contribuinte com uma dupla vertente[105]:

a) uma *vertente passiva* – como abrangendo todas as operações efectuadas pelo contribuinte, consistindo estas no fornecimento de bens e prestação de serviços próprios da actividade empresarial;

b) uma *vertente activa* – como abrangendo os imposto devidos ou pagos quer relativamente aos bens fornecidos e serviços prestados, quer relativamente aos bens importados, quer relativamente às situações previstas no art. 17.º, n.º 3 da Sexta Directiva.

É da diferença algébrica entre estas duas vertentes que resulta o *montante do imposto devido* ao Erário, no caso de a vertente passiva ser superior à vertente activa, ou *o montante do imposto a ser restituído*, no caso inverso.

O direito à dedução do IVA surge no momento da exigibilidade do imposto[106] /[107], sendo que o mesmo apenas se pode

---

[105] De acordo com MARIO MANDÒ e GIANCARLO MANDÒ, *Manuale dell'Imposta sul Valore Aggiunto* (20ª ed.), Vicenza: IPSOA, 2001, págs. 418-419.

[106] O imposto suportado deve ser o IVA e não qualquer outro imposto, entendamos o IVA português, já que o procedimento de reembolso do imposto estrangeiro suportado encontra-se previsto na Oitava Directiva e foi transposto pelo DL 408/87, de 31/12.

[107] Existem três princípios que regem o sistema da dedução e que são apontados por B. J. M. TERRA e JULIE KAJUS (in *A Guide to the Sixth VAT*

concretizar *na medida* do imposto devido e dos bens e dos serviços empregados na actividade empresarial. Pelo que se torna necessário o estabelecimento de uma correlação entre a aquisição dos bens e dos serviços e o seu emprego. Desta correlação resultam dois tipos de limites:

   i. Um *limite quantitativo*, já que a dedução só pode ser exercida na medida do imposto suportado a montante;

   ii. Um *limite qualitativo*, por referência à verificação cumulativa dos seguintes requisitos:

      1. O primeiro de natureza *positiva*, do qual resulta a *inerência* entre os bens e serviços adquiridos e a actividade empresarial prosseguida[108];

      2. O segundo de natureza *negativa*, do qual resulta a exclusão dos bens e serviços adquiridos utilizados para fins diversos aos visados pela actividade empresarial

---

Directive – Commentary to the Value Added Tax of the European Community, Vol. BI, Amsterdam: IBFD Publications, 1991, págs. 861-862):

   a) O princípio da *integralidade*, no sentido que a total dedução do imposto é permitida, desde que os bens e os serrviços sejam adquiridos para concretização de propósitos não ligados ao consumo;

   b) O princípio da *globalidade*, que encerra a referência a todo o tipo de actividade empresarial exercida pelo contribuinte;

   c) O princípio da *dedução imediata*, na medida em que a dedução só terá efeitos se respeitar ao mesmo período de tributação.

[108] Deve existir uma relação directa e imediata entre uma determinada operação a montante e uma ou várias operações a jusante com direito à dedução, para que o direito à dedução do IVA a montante seja reconhecido ao sujeito passivo e para determinar a extensão desse direito (o cumprimento do princípio da neutralidade é assegurado desde que as actividades económicas, em si mesmas, estejam sujeitas a imposto, o que conduz a que só excepcionalmente a Sexta Directiva preveja o direito à dedução do IVA relativo a bens e serviços utilizados para operações isentas). Sobre o assunto cfr. PATRÍCIA CUNHA, *Manual de Estudo do IVA* (polic.), Lisboa: Instituto Superior de Gestão, 2002, pág. 146.

concretamente sujeita a tributação. O imposto suportado deve corresponder a certas operações[109] e subsiste mesmo quando o sujeito passivo não tenha podido utilizar os bens ou serviços que deram origem à dedução.

O IVA repercutido corresponde, assim, à aquisição de um bem ou serviço que se pretende utilizar para as necessidades da empresa, ou seja, que fique afecto aos bens da empresa[110]. O que quer significar que é necessário para a dedução interna do imposto que este tenha sido debitado em transacção anterior devidamente documentada por meio de factura, nos termos exigidos pelo art. 18.º da Sexta Directiva[111].

O sujeito passivo deve possuir um documento que justifique o direito à dedução (arts. 19.º/2 do CIVA e 18.º/1 a) da Sexta Directiva), alternativamente:

a. uma factura expedida por quem efectua a transmissão de bens ou a prestação serviços;

b. um documento que contenha a liquidação do imposto, expedido pelo sujeito passivo, no caso de inversão do sujeito passivo[112];

---

[109] Nesse sentido B. J. M. TERRA e JULIE KAJUS (in *A Guide to...*, op. cit., pág. 877) referem que, de acordo com o memorando explanatório do art. 18º, n.º 1 da Sexta Directiva, "it should be pointed out however that an invoice is no more than evidence of a right to deduct: there is thus no right to deduction in the absence of na actual transaction (supply of goods or services)".

[110] A Sexta Directiva apresenta "uma completa ruptura com a noção tradicional de sujeito passivo de imposto" (J.L SALDANHA SANCHES, *Manual...*, op. cit., pág. 267), na medida em que define o sujeito passivo como abrangendo aquelas pessoas que "praticam com carácter continuado operações tributáveis" (J.L SALDANHA SANCHES, *Manual...*, op. cit., pág. 267).

[111] Ac. TJCE de 6/4/1995, *DLP Group plc c/ Commissioners of Customs & Excise,* proc. C-4/94, Colect. Pág. 983.

[112] Cfr. os requisitos das facturas ou docs. equivalentes no art. 35.º do CIVA.

c. os Estados membros podem exigir aos sujeitos passivos a apresentação do original da factura para justificar o direito à dedução, bem como de admitirem, quando o sujeito passivo já não estivesse na posse do original, outros meios de prova que demonstrassem que a transacção que é objecto do pedido de dedução existiu efectivamente.

Desta forma, limita-se a dedução *ao imposto devido e devidamente documentado por meio de factura*. Isto é, se não corresponder ao montante do imposto legalmente devido deve ser regularizada (art. 71.º do CIVA), mesmo que corresponda ao montante do imposto mencionado numa factura ou num documento equivalente.

Ora, como já se disse, os benefícios fiscais surgem normalmente em sede de IVA, em duas modalidades: isenções completas e incompletas[113], conforme viabilizem ou não o direito à dedução ou reembolso do IVA. Apenas as isenções aplicáveis a operações internacionais é que conferem o direito à dedução. Pelo contrário, as operações internas não conferem o direito à dedução (é por essa razão que também são apelidadas de falsas isenções).

É muito difícil porém, apurar da admissibilidade destas isenções como derrogações à capacidade contributiva. Fundamentalmente, porque decorrem de obrigações internacionalmente assumidas (referimo-nos à Sexta Directiva[114]), que implicam necessariamente uma delimitação da margem de liberdade atribuída aos Estados-membros da UE.

---

[113] Cfr. a recente abordagem feita em Rui Laires, *Apontamentos sobre Jurisprudência Comunitária em matéria de isenções do IVA*, Coimbra: Almedina, 2006, págs. 16-17.

[114] Directiva 77/38/CEE, do Conselho, de 17 de Maio de 1977.

Assim, temos:

a) Isenções internas, identificadas nos artigo 13.º da Sexta Directiva, que não conferem à dedução, excepcionadas as situações contantes dos artigos 13.º, parte B), alínea a) e pontos 1 a 5 da alínea d) e 17.º/3, alínea c). Por não constituírem verdadeiras isenções, por desconsiderarem o carácter plurifásico do imposto e, consequentemente, tratarem o sujeito passivo como consumidor final, são excluídas do âmbito de análise deste trabalho.

b) Isenções externas, identificadas nos artigos 14.º a 16.º da Sexta Directiva, e que conferem o direito à dedução, tal como identificadas no quadro anexo.

Quanto à questão da harmonização e consequente margem de liberdade dos Estados-membros na trasposição da Sexta Directiva para a legislação interna, e tendo em conta o constante do artigo 28.º da Sexta Directiva, que contém disposições transitórias, existem isenções não harmonizadas autorizadas e possibilidade de opção pela tributação de factos que são considerados isentos na Sexta Directiva.

Quanto às isenções que os Estados membros estão autorizados a manter, há que considerar que, nos termos do artigo 28.º/2, alínea a) da Sexta Directiva, só são permtidas a que tenham sido aplicáveis anteriormente a 1 de Janeiro de 1991. Referimo-nos, assim, e a título exemplificativo[115]:

• Ao Decreto-Lei n.º 143/86, de 16 de Junho, que é resultado da recepção do Direito Internacional convencional, cuja cláusula de recepção do seu direito surge por via do artigo 8.º da CRP, confere o direito à restituição de IVA,

---

[115] Consultar, para mais desenvilvimentos, a tabela de correspondências entre as isenções definidas no CIVA e na Sexta Directiva, em RUI LAIRES, *Apontamentos sobre Jurisprudência...*, op. cit., pág. 151-156.

em condições de reciprocidade, nas aquisições no mercado interno de bens e serviços pelas representações diplomáticas e consulares e do seu pessoal.

- Ao Decreto-Lei n.º 20/90, de 13 de Janeiro, que concede algumas isenções de IVA à Igreja Católica[116] e às instituições particulares de solidariedade social, através da restituição pelo Serviço de Administração do IVA do imposto suportado em algumas importações e aquisições de bens e serviços.
- Ao Decreto-Lei n.º 113/90, de 5 de Abril, que concede isenções de IVA às forças armadas, forças e serviços de segurança e associações e corporações de bombeiros.

Quanto à situação inversa de opção de tributação, admite-se que algumas das operações previstas nos artigos 13.º e 15.º possam continuar a ser tributadas durante um período transitório, tal como resulta do artigo 28.º/3, alínea a) e 4, da Sexta Directiva. Em qualquer dos casos apontados, o Tribunal de Justiça das Comunidades Europeias tem-se pronunciado recentemente no sentido de os sujeitos passivos poderem invocar o efeito directo da norma comunitária, nas situações em que o Estado-membro não tenha transposto o constante na Sexta Directiva[117].

---

[116] É de assinalar que a Lei 16/2001, de 22 de Junho, prevê que esta isenção é aplicável a qualquer pessoa colectiva religiosa, em alternativa, contudo, aos benefícios constantes do artigo 32.º/3 e 4 da presente Lei.

[117] Para mais desenvolvimentos ver RUI LAIRES, *Apontamentos sobre Jurisprudência...*, op. cit., págs. 22-24.

§ 3.º Os Impostos Especiais de Consumo

Para além da mera redistribuição de riqueza, como fundamento do núcleo essencial do imposto, é a existência de um custo social associado ao consumo de determinados bens, tendo em vista a internalização de externalidades[118] negativas geradas, como seja o deperecimento da saúde pública ou do meio ambiente, que fundamenta a arrecadação de receita do Estado.

Ora, isso quer significar que quando analisamos a admissibilidade da extrafiscalidade nos IEC (ao contrário do IVA), a capacidade contributiva desvanece-se[119]. E isto porque estes impostos

---

[118] Externalidades: correspondem a custos e a benefícios que são suportados, inesperadamente, por sujeitos exteriores ao mercado. Quando fazemos referência a custos e a benefícios exteriores ao mercado falamos em custos e benefícios sociais. Quando existam custos sociais que sejam superiores aos custos privados (suportados pelos produtores num determinado mercado) estamos perante externalidades negativas. Quando existam benefícios sociais que sejam superiores aos benefícios privados (auferidos pelos produtores num determinado mercado) estamos perante externalidades positivas.

[119] Na realidade, e como defende, entre nós, SÉRGIO VASQUES (in *Os Impostos Especiais de Consumo*, Coimbra: Almedina, 2001, pág. 66), só em posições mais extremadas, e condenadas ao fracasso, é que se admitiria os contornos da capacidade contributiva nos impostos sobre o consumo, como sejam os impostos sumptuários, que estariam "orientados para os bens e os serviços que pela sua qualidade denunciam superior riqueza". Entre nós veja-se, a título de exemplo histórico, a contribuição sumptuária, criada pela lei de 9 de Maio de 1872, que o Par do Reino Vaz Preto teceu um comentário certeiro: "Se as taxas que o governo impozer a estes objectos

remontam à ideia de *accises* (do latim *excidere* ou *adcensare*), que visavam fundamentalmente limitar o consumo de um determinado bem, por várias razões, como forma de arrecadação de receita. Pretendem os IEC punir o consumo de determinados bens, assumindo-se como uma alternativa à proibição. Assim:

    e) a tributação é de carácter repressivo, no caso dos tabacos e das bebidas alcoólicas;

    f) a tributação visa a protecção do ambiente, no caso do produtos petrolíferos e energéticos.

Na verdade os IEC constituem verdadeiros impostos pigouvianos, tendo estes constituído um instrumento incontornável na correcção das externalidades. Esta natureza de imposto correctivo das externalidades resulta no facto de estarmos na presença de impostos de finalidade extrafiscal. Finalidade esta que está na base da concretização da igualdade horizontal dos impostos, como delimitadora do seu núcleo essencial, e que, desaparecendo, torna o imposto inadmissível.

Assim, a análise dos benefícios fiscais nestes impostos inverte-se. Dada a sua extrafiscalidade ínsita, os benefícios fiscais encontram a sua legitimidade fora desta, e sobrepõem uma extrafiscalidade própria a uma pré-existente.

Interessa compreender também que nem todos os desagravamentos nos IEC assumem o carácter de benefício fiscal, porquanto estão associados à própria mecânica, ou seja, incluem-se no núcleo essencial deste.

E, o eixo em torno do qual gira a mecânica própria dos IEC é o que se chama o regime de suspensão do imposto. Na ver-

---

collectaveis que o contribuinte póde dispensar, forem onerozas, a materia collectavel dissipar-se-ha n'um momento" (Diário da Câmara dos Pares, sessão de 8/7/1887, *apud* NUNO VALÉRIO (COORD.), *Os Impostos...*, op. cit., pág. 63).

dade, um imposto, monofásico como é, como este só deve ser exigido no momento da introdução dos bens, abrangidos e recortados nas várias normas de incidência objectiva[120], no consumo. Distingue-se, nestes impostos, o facto gerador do imposto do momento da exigibilidade. Desta forma, e nos termos do artigo 6.º do CIEC, os produtos referidos no artigo 4.º ficam sujeitos a imposto a partir da sua produção e importação, sendo que só se torna exigível o pagamento deste no momento da introdução no consumo[121], de acordo com o artigo 7.º do CIEC.

O regime de suspensão previsto apenas pode ser efectuado em entreposto fiscal (de produção ou de armazenagem) autorizado, e excepcionalmente por operadores registados e não registados ou por representantes fiscais[122], de acordo com o previsto nos artigos 21.º a 31.º do CIEC[123]. Este entreposto fiscal é titulado por um depositário autorizado[124] e consiste na instalação na qual se autoriza a produção, transformação ou armazenagem, em regime de suspensão, de produtos sujeitos a imposto.

Daí que se perceba que a figura do reembolso[125] assuma carácter estrutural nestes impostos, na medida em que, por exemplo, a expedição dos bens introduzidos no consumo para outro Estado-membro, e a exportação dos bens[126], constituem razão

---

[120] Ver artigos 4.º, 48.º, quanto ao álcool e as bebidas alcoólicas, 70.º, quanto aos produtos petrolíferos e energéticos, e 81.º, quanto ao tabaco.

[121] Alternativamente, a exigibilidade do imposto pode ter lugar relativamente a perdas, nos termos dos artigos 37.º e seguintes do CIEC.

[122] Sobre o alargamento do circuito da suspensão do imposto a outros operadores que não se integrem na rede dos entrepostos fiscais, consultar SÉRGIO VASQUES, *Impostos Especiais...*, op. cit., págs. 242-252.

[123] SÉRGIO VASQUES, *Impostos Especiais...*, op. cit., págs. 222-255.

[124] Ver o artigo 24.º do CIEC.

[125] SÉRGIO VASQUES, *Impostos Especiais...*, op. cit., págs. 271-273.

[126] Ver os artigos 13.º e 14.º do CIEC. Consultar ainda outras situações, como as previstas nos artigos 12.º e 15.º do CIEC.

suficiente para que não haja lugar a tributação, dado que não teve lugar o consumo efectivo do bem[127]. Nesse sentido, só se consegue detectar a existência de benefícios fiscais em sede de IEC, depois de recortado o núcleo essencial do imposto, conforme já referido nestas linhas.

a) Os benefícios fiscais comuns aos IEC

Interessa agora analisar quais os benefícios fiscais comuns aos três impostos que compõem os IEC.

Em primeiro lugar há que falar nas pequenas remessas, previstas e reguladas no Decreto-Lei n.º 398/86, de 26 de Novembro e Decreto-Lei n.º 179/88, de 19 de Maio que respeitam à importação de mercadorias contidas na bagagem pessoal dos viajantes. Estas isenções têm assento nas Directivas n.º 78/1035/ /CEE do Conselho, de 19 de Dezembro[128] (pequenas remessas) e 69/169/CEE[129] (bagagens pessoais) e aplicam-se ao álcool e aos tabacos. De facto é a natureza não comercial deste pequeno consumo que legitima o seu desagravamento.

Em seguida, há que mencionar os benefícios decorrentes das relações internacionais. São assim isentos os bens que se destinem:

- a diplomatas (artigo 5.º/1, alínea a) do CIEC);
- a organismos internacionais reconhecidos pela República Portuguesa (artigo 5.º/1, alínea b) do CIEC);

---

[127] Reflexamente, os produtos introduzidos para consumo noutro Estado-membro, que sejam adquiridos para consumo em território nacional são tributados neste território, conforme resulta do artigo 16.º do CIEC.

[128] Publicada em *JOCE L 366*, de 28/12/1978, alterada diversas vezes.

[129] Publicada em *JOCE L 133*, de 04/06/1969, alterada diversas vezes.

- às forças de qualquer Estado parte da NATO (artigo 5.º/1, alínea c) do CIEC);
- a ser consumidos no âmbito de acordos internacionais, concluídos com países terceiros (artigo 5.º/1, alínea d) do CIEC).

É o artigo 8.º da CRP, que fundamenta e admite estas isenções, na medida em que esta disposição permite a recepção pelo direito português do princípio de direito internacional do *pacta sunt servanda*, que estipula que os tratados, acordos são para ser cumpridos.

b) O Imposto sobre os Produtos Petrolíferos e Energéticos

Sendo o custo social ambiental produzido por estes produtos superior ao custo individual suportado, o que nos permite identificar a existência de externalidades negativas, há que perceber em primeiro lugar que nem sempre os benefícios identificados na parte especial do CIEC dedicada a estes bens, constituem verdadeiras derrogações à equivalência de custos identificada nestes impostos. Pense-se nos casos em que se isenta a utilização diferente de uso combustível ou carburante (matérias-primas)[130]. Na realidade, e como já se explicou *supra* não há uma verdadeira introdução dos bens no consumo, pelo que se justifica desta maneira o desagravamento previsto.

Por outro lado, a diminuição de divergência entre o custo social e individual preconizada pela utilização colectiva dos veí-

---

[130] Ver artigo 71.º, n.º 1, alínea a) do CIEC.

culos que utilizam os produtos petrolíferos e energéticos parece justificar um desagravamento, estes já fora do núcleo essencial do imposto.

Neste sentido, e como concretização desta política de promoção do aumento do bem estar (artigo 81.º, alínea a) da CRP) e do incremento do investimento nacional (artigo 81.º, alínea c) da CRP) e do investimento estrangeiro (artigo 87.º da CRP), temos a isenção total dos produtos petrolíferos e energéticos que sejam fornecidos tendo em vista o seu consumo na navegação aérea (art. 71.º, n.º 1, alíneas b) e l) do CIEC), na navegação marítima costeira e navegação interior, incluindo a pesca (art. 71.º, n.º 1, alíneas c), h) e l) do CIEC), no auto-consumo do gás pelos transportes públicos (art. 71.º, n.º 1, alínea e) do CIEC), pelos veículos de tracção ferroviária (art. 71.º, n.º 1, alínea i) do CIEC) e pelos equipamentos agrícolas (art. 74.º, n.ºs 1 e 3, alínea c) do CIEC).

Acrescentem-se ainda os benefícios decorrentes do constante do artigo 66.º da CRP, na medida em que se assume cada vez mais a necessidade de resolução do problema ambiental. O problema ambiental podia, preferencialmente, resumir-se às exterioridades[131]. Porém, desenvolve-se num quadro de busca de renda (*rent-seeking*), porquanto existem grupos de pressão interessados em canalizar as ditas exterioridades para si (no caso de se tratarem de exterioridades positivas) ou para terceiros (no caso de se tratarem de exterioridades negativas). Aliás, é num quadro de um Estado corporativista, no sentido actual[132], que a

---

[131] Para mais desenvolvimentos, consultar o nosso "As implicações financeiras da política tributária ambiental", *Revista Forum de Direito Tributário*, n.º 14 (Março), Belo Horizonte, 2005, págs. 67-101.

[132] Hoje em dia, os termos corporativismo ou neo-corporativismo usam-se por referência à tendência política das administrações e dos legisladores serem influenciadas por múltiplos interesses empresariais. A origem

Os Benefícios Fiscais: Sistema e Regime   233

resolução dos problemas ambientais tem demonstrado resultados mais eficazes[133]. Estudos da OCDE assim o demonstram: não só na Finlândia, no final dos anos 80 havia uma capacidade de redução de mais de 90% da concentração de SOx[134], como também na Noruega e em Itália a capacidade de redução da emissão dos mesmos gases excedia os 70%[135]. Para além disso, "parte-se do princípio de que a decisão financeira se deve orientar no sentido de assegurar que as gerações presentes tenham condições para desfrutar do meio ambiente e de o transmitir às gerações futuras, em termos que permitam a estas um grau de gozo dos bens colectivos pelo menos idêntico àquele que actualmente é proporcionado"[136]. Desta forma o problema ambiental para além de ter uma dimensão intrageracional, assume contornos intergeracionais.

---

deste conceito deve-se, porém, à afirmação do Papa Leão XIII proferida na Encíclica *Rerum Novarum* (1891): "A sede de inovações, que há muito tempo se apoderou das sociedades e as tem numa agitação febril, devia, tarde ou cedo, passar das regiões da política para a esfera vizinha da economia social. Efectivamente, os progressos incessantes da indústria, os novos caminhos em que entraram as artes, a alteração das relações entre os operários e os patrões, a influência da riqueza nas mãos dum pequeno número ao lado da indigência da multidão, a opinião enfim mais avantajada que os operários formam de si mesmos e a sua união mais compacta, tudo isto, sem falar da corrupção dos costumes, deu em resultado final um temível conflito".

[133] HAROLD L. WILENSKY, *Rich Democracies – Political Economy, Public Policy and Performance*, Los Angeles: University of California Press, 2002, págs. 541-545.

[134] SOx representa o óxido sulfúrico, que é o principal componente das chuvas ácidas.

[135] Cfr. OCDE, *The State of the Environment,* Paris: OCDE, 1991.

[136] EDUARDO PAZ FERREIRA, *Ensinar Finanças Públicas numa Faculdade de Direito*, Coimbra: Almedina, 2005, pág. 267.

Neste sentido, e como medidas de prossecução de uma política ambiental eficiente, falamos das isenções totais de ISP sobre produtos petrolíferos introduzidos no consumo para produção de Electricidade ou de electricidade e calor (art. 71.º, n.º 1, alínea d) do CIEC), para processos electrolíticos, metalúrgicos e mineralógicos (art. 71.º, n.º 1, alínea f) do CIEC), projectos--piloto de desenvolvimento tecnológico de produtos menos poluentes (art. 71.º, n.º 1, alínea j) do CIEC), para utilização dos biocombustíveis (artigo 71.º-A do CIEC) e aquecimento (art. 74.º, n.ᵒˢ 1 e 4 do CIEC).

c) O Imposto sobre o Álcool e as Bebidas Alcoólicas

De acordo com a mesma lógica preconizada no ISP, a não introdução no consumo fundamenta também a existência de desagravamentos que não assumem a natureza derrogatória da igualdade tributária e que, consequentemente fazem parte do núcleo essencial do imposto, a saber:

- Fabrico de produtos não destinados ao consumo humano (art.º 49.º, n.º 1, alínea a) do CIEC);
- Fabrico de produtos destinados ao consumo humano (art.º 49.º, n.º 1, alíneas b), c), d), f), g) e h) do CIEC);
- Fins científicos e ensaios de produção (art.º 49.º, n.º 1, alínea e) do CIEC);
- Álcool para fins industriais (art.º 49.º, n.º 3, alínea a) do CIEC);
- Álcool totalmente desnaturado (art.º 49.º, n.º 3, alínea b) do CIEC);
- Álcool para consumo em hospitais e estabelecimentos de saúde e fins terapêuticos e sanitários e de investigação cientifica, incluindo o fabrico de medicamentos (art.º 49.º, n.º 3, alíneas c), d), e) e f) do CIEC).

O mesmo sucede, mesmo que de forma mediata com as situações de auto consumo do produtor, previstas art.º 49.º, n.ºˢ 2 e 4 do CIEC. Não obstante a sua introdução no consumo, entende o CIEC que só fazem parte do núcleo essencial do imposto em causa os bens que sejam objecto de venda, desconsiderando assim as relações familiares e sociais do produtor para o devido enquadramento fiscal.

Como concretização da já mencionada política de promoção do aumento do bem estar (artigo 81.º, alínea a) da CRP) e do incremento do investimento nacional (artigo 81.º, alínea c) da CRP) e do investimento estrangeiro (artigo 87.º da CRP), temos a redução da taxa normal (que resultaria do artigo 57.º/2, *ex vi* o artigo 56.º/2, ambos do CIEC) em 50% para as pequenas destilarias detidas por empresas com um único entreposto fiscal, definidas no art.º 60.º do CIEC e a redução da taxas (identificadas no artigo 52.º do CIEC) em 50%, para as pequenas cervejeiras, desde que detidas por empresas com um único entreposto fiscal, definidas no art.º 61.º do CIEC.

Finalmente, algumas notas quanto aos artigos 58.º e 59.º do CIEC, que prevêem um regime de redução taxa para as regiões autónomas. É pela compreensão do modelo misto de pendor autonómico simples[137] que resulta uma interpretação mais con-

---

[137] Estudado por nós em "Os poderes tributários nas Regiões Autónomas: criar ou adaptar, eis a questão..." in *Revista da Faculdade de Direito da Universidade de Lisboa*, Vol. XLII – N.º 2, Coimbra Editora: 2001, págs. 1085 – 1122. Não obstante, será de assinalar que o modelo de pendor autonómico opõe-se ao modelo unitário e que o importante é deslindar que no sistema unitário as regiões não detêm o poder de criar impostos, quem detém esse poder é o parlamento, que, eventualmente, poderá conceder a possibilidade de a região autónoma criar impostos, em situações excepcionais, por meio de lei habilitante de carácter genérico.

sonante do que seja o poder de adaptar o sistema nacional às especificidades regionais, tal como resulta do artigo 227.º/1, alínea i), da CRP. O conteúdo deste poder de adaptar resulta do princípio da flexibilidade constante do artigo 32.º/1, alínea d) da LFRA. Esta alínea revela que adaptar o sistema nacional às especificidades regionais significa (1) ajustar os impostos nacionais já existentes à realidade regional e (2) criar novos impostos, vigentes apenas nas RA, desde que tal decorra em nome das especificidades regionais, tendo como limite o sistema fiscal nacional. Destarte, a criação de um sistema fiscal regional está proibida. O princípio da flexibilidade é, assim, desmontável em faces do princípio da legalidade regional (32.º/1 b) da LFRA e 134.º a) do EDM) e do princípio da igualdade (32.º/1 c) da LFRA).

O princípio da igualdade postula que os poderes tributários podem e devem ser atribuídos às RA desde que se cumpram dois requisitos: (1) a prossecução de tais prerrogativas devem respeitar os limites constitucionais e estatutários; (2) o conteúdo da autonomia político-financeira deve estar assegurado de forma idêntica para ambas as regiões[138].

Já o princípio da legalidade regional nos moldes como é apresentado levanta alguns problemas face ao estipulado no 103.º/2 e 165.º/1 i) da CRP, concernentes à chamada reserva absoluta de lei formal. A Constituição Financeira parece ser indefectível no respeitante ao conteúdo do conceito de reserva absoluta de lei formal. A atribuição, no caso português, do poder de adaptar às RA significa que estas passam a estar dotadas de competência legislativa no sentido do ajustamento do sistema nacional, sempre

---

[138] O importante é que, desta forma, se assegure a ambas as RA a *disponibilidade de meios* e não prescrever que estas prossigam o postulado obrigatoriamente por via legislativa.

que se prove, em concreto, que haja interesse específico e consentimento parlamentar nacional. Tal competência legislativa, mesmo que tenha de ser concretizada por Lei da AR, terá de incidir sobre todos os aspectos da relação jurídica tributária. Duas razões militam a favor do que se disse: (1) A necessidade de interpretação sistemática da Constituição; e (2) O sistema nacional fiscal não perde a sua coerência própria. Tal mexida de regime não é muito grande, pois deve funcionar dentro de um sistema pré-determinado, em que todos os princípios da Constituição Financeira sejam previamente respeitados. A dúvida que se nos apresentava desvanece-se com uma questão, à qual a resposta parece ser intuitiva: partindo do princípio de que as RA estão sempre a laborar no sentido de uma adaptação dentro de um sistema nacional único justificar-se-à a existência de um duplo princípio da legalidade, no sentido de dupla reserva absoluta de lei formal? O controle já foi feito uma vez, aquando a criação, ou mesmo alteração, de um tipo de tributo pela AR. Em nome das especificidades regionais, o poder de adaptar funcionará à vontade e na sua plenitude, com princípios próprios. É neste enquadramento que aparece o princípio da legalidade regional, tal como consta dos arts. 32.º/1 b) da LFRA e 134.º a) do EDM.

E é no âmbito do exercício da legalidade regional que percebemos, enfim, a redução das taxas em 75% na Região Autónoma dos Açores, relativamente aos licores e alguns tipos de aguardentes vínicas e bagaceira, constante do artigo 59.º do CIEC. No que respeita à Região Autónoma da Madeira, as reduções constantes do artigo 59.º, são de 50% para os vinhos licorosos e de 75% para o rum e os licores. Em qualquer dos casos denota-se que são produtos fabricados com matérias-primas das regiões, o que evidencia que o sistema fiscal nacional não perde a coerência própria, por estarem em causa as especificidades regionais, mais concretamente, o incremento do investimento regional para transformação e comercialização de produtos próprios, imediatamente legitimado artigo 81.º, alínea c) da CRP.

d) O Imposto sobre o Tabaco

Ainda mais simples se torna, por tudo o que se disse, a análise dos benefícios fiscais em sede do Imposto do Tabaco. De acordo com a mesma lógica preconizada no ISP e no IABA, a não introdução no consumo fundamenta também a existência de desagravamentos que não assumem a natureza derrogatória da igualdade tributária e que, consequentemente fazem parte do núcleo essencial do imposto. Falamos, assim da isenção total conferida a tabaco desnaturado utilizado para fins industriais ou hortícolas (art. 82.º, n.º 1, alínea b) do CIEC) e o tabaco destruído, reciclado, para testes científicos e destinado a ensaios (art. 82.º, n.º 1, alíneas c), d), e) e f) do CIEC).

Quanto à redução de taxas das regiões autónomas, previstas no artigo 85.º do CIEC, remetemos para o que dissémos *supra* a propósito do IABA.

ANEXOS

QUADRO RESUMO DOS BENEFÍCIOS FISCAIS VIGENTES NOS IMPOSTOS PORTUGUESES

Anexo I – O Imposto sobre o Rendimento das Pessoas Singulares

Decreto-Lei n.º 442-A/88, de 30 de Novembro	Artigo 3.º-A do Decreto-Lei n.º 442-A/88, de 30 de Novembro – Tributação Desportistas
Decreto-Lei n.º 442-A/88, de 30 de Novembro	Artigo 85.º do CIRS – Energias Renováveis
Decreto-Lei n.º 215/89, de 1 de Julho	Artigo 14.º do EBF – Fundos de pensões
Decreto-Lei n.º 215/89, de 1 de Julho	Artigo 15.º do EBF – Contribuições para a Segurança Social
Decreto-Lei n.º 215/89, de 1 de Julho	Artigo 24.º do EBF – Planos Poupança Acções
Decreto-Lei n.º 215/89, de 1 de Julho	Artigo 26.º do EBF – Mais valias mobiliárias realizadas por não residentes
Decreto-Lei n.º 215/89, de 1 de Julho	Artigo 64.º do EBF – Aquisição de computadores
Decreto-Lei n.º 215/89, de 1 de Julho	Artigo 23.º do EBF – Aplicações a prazo
Decreto-Lei n.º 215/89, de 1 de Julho	Artigp 20.º do EBF – Conta-Emigrante
Decreto-Lei n.º 215/89, de 1 de Julho	Artigo 19.º do EBF – Conta Poupança-Reformados
Decreto-Lei n.º 215/89, de 1 de Julho	Artigo 36.º do EBF – Missões Internacionais
Decreto-Lei n.º 215/89, de 1 de Julho	Artigo 37.º do EBF – Cooperação
Decreto-Lei n.º 215/89, de 1 de Julho	Artigo 16.º do EBF – Deficientes
Decreto-Lei n.º 215/89, de 1 de Julho	Artigo 59.º do EBF – Dividendos nas Privatizações
Decreto-Lei n.º 215/89, de 1 de Julho	Artigo 27.º do EBF – Empréstimos externos
Decreto-Lei n.º 215/89, de 1 de Julho	Artigo 22.º do EBF – Fundos de Investimento
Decreto-Lei n.º 215/89, de 1 de Julho	Artigo 38.º do EBF – Infraestruturas comuns NATO
Decreto-Lei n.º 215/89, de 1 de Julho	Artigo 51.º do EBF – Inventário Permanente de Existências
Decreto-Lei n.º 215/89, de 1 de Julho	Artigo 35.º do EBF – Organizações Internacionais
Decreto-Lei n.º 215/89, de 1 de Julho	Artigo 21.º do EBF – Planos de Poupança-Reforma
Decreto-Lei n.º 215/89, de 1 de Julho	Artigo 56.º do EBF – Propriedade Intelectual
Decreto-Lei n.º 215/89, de 1 de Julho	Artigo 33.º e 34.º do EBF – Zonas Francas da Madeira e da Ilha de Santa Maria
Decreto-Lei n.º 240-A/89, de 27 de Julho	Fundação de Serralves (mecenato)
Decreto-Lei n.º 149/90, de 10 de Maio	Fundação Arpad-Szénes-Vieira da Silva (mecenato)

Decreto-Lei n.º 75/93, de 10 de Março	Fundação de S. Carlos
Decreto-Lei n.º 27/96, de 30 de Março	Fundação Aga Khan
Decreto-Lei n.º 102/97, de 28 de Abril	Fundação Cartão do Idoso
Lei n.º 9/97, de 12 de Maio	Associações de Família
Lei n.º 10/97, de 12 de Maio	Associações de Mulheres
Decreto-Lei n.º 80/98, de 2 de Abril	Sistema de Incentivos à Revitalização e Modernização de Empresas (SIRME)
Lei n.º 35/98, de 18 de Julho	ONGA
Lei 66/98, de 14 de Outubro	ONGD (Mecenato para a Cooperação)
Lei n.º 85/98, de 16 de Dezembro	Artigo 17.º, n.º 1 e n.º 4 do EFC – Dedução à colecta das importâncias entregues pelos cooperadores
Lei n.º 87-B/98, de 31 de Dezembro	Apostas Mútuas Hípicas
Decreto Legislativo Regional n.º 2/99/A, de 20 de Janeiro	Adaptação do sistema nacional às especificidades das Regiões Autónomas
Decreto-Lei n.º 74/99, de 16 de Março	Artigo 5.º do Estatuto do Mecenato – Dedução à colecta de donativos
Decreto-Lei n.º 98-A/99, de 26 de Março	Portugal 2000, SA
Lei n.º 115/99, de 3 de Agosto	Associações de Emigrantes
Lei n.º 127/99, de 20 de Agosto	Associações de Pessoas Portadoras de Deficiência
Lei n.º 176-A/99, de 30 de Dezembro	Comemorações dos 500 Anos da Descoberta do Brasil (donativos anos 2000 e 2001)
Decreto-Lei n.º 30/2001, de 7 de Fevereiro	Sociedade Euro 2004, SA (até Dezembro de 2004)
Decreto Legislativo Regional n.º 3/2001/M, de 22 de Fevereiro	Adaptação do sistema nacional às especificidades das Regiões Autónomas
Lei n.º 16/2001, de 22 de Junho	Pessoas Colectivas Religiosas
Decreto-Lei n.º 53/2004, de 18 de Março	CIRE – Artigo 268.º – Mais valias em Insolvências
Concordata entre a Santa Sé e a República Portuguesa - 2004	Isenção rendimentos dos eclesiásticos
Concordata entre a Santa Sé e a República Portuguesa - 2004	Dedução à colecta dos donativos efectuados às pessoas colectivas religiosas
Lei n.º 26/2004, de 8 de Julho	Artigo 9.º – Mecenato Científico
Decreto-Lei n.º 193/2005, de 7 de Novembro	Artigo 4.º – Regime Especial de Tributação dos Rendimentos de valor mobiliário representativos de dívida
Lei n.º 60-A/2005, de 30 de Dezembro	Artigo 66.º – Descongestionamento de pendências judiciais
Lei n.º 23/2006, de 23 de Junho	Associações Juvenis

Anexo II – O Imposto sobre o Rendimento das Pessoas Colectivas

Decreto-Lei n.º 442-B/88, de 30 de Novembro	Artigo 13.º CIRC – Pessoas colectivas e outras entidades de navegação marítima ou aérea.
Decreto-Lei n.º 442-B/88, de 30 de Novembro	Artigo 14.º/n.º 3 CIRC – Lucros distribuídos a sociedade residente na UE.
Decreto-Lei n.º 442-B/88, de 30 de Novembro	Artigo 11.º do CIRC – Associações de Cultura e Recreio
Decreto-Lei n.º 442-B/88, de 30 de Novembro	Artigo 11.º do CIRC – Associações Desportivas
Decreto-Lei n.º 442-B/88, de 30 de Novembro	Artigo 14.º, n.º 2 do CIRC – Infra-estruturas comuns NATO
Decreto-Lei n.º 442-B/88, de 30 de Novembro	Artigo 10.º do CIRC – Instituições Particulares de Solidariedade Social
Decreto-Lei n.º 442-B/88, de 30 de Novembro	Artigo 10.º do CIRC – Utilidade Pública e Utilidade Pública Administrativa
Decreto-Lei n.º 442-B/88, de 30 de Novembro	Artigo 40.º do CIRC – Majoração do custo fiscal das realizações de utilidade social
Decreto-Lei n.º 215/89, de 1 de Julho	Artigo 21.º EBF – Fundos poupança-reforma (FPR), poupança-educação (FPE) e poupança reforma /educação(FPR/E).
Decreto-Lei n.º 215/89, de 1 de Julho	Artigo 25.º EBF – Mais-valias no âmbito do processo de privatização.
Decreto-Lei n.º 215/89, de 1 de Julho	Artigo 28.º EBF – Serviços financeiros de entidades públicas.
Decreto-Lei n.º 215/89, de 1 de Julho	Artigo 52.º EBF – Colectividades desportivas, de cultura e recreio.
Decreto-Lei n.º 215/89, de 1 de Julho	Art. 55.º EBF – Sociedades ou associações científicas internacionais.
Decreto-Lei n.º 215/89, de 1 de Julho	Art. 53.º/n.º 1 do EBF – Associações e Confederações Patronais
Decreto-Lei n.º 215/89, de 1 de Julho	Artigo 53.º, n.º 2 do EBF – Associações e Confederações Sindicais
Decreto-Lei n.º 215/89, de 1 de Julho	Artigo 53.º, n.º 3 do EBF – Associações de Pais
Decreto-Lei n.º 215/89, de 1 de Julho	Artigo 56.º – A do EBF – Comunidades e Baldios Locais
Decreto-Lei n.º 215/89, de 1 de Julho	Artigo 49.º do EBF – Comissões Vitivinícolas Regionais
Decreto-Lei n.º 215/89, de 1 de Julho	Artigo 30.º do EBF – Depósitos de instituições de crédito não residentes
Decreto-Lei n.º 215/89, de 1 de Julho	Artigo 59.º do EBF – Acções adquiridas no âmbito das privatizações
Decreto-Lei n.º 215/89, de 1 de Julho	Artigo 17.º do EBF – Criação de emprego para jovens
Decreto-Lei n.º 215/89, de 1 de Julho	Artigo 27.º do EBF – empréstimos externos e rendas de locação de equipamentos importados
Decreto-Lei n.º 215/89, de 1 de Julho	Artigo 54.º do EBF – Ensino Particular
Decreto-Lei n.º 215/89, de 1 de Julho	Artigo 22.º-A do EBF – Fundos de Capital de Risco

Decreto-Lei n.º 215/89, de 1 de Julho	Artigo 22.º, n.º 1 do EBF – Fundos de Investimento Mobiliário
Decreto-Lei n.º 215/89, de 1 de Julho	Artigo 22.º, n.º 6 do EBF – Fundos de Investimento Imobiliário
Decreto-Lei n.º 215/89, de 1 de Julho	Artigo 14.º do EBF – Fundos de pensões e equiparáveis
Decreto-Lei n.º 215/89, de 1 de Julho	Artigo 51.º do EBF – Utilização do inventário permanente das existências pelos sujeitos passivos não obrigados a dispor deste sistema
Decreto-Lei n.º 215/89, de 1 de Julho	Artigo 39.º, no 4 do EBF – Investimento no estrangeiro
Decreto-Lei n.º 215/89, de 1 de Julho	Artigo 39.º, n.º 1 do EBF – Investimento produtivo
Decreto-Lei n.º 215/89, de 1 de Julho	Artigo 26.º do EBF – Mais valias mobiliárias realizadas por não residentes
Decreto-Lei n.º 215/89, de 1 de Julho	Artigo 48.º do EBF – Marinha Mercante
Decreto-Lei n.º 74/99, de 16 de Março	Artigo 1.º a 4.º do Estatuto do Mecenato – Admissibilidade e majoração de custos quanto a donativos
Decreto-Lei n.º 215/89, de 1 de Julho	Artigo 24.º do EBF – Planos de poupança em acções
Decreto-Lei n.º 215/89, de 1 de Julho	Artigo 50.º do EBF – Entidades Gestoras de sistemas de embalagens e resíduos de embalagens
Decreto-Lei n.º 215/89, de 1 de Julho	Artigo 31.º do EBF – Sociedades de Capital de Risco
Decreto-Lei n.º 215/89, de 1 de Julho	Artigo 31.º do EBF – Sociedades Gestoras de Participações Sociais (SGPS)
Decreto-Lei n.º 215/89, de 1 de Julho	Artigos 33.º a 34.º do EBF – Zona Franca da Madeira e Ilha de Santa Maria
Decreto-Lei n.º 240-A/89, de 27 de Julho	Decreto-Lei n.º 240-A/89, de 27 de Julho – Fundação de Serralves (mecenato)
Decreto-Lei n.º 149/90, de 10 de Maio	Fundação Arpad-Szénes-Vieira da Silva (mecenato)
Decreto-Lei n.º 145/92, de 21 de Julho	Estatutos de Lisboa/94-Capital Europeia da Cultura
Decreto-Lei n.º 75/93, de 10 de Março	Fundação de S. Carlos
Decreto-Lei n.º 27/96, de 30 de Março	Fundação Aga Khan
Lei n.º 24/96, de 31 de Julho	Associações de Consumidores
Decreto-Lei n.º 102/97, de 28 de Abril	Fundação Cartão do Idoso
Lei n.º 9/97, de 12 de Maio	Artigo 6.º – Associações de Família
Lei n.º 9/97, de 12 de Maio	Associações de Família
Lei n.º 10/97, de 12 de Maio	Associações de Mulheres
Lei n.º 103/97, de 13 de Setembro	Regime fiscal específico das sociedades desportivas.
Lei n.º 127-B/97, de 20 de Dezembro	Sociedade Parque Expo 98
Decreto-Lei n.º 81/98, de 2 de Abril	SIRME

Os Benefícios Fiscais: Sistema e Regime   245

Decreto-Lei n.º 80/98, de 2 de Abril	Sistema de Incentivos à Revitalização e Modernização das Empresas (SIRME)
Decreto-Lei n.º 171/98, de 25 de Junho	Casas do Povo
Decreto-Lei n.º 35/98, de 18 de Julho	ONGA
Lei 66/98, de 14 de Outubro	ONGD (Mecenato para a Cooperação)
Lei n.º 85/98, de 16 de Dezembro	Estatuto Fiscal Cooperativo
Lei n.º 87/98, de 31 de Dezembro	Associações de Profissionais Independentes
Decreto Legislativo Regional n.º 2/99/A	Crédito Fiscal por Investimento
Decreto Legislativo Regional n.º 3/2006/A	Crédito Fiscal por Investimento
Decreto-Lei n.º 26/99, de 28 de Janeiro	Vales Sociais
Decreto-Lei n.º 98-A/99, de 26 de Março	Portugal 2000, SA
Decreto Legislativo Regional n.º 18/99/M, de 28 de Junho	Adapta à especificidade regional os benefícios fiscais em regime contratual previstos no art. 49.º-A do EBF.
Lei n.º 115/99, de 3 de Agosto	Associações de Emigrantes
Lei n.º 127/99, de 20 de Agosto	Associações de Pessoas Portadoras de Deficiência
Decreto-Lei n.º 361/99, de 16 de Setembro	Sociedade Porto 2001, SA
Lei n.º 171/99, de 18/9	Interioridade
Lei n.º 176-A/99, de 30 de Dezembro	Comemorações dos 500 Anos da Descoberta do Brasil
Lei n.º 3-B/2000, de 4 de Abril	Jubileu do Ano 2000
Decreto-Lei n.º 30/2001, de 7 de Fevereiro	Sociedade Euro 2004, SA
Lei n.º 16/2001, de 22 de Junho	Pessoas Colectivas Religiosas
Decreto-Lei n.º 219/2001, de 4 de Agosto	Operações de titularização de créditos.
Lei n.º 19/2003, de 20 de Junho	Partidos Políticos
Decreto-Lei n.º 53/2004, de 18 de Março	Artigo 268.º do CIRE
Concordata entre a Santa Sé e a República Portuguesa – 2004	Concordata 2004 – Isenção de impostos quanto aos templos, seminários ou outros estabelecimentos destinados à formação do clero
Lei n.º 26/2004, de 8 de Julho	Estatuto do Mecenato Científico.
Lei n.º 55/2004, de 30/12	Interioridade
Lei n.º 39-A/2005, de 29 de Julho	Regime excepcional de rendimentos provenientes do exterior.
Lei n.º 40/2005, de 3 de Agosto	SIFIDE (Sistema de incentivos fiscais em investigação e desenvolvimento empresarial).
Decreto-Lei n.º 193/2005, de 7 de Novembro	Rendimentos de valores mobiliários representativos de dívida
Lei n.º 60-A/2005, de 30 de Dezembro	Descongestionamento de pendências judiciais
Lei n.º 23/2006, de 23 de Junho	Associações juvenis

Anexo III – O Imposto Municipal sobre os Imóveis

Decreto-Lei n.º 236/85, de 5 de Julho e Decreto-Lei n.º 39/89, de 2 de Janeiro	Contratos de Desenvolvimento para Habitação
Decreto-Lei n.º 215/89, de 1 de Julho	EBF Artigo 65.º – Prédios localizados nas áreas de localização empresarial (ALE)
Decreto-Lei n.º 215/89, de 1 de Julho	EBF Artigo 41.º – Casas de Renda Condicionada
Decreto-Lei n.º 215/89, de 1 de Julho	EBF Artigo 40.º, n.º 1, alínea d) – Associações de Agricultores
Decreto-Lei n.º 215/89, de 1 de Julho	EBF Artigo 40.º, n.º 1, alínea i) – Associações juvenis
Decreto-Lei n.º 215/89, de 1 de Julho	EBF Artigo 40.º, n.º 1 alínea d) – Associações de Profissionais Independentes
Decreto-Lei n.º 215/89, de 1 de Julho	EBF Artigo 40.º, n.º 1 alínea i) – Associações Desportivas
Decreto-Lei n.º 215/89, de 1 de Julho	EBF Artigo 40.º, n.º 1 alínea d) – Associações Sindicais
Decreto-Lei n.º 215/89, de 1 de Julho	EBF Artigo 40.º, n.º 1, alínea c) – Associações e Organizações Religiosas
Decreto-Lei n.º 215/89, de 1 de Julho	EBF Artigo 44.º – Conta "Poupança-Emigrante"
Decreto-Lei n.º 215/89, de 1 de Julho	EBF Artigo 40.º, n.º 1 alínea h) – Ensino Particular
Decreto-Lei n.º 215/89, de 1 de Julho	EBF Artigo 46.º – Fundos de Investimento Imobiliário
Decreto-Lei n.º 215/89, de 1 de Julho	EBF Artigo 46.º – Fundos de Pensões e Equiparáveis
Decreto-Lei n.º 215/89, de 1 de Julho	EBF Artigo 42.º – Aquisição e construção de prédios para habitação
Decreto-Lei n.º 215/89, de 1 de Julho	EBF Artigo 40.º, n.º 1, alínea f) – IPSS
Decreto-Lei n.º 215/89, de 1 de Julho	EBF Artigo 40.º, n.º 1, alínea n) – Património Cultural
Decreto-Lei n.º 215/89, de 1 de Julho	EBF Artigo 45.º – Prédios de reduzido valor patrimonial tributário
Decreto-Lei n.º 215/89, de 1 de Julho	EBF Artigo 40.ª-A – Reabilitação urbanística
Decreto-Lei n.º 215/89, de 1 de Julho	EBF Artigo 43.º, n.º 3 – Turismo de Habitação
Decreto-Lei n.º 215/89, de 1 de Julho	EBF Artigo 40.º, n.º 1, alínea e)– Utilidade Pública e Utilidade Pública Administrativa
Decreto-Lei n.º 215/89, de 1 de Julho	EBF Artigo 43.º – Utilidade Turística
Decreto-Lei n.º 215/89, de 1 de Julho	EBF Artigo 40.º, n.º 1, alínea g) e Decreto-Lei n.º 422/89, de 2 de Dezembro – Zona Franca da Madeira e Ilha de Santa Maria
Decreto-Lei n.º 215/89, de 1 de Julho	EBF Artigo 39.º, n.º 2, alínea b) – Investimento de natureza contratual
Decreto-Lei n.º 215/89, de 1 de Julho	EBF Artigo 40.º, n.º 1, alínea d) – Associações de Comerciantes

Decreto-Lei n.º 215/89, de 1 de Julho	EBF Artigo 40.º, n.º 1, alínea d) – Associações de Industriais
Decreto-Lei n.º 215/89, de 1 de Julho	EBF Artigo 40.º, n.º 1, alínea a) – Estados Estrangeiros
Decreto-Lei n.º 215/89, de 1 de Julho	EBF Artigo 40.º, n.º 1, alínea a) – Instituições de Segurança Social e de Previdência
Decreto-Lei n.º 215/89, de 1 de Julho	EBF Artigo 40.º, n.º 1, alínea j) – Prédios cedidos gratuitamente a entidades públicas isentas
Decreto-Lei n.º 215/89, de 1 de Julho	EBF Artigo 40.º, n.º 1, alínea l) – Sociedades de Capitais exclusivamente públicos
Decreto-Lei n.º 215/89, de 1 de Julho	EBF Artigo 40.º, n.º 1, alínea m) – Colectividades de cultura e de recreio, organizações não governamentais e outro tipo de associações não lucrativas a quem tenha sido reconhecida utilidade pública
Decreto-Lei n.º 215/89, de 1 de Julho	EBF Artigo 41.º, n.º 2 – Arrumos, despesas e garagens de casas arrendadas segundo o regime de renda condicionada
Decreto-Lei n.º 215/89, de 1 de Julho	EBF Artigo 41.º, n.º 2 – Arrumos, despesas e garagens de prédios urbanos, construídos, ampliados melhorados ou adquiridos a título oneroso destinados a habitação
Decreto-Lei n.º 215/89, de 1 de Julho	EBF Artigo 41.º, n.º 3 – Prédios urbanos construídos, ampliados, melhorados ou adquiridos a título oneroso destinados a arrendamento para habitação
Decreto-Lei n.º 215/89, de 1 de Julho	EBF Artigo 46.º – Fundos de Poupança-Reforma
Decreto-Lei n.º 215/89, de 1 de Julho	EBF Artigo 47.º – Parques de estacionamento subterrâneos
Decreto-Lei n.º 422/89, de 2 de Dezembro	Artigo 92.º – Zonas de Jogo
Lei n.º 24/96, de 31 de Julho	Artigo 18.º, n.º 1, alínea p) – Associações de Consumidores
Lei n.º 9/97, de 12 de Maio	Artigo 6.º – Associações de Família
Decreto-Lei n.º 80/98, de 2 de Abril	Sistema de Incentivos à Revitalização e Modernização das Empresas (SIRME)
Decreto-Lei n.º 171/98, de 25 de Junho	Casas do Povo
Decreto-Lei n.º 35/98, de 18 de Julho	Organizações Não Governamentais do Ambiente (ONGA)
Lei 66/98, de 14 de Outubro	Organizações Não Governamentais de cooperação para o Desenvolvimento (ONGD)
Lei n.º 87/98, de 31 de Dezembro	Lei n.º 87/98, de 31/12 – Associações de Moradores
Decreto-Lei n.º 361/99, de 16 de Setembro	Sociedade Porto 2001, SA
Decreto-Lei n.º 314/2000, de 2 de Dezembro	Programa Polis
Lei n.º 19/2003, de 20 de Junho	Partidos Políticos
Concordata entre a Santa Sé e a República Portuguesa – 2004	Isenção de impostos quanto aos templos, seminários ou outros estabelecimentos destinados à formação do clero

Anexo IV – O Imposto Municipal sobre as Transmissões Onerosas de Bens Imóveis

D.L. 49033 de 28 de Maio de 1969	Fundo Fomento Habitação
D.L. 307/71 de 15 de Julho	Universidade Católica
Decreto-Lei n.º 540/76, de 9 de Julho e Decreto-Lei n.º 316/79, de 21 de Agosto	Conta Emigrante
Lei n.º 89/77, de 31 de Dezembro	Parque Nacional Peneda - Gerês
Lei n.º 9/79, de 19 de Março	Artigo 3.º – Ensino Particular
Decreto-Lei n.º 4/82, 11 de Janeiro, Decreto-Lei n.º 171/98, de 25 de Junho e Decreto-Lei n.º 246/90, 27 de Julho	Casas do Povo (equiparadas a IPSS)
Decreto-Lei n.º 311/82, de 4 de Agosto	Locação financeira
Decreto-Lei n.º 423/83, de 5 de Dezembro	Utilidade Turística
Decreto-Lei n.º 236/85, de 5 de Julho e Decreto-Lei n.º 39/89, de 2 de Janeiro	Contratos de Desenvolvimento para Habitação
D.L. 447/85 de 25 de Outubro	Indústria Metalomecânica
Decreto-Lei n.º 65/86, de 26/6 e Decreto-Lei n.º 63/87, de 5 de Fevereiro	Zona Franca da Madeira e Ilha de Santa Maria
D.L. 251/86 de 25 de Agosto	Reestruturação de sectores industriais
Lei 49/86 de 31 de Dezembro	Organismos de investigação
Decreto-Lei n.º 1/87, de 3 de Janeiro	Fundos de Investimento Imobiliário
D.L. 168/87 de 13 de Abril	Seguradoras – Fusões e Cisões
Decreto-Lei n.º 385/88, de 25 de Outubro	Artigo 28.º – Arrendamento Rural
Decreto-Lei n.º 215/89, de 1 de Julho	EBF – Artigo 40.ª-A – Reabilitação urbana
Decreto-Lei n.º 215/89, de 1 de Julho	EBF – Artigo 39.º, n.º 1 – Investimento produtivo
Decreto-Lei n.º 215/89, de 1 de Julho	EBF – ART.º 14.º, N.º 2 – Fundos de Pensões
Decreto-Lei n.º 215/89, de 1 de Julho	EBF – art.º 21.º, n.º 6 – Fundos Poupança Reforma
Decreto-Lei n.º 215/89, de 1 de Julho	EBF – art.º 61.º, n.º 1, b) – SGII
Decreto-Lei n.º 215/89, de 1 de Julho	EBF – Art.º 39.º, n.º 2 , c) – Investimento de natureza contratual
Decreto-Lei n.º 215/89, de 1 de Julho	EBF Artigo 65.º – Prédios localizados nas áreas de localização empresarial (ALE)
Decreto-Lei n.º 336/89, de 26 de Novembro	Artigo 8.º – Sociedades de Agricultura de Grupo

Os Benefícios Fiscais: Sistema e Regime 249

Decreto-Lei n.º 422/89, de 2 de Dezembro	Artigo 92.º – Zonas de Jogo
Decreto-Lei n.º 103/90, de 22 de Março	Artigo 51.º, n.º 1, alínea a) – Emparcelamento Rural
Decreto-Lei n.º 168/90, de 24 de Maio	Fusão e cisão de empresas em processo de privatização
Decreto-Lei n.º 168/90 de 24 de Maio	Empresas públicas – fusão e cisão
Lei 54/90 de 5 de Setembro	Ensino Superior
Decreto-Lei n.º 377/90, de 30 de Novembro e Decreto-Lei n.º 360/91, de 28 de Setembro	Reforma agrária
Decreto-Lei n.º 377/90 de 30 de Novembro	Liquidação de sociedades
Decreto-Lei n.º 404/90, de 21 de Dezembro	Concentração e Cooperação de Empresas
Decreto-Lei n.º 142-B/91 de 10 de Abril	Mercado de Valores Mobiliários
Decreto-Lei n.º 44/91 de 2 de Agosto	Área Metropolitana de Lisboa e Porto
Decreto-Lei n.º 308/91, de 17 de Agosto	Recuperação urbanística
Decreto-Lei n.º 453/91 de 11 de Dezembro	Aeroporto do Funchal
Decreto-Lei n.º 272/93 de 4 de Agosto	Habitações económicas
Decreto-Lei n.º 275/93, de 5 de Agosto e Decreto-Lei n.º 182/99, 22 de Maio	Artigo 61.º – Direito Real de Habitação Periódica
Decreto-Lei n.º 234/94 de 15 de Setembro	EXPO 98
Lei 39-B/94 de 27 de Dezembro	Observatório europeu da droga
Lei n.º 24/96, de 31 de Julho	Artigo 18.º, n.º 1, alínea p) – Associações de Consumidores
Lei n.º 9/97, de 12 de Maio	Artigo 6.º – Associações de Família
Lei n.º 103/97, de 13 de Setembro	Sociedades Desportivas
Decreto-Lei n.º 80/98, de 2 de Abril	Sistema de Incentivos à Revitalização e Modernização das Empresas (SIRME)
Decreto-Lei n.º 35/98, de 18 de Julho	Lei n.º 35/98, de 18/7 – Organizações Não Governamentais do Ambiente (ONGA)
Lei 66/98, de 14 de Outubro	Lei n.º 66/98, de 14/10 – Organizações Não Governamentais de cooperação para o Desenvolvimento (ONGD)
Lei n.º 85/98, de 16 de Dezembro	Estatuto Fiscal Cooperativo
Lei n.º 87-B/98, 31 de Dezembro	Associações de moradores
Decreto-Lei n.º 361/99, de 16 de Setembro	Sociedade Porto 2001, SA
Lei n.º 171/99, de 18 de Setembro	Interioridade

Decreto-Lei n.º 314/2000, de 2 de Dezembro	Programa Polis
Decreto-Lei, n.º 30/2001 de 7 de Fevereiro	Sociedade Euro 2004, SA
Lei n.º 16/2001, 22 de Junho e Decreto-Lei n.º 287/2003, de 12 de Novembro	CIMT – Art.º 6.º, f) Associações religiosas
Lei n.º 19/2003, de 20 de Junho	Partidos Políticos
Decreto-Lei n.º 287/2003, de 12 de Novembro	CIMT – art.º 6.º, c) – Estados estrangeiros
Decreto-Lei n.º 287/2003, de 12 de Novembro	CIMT – art.º 6.º, d) pessoas colectivas
Decreto-Lei n.º 287/2003, de 12 de Novembro	CIMT – art.º 6.º, h) – Actividades industriais e agrícolas – aquisição de prédios ou terrenos situados nas regiões económicamente desfavorecidas para instalação de actividades de superior interesse económico e social
Decreto-Lei n.º 287/2003, de 12 de Novembro	CIMT – Artigo 8.º – Dação em cumprimento para realização de créditos de instituições de crédito
Decreto-Lei n.º 287/2003, de 12 de Novembro	CIMT – Artigo 6.º, alínea l) – Associações de Cultura e de Recreio e Desportivas
Decreto-Lei n.º 287/2003, de 12 de Novembro	CIMT – Artigo 6.º, alínea i) – Associações Desportivas
Decreto-Lei n.º 287/2003, de 12 de Novembro	CIMT – Artigo 6.º, alínea f) do– Associações e Organizações Religiosas
Decreto-Lei n.º 287/2003, de 12 de Novembro	CIMT – Artigo 9.º – Aquisição de prédios para habitação
Decreto-Lei n.º 287/2003, de 12 de Novembro	CIMT – Artigo 6.º, n.º 1, alínea h) – Actividades industriais de superior interesse
Decreto-Lei n.º 287/2003, de 12 de Novembro	CIMT – Artigo 8.º.– Insolvência
Decreto-Lei n.º 287/2003, de 12 de Novembro	CIMT – Artigo 6.º, n.º 1, alínea e) – IPSS
Decreto-Lei n.º 287/2003, de 12 de Novembro	CIMT – Artigo 6.º, n.º 1, alínea j) – Jovens Agricultores
Decreto-Lei n.º 287/2003, de 12 de Novembro	CIMT – Artigo 6.º, n.º 1, alínea g) – Património Cultural
Decreto-Lei n.º 287/2003, de 12 de Novembro	CIMT – Artigo 8.º – Recuperação de créditos
Decreto-Lei n.º 287/2003, de 12 de Novembro	CIMT – Artigo 8.º – Recuperação de empresas
Decreto-Lei n.º 287/2003, de 12 de Novembro	CIMT – Artigo 6.º, n.º 1, alínea h) – Sociedades Agrícolas
Decreto-Lei n.º 53/2004, de 18 de Março	Artigo 270.º do CIRE
Concordata entre a Santa Sé e a República Portuguesa - 2004	Concordata 2004, de 16,11 (RAR 74/2004 e ratificada pelo DPR 80/2004, de 16.11 – Isenção de impostos quanto aos templos, seminários ou outros etabelecimentos destinados à formação do clero
Lei n.º 23/2006, de 23 de Junho	Associações juvenis

Os Benefícios Fiscais: Sistema e Regime   251

Anexo V – O Imposto Municipal sobre os Veículos

Decreto-Lei n.º 43/76, de 20 Janeiro	Deficientes das Forças Armadas
Decreto-Lei n.º 143/78, de 12 de Junho	Art.º 5.º, n.º 1, d) – Estados estrangeiros, quando haja reciprocidade de tratamento
Decreto-Lei n.º 143/78, de 12 de Junho	Art.º 5.º, n.º 1, e) – Pessoal das missões diplomáticas e consulares, nos termos das respectivas convenções
Decreto-Lei n.º 143/78, de 12 de Junho	Art.º 5.º, n.º 1, f) – Organizações estrangeiras ou internacionais, nos termos de acordos celebrados pelo Estado Português
Decreto-Lei n.º 143/78, de 12 de Junho	Art.º 2.º, l) + Art.º 5.º, n.º 1, c) + DL 9/85, 09,01 – IPSS + Pessoas colectivas de utilidade pública + CERCIS
Decreto-Lei n.º 143/78, de 12 de Junho	Art. 6.º, n.º 1, alínea a) – Automóveis utilizados em serviço público e como tal averbados no respectivo livrete
Decreto-Lei n.º 143/78, de 12 de Junho	Art. 6.º, n.º 1, alínea b) – Aeronaves de instrução e treino, quando propriedade de escolas e aeroclubes
Decreto-Lei n.º 143/78, de 12 de Junho	Art. 6.º, n.º 1, alínea c) – Aeronaves concebidas ou preparadas para trabalho aéreo
Decreto-Lei n.º 143/78, de 12 de Junho	Art. 6.º, n.º 1, alínea d) – Aeronaves sem motor e os barcos de arqueação bruta até 2 toneladas sem motor ou com motor de potência não excedente a 25 HP
Decreto-Lei n.º 143/78, de 12 de Junho	Art. 6.º, n.º 1, alínea e) – Barcos, com o sem motor, pertencentes a clubes náuticos cuja actividade esteja autorizada pela entidade competente
Decreto-Lei n.º 143/78, de 12 de Junho	Art. 6.º, n.º 1, alínea f) – Barcos, com o sem motor, com arqueação bruta não superior a 10 toneladas, construídos pelo seu proprietário
Decreto-Lei n.º 143/78, de 12 de Junho	Art. 6.º, n.º 1, alínea g) – Barcos, com o sem motor, com arqueação bruta não superior a 20 toneladas, transformados a partir de embarcações de pesca, de comércio, salva-vidas ou de sucata
Decreto-Lei n.º 143/78, de 12 de Junho	Art. 6.º, n.º 1, alínea h) – Os veículos que, tendo mais de vinte anos e constituindo peças de museus públicos, só ocasionalmente sejam usados em condições normais da sua utilização
Decreto-Lei n.º 143/78, de 12 de Junho	Art. 6.º, n.º 2, alínea b) – Os automóveis antigos detentores do certificado de autenticidade e de placa de homologação concedidos pelo Clube Português de Automóveis Antigos, quando ocasionalmente circulem para conservação da sua mecânica ou participem em manifestações desportivas ou cortejos

Anexo VI – Os Impostos Rodoviários

Decreto-Lei n.º 116/94, de 3 de Maio	Art.º 4.º, n.º 1, e) – Estados estrangeiros, quando haja reciprocidade de tratamento
Decreto-Lei n.º 116/94, de 3 de Maio	Art.º 4.º, n.º 1, f) – Embaixadas, missões diplomáticas e consulares, nos termos das respectivas convenções
Decreto-Lei n.º 116/94, de 3 de Maio	Art.º 4.º, n.º 1, g) – Organizações estrangeiras ou internacionais, nos termos de acordos celebrados pelo Estado Português
Decreto-Lei n.º 116/94, de 3 de Maio	Art.º 4.º, n.º 1, d) + DL 9/85, 09,01– IPSS + Pessoas colectivas de utilidade pública + CERCIS

Anexo VII – O Imposto do Selo

Lei 89/77, de 31 de Dezembro	Transmissões gratuitas do Parque Peneda Gerês
Lei n.º 89/77, de 31 de Dezembro	Parque Nacional Peneda-Gerês
Decreto-Lei n.º 423/83, de 5 de Dezembro	Utilidade Turística
Lei n.º 8/85, de 4 de Junho	Comissões Vitivinícolas Regionais
Decreto-Lei n.º 20/86, de 13 de Fevereiro e n.º 1/87, de 3 de Janeiro	Fundos de Investimento – Unidades de Participação
Decreto-Lei n.º 385/88, de 25 de Outubro	Artigo 28.º – Arrendamento Rural
Decreto-Lei n.º 394/88, de 8 de Novembro	Art.º 6.º, n.º 3 – Arrendamento Florestal
Decreto-Lei n.º 215/89, de 1 de Julho	EBF Artigo 39.º, n.º 1 – Investimento produtivo
Decreto-Lei n.º 215/89, de 1 de Julho	EBF Artigo 34.º – Zona Franca da Madeira e Ilha de Santa Maria
Decreto-Lei n.º 215/89, de 1 de Julho	EBF art.º 48.º, b) – Marinha mercante
Decreto-Lei n.º 215/89, de 1 de Julho	Art.º 33.º, n.º 11 – Isentos documentos, livros, papéis, contratos, operações, actos e produtos previstos na tabela geral do imposto do selo respeitantes a entidades licenciadas nas zonas francas da Madeira e da ilha de Santa Maria, bem como às empresas concessionárias das mesmas zonas francas, salvo quando tenham por intervenientes ou destinatários entidades residentes no território nacional, exceptuadas as zonas francas, ou estabelecimentos estáveis de entidades não residentes que naquele se situem
Decreto-Lei n.º 336/89, de 26 de Novembro	Artigo 8.º – Sociedades de Agricultura de Grupo
Decreto-Lei n.º 404/90, de 21 de Dezembro	Concentração e Cooperação de Empresas
Lei n.º 24/96, de 31 de Julho	Artigo 18.º, n.º 1, alínea p) – Associações de Consumidores (equiparadas a IPSS)
Lei n.º 9/97, de 12 de Maio	Artigo 6.º – Associações de Família
Lei n.º 103/97, de 13 de Setembro	Sociedades Desportivas
Decreto-Lei n.º 80/98, de 2 de Abril	Sistema de Incentivos à Revitalização e Modernização das Empresas (SIRME)
Decreto-Lei n.º 80/98, de 2 de Abril e Decreto-Lei n.º 81/99, de 2 de Abril	SIRME (remete para o CIRE)
Lei n.º 35/98, de 18 de Julho	Organizações Não Governamentais do Ambiente (ONGA)
Lei n.º 66/98, de 14 de Outubro	Organizações Não Governamentais de coopetação para o Desenvolvimento (ONGD)
Lei n.º 85/98, de 16 de Dezembro	EFC (Estatuto Fiscal Cooperativo) – Art.º 8.º, n.ºs 1 e 2 – livros de escrituração e demais documentos e papéis, bem como nos actos preparatórios e nos necessários à constituição, dissolução e liquidação, e ainda nos títulos de capital, títulos de investimento, obrigações ou outros títulos que emitirem, e nos contratos que celebrarem quando o selo constitua seu encargo. Quanto às letras e outros títulos de crédito em que intervenham na qualidade de sacador, as cooperativas ficam sujeitas a imposto do selo pela taxa mínima

Lei n.º 87-B/98, de 31 de Dezembro	Apostas Mútuas Hípicas
Lei n.º 150/99, de 11 de Setembro	CIS – Artigo 7.º – Habitação
Lei n.º 150/99, de 11 de Setembro	CIS – Artigo 6.º, alínea d) + 7.º, n.º 1 , q) + DL 9/85, 09/01 – IPSS
Lei n.º 150/99, de 11 de Setembro	CIS Artigo 1.º, n.º 5, alínea d) – Donativos sujeitos a Mecenato
Decreto-Lei n.º 287/2003, de 12 de Novembro	CIS – Artigo 7.º, n.º 1, alíneas g) e s) – Sociedades Gestoras de Participações Sociais (SGPS)
Lei n.º 150/99, de 11 de Setembro	CIS Artigo 5.º e 7.º, n.º 1, alínea q) – Utilidade Pública e Utilidade Pública Administrativa
Decreto-Lei n.º 287/2003, de 12 de Novembro	CIS – art.º 7.º, n.º 1, l) + i) – juros nos contratos de empréstimos para habitação própria
Decreto-Lei n.º 287/2003, de 12 de Novembro	CIS – art.º 7.º, n.º 1, c) + d) – Contratos de futuros e opções
Decreto-Lei n.º 287/2003, de 12 de Novembro	CIS – art.º 7.º, n.º 1, m) – contratos de reporte de valores mobiliários realizados em bolsa
Decreto-Lei n.º 361/99, de 16 de Setembro	Sociedade Porto 2001, SA
Decreto-Lei n.º 314/2000, de 2 de Dezembro	Programa Polis
Lei n.º 19/2003, de 20 de Junho	Partidos Políticos
Decreto-Lei n.º 53/2004, 18 de Março	Artigo 268.º a 270.º do CIRE – Insolvência
Decreto-Lei n.º 53/2004, de 18 de Março	Artigo 269.º do CIRE
Concordata entre a Santa Sé e a República Portuguesa - 2004 (Resolução da AR n.º 74/2004 e ratificada pelo DPR 80/2004, de 16 de Novembro)	Concordata 2004 – Isenção de impostos quanto aos templos, seminários ou outros etabelecimentos destinados à formação do clero
Lei 60-A/2005, 30 de Dezembro e Lei n.º 55-B/2004, de 30 de Dezembro	Garantias constuituidas no ano de 2006 a favor do estado e instituições de segurança social no âmbito da aplicação do art.º 196.º do CPPT e DL 124/96, de 10.08
Lei n.º 23/2006, de 23 de Junho	Associações juvenis

Os Benefícios Fiscais: Sistema e Regime 255

Anexo VIII – O Imposto Automóvel

Decreto-Lei n.º 43/76, de 20 de Janeiro	Deficientes das Forças Armadas
Lei n.º 18/82, de 8 de Julho	Sata Air Açores
Decreto-Lei n.º 371/85, de 19 de Setembro	Missões diplomáticas e consulares acreditadas em Portugal e respectivos funcionários
Decreto-Lei n.º 471/88, de 22 de Dezembro	Cidadãos de nacionalidade da UE que tenham residido e exercido uma actividade profissional num país terceiro durante pelo menos 24 meses e transfiram a residência para Portugal
Decreto-Lei n.º 103-A/90, de 22 de Março, com as alterações introduzidas pelo Decreto-Lei n.º 259/93, de 22 de Julho e pela Lei n.º 3-B/2000, de 4 de Abril	Deficientes motores com um grau de incapacidade igual ou superior a 60%, multideficientes profundos com grau de incapacidade superior a 90% e invisuais com um grau de incapacidade igual ou superior a 95%
Decreto-Lei n.º 36/91, de 27 de Julho	Artigo 3.º – Veículos perdidos a favor da Direcção – Geral do Património
Decreto-Lei n.º 27/93, de 12 de Fevereiro	Pessoas Colectivas de Utilidade Pública e Instituições Particulares de Solidariedade Social
Decreto-Lei n.º 35/93, de 13 de Fevereiro	Funcionários e agentes da UE e parlamentares europeus após cessação de funções
Decreto-Lei n.º 40/93, de 18 de Fevereiro	Art.º 7.º – Associações e Corporações de Bombeiros (veículos para serviço de incêndio)
Decreto-Lei n.º 40/93, de 18 de Fevereiro	Art.º 7.º – Ambulâncias
Decreto-Lei n.º 40/93, de 18 de Fevereiro	Art.º 7.º – Forças militares, militarizadas e de segurança (veículos destinados a patrulhamento, fiscalização)
Decreto-Lei n.º 40/93, de 18 de Fevereiro	Art.º 8.º – Táxis
Decreto-Lei n.º 40/93, de 18 de Fevereiro	Art.º 9.º – Automóveis antigos fabricados há mais de 30 anos e classificados como antigos pelo Clube Português de Automóveis Antigos
Decreto-Lei n.º 40/93, de 18 de Fevereiro	Art.º 1.º, n.º 12 – Automóveis ligeiros que utilizem exclusivamente como combustível gases de petróleo liquefeito (GPL) ou gás natural
Decreto-Lei n.º 40/93, de 18 de Fevereiro	Art.º 1.º, n.º 13 – Veículos com motores híbridos (GPL, Gás natural , electricidade, solar/ gasolina, gasóleo)
Decreto-Lei n.º 40/93, de 18 de Fevereiro	Art. 1.º, n.º 5, Tabela III – Derivados e Jipes com 4x4
Decreto-Lei n.º 40/93, de 18 de Fevereiro	Art.1.º, n.º 5, Tabela IV – Furgonetas de trabalho e Pick – ups sem 4x4
Decreto-Lei n.º 40/93, de 18 de Fevereiro	Art.1.º, n.º 5, Tabela V – Pick – ups com 4x4
Decreto-Lei n.º 40/93, de 18 de Fevereiro	Art.1.º, n.º 5, Tabela VI – Monovolumes
Decreto-Lei n.º 56/93, de 1 de Março	Funcionários diplomáticos e consulares portugueses e equiparados que regressem a Portugal após cessação das funções
Decreto-Lei n.º 264/93, de 30 de Julho	Cidadãos que tenham residido na UE durante pelo menos 185 dias por ano civil e transfiram a residência para Portugal
Lei n.º 151/99, de 14 de Setembro	Instituições de Utilidade Pública
Decreto-Lei n.º 292-A/2000, de 15 de Novembro	Pessoas que adquiram um veículo novo em troca de um veículo abatido em fim de vida – ABATES
Lei n.º 19/2003, de 20 de Junho	Partidos políticos

Anexo IX – O Imposto sobre o Valor Acrescentado

Decreto-Lei n.º 394-B/84, de 26 de Dezembro	As importações definitivas de bens cuja transmissão no território nacional seja isenta do imposto (n.º 1, alínea a)
Decreto-Lei n.º 394-B/84, de 26 de Dezembro	As importações das embarcações referidas na alínea f) do n.º 1 do artigo 14.º e dos objectos, incluindo o equipamento de pesca, nelas incorporados ou que sejam utilizados para a sua exploração (n.º 1, alínea b)
Decreto-Lei n.º 394-B/84, de 26 de Dezembro	As importações definitivas das aeronaves referidas na alínea g) do n.º 1 do artigo 14.º e dos objectos nelas incorporados ou que sejam utilizados para a sua exploração (n.º 1, alínea c)
Decreto-Lei n.º 394-B/84, de 26 de Dezembro	As importações de bens de abastecimento que, desde a entrada em território nacional até à chegada ao porto ou aeroporto nacionais de destino e durante a permanência nos mesmos pelo período normal necessário ao cumprimento das suas tarefas, sejam consumidos ou se encontrem a bordo das embarcações que efectuem navegação marítima internacional ou de aviões que efectuem navegação aérea internacional (n.º 1, alínea d)
Decreto-Lei n.º 394-B/84, de 26 de Dezembro	As importações, efectuadas por armadores de navios, do produto da pesca resultante das capturas por eles efectuadas que não tenha sido objecto de operações de transformação, não sendo consideradas como tais as destinadas a conservar os produtos para comercialização, se efectuada antes da primeira transmissão dos mesmos (n.º 1, alínea e)
Decreto-Lei n.º 394-B/84, de 26 de Dezembro	As prestações de serviços conexas com a importação cujo valor esteja incluído no valor tributável das importações de bens a que se refiram, conforme o estabelecido na alínea b) do n.º 2 do artigo 17.º (n.º 1, alínea f)
Decreto-Lei n.º 394-B/84, de 26 de Dezembro	A reimportação de bens no estado em que foram exportados, por parte de quem os exportou, e que beneficiem de franquia aduaneira (n.º 1, alínea g)
Decreto-Lei n.º 394-B/84, de 26 de Dezembro	As importações de ouro efectuadas pelo Banco de Portugal (n.º 1, alínea h)
Decreto-Lei n.º 394-B/84, de 26 de Dezembro	As importações de gás, através do sistema de distribuição de gás natural, e de electricidade (n.º 1, alínea i)
Decreto-Lei n.º 394-B/84, de 26 de Dezembro	As importações de triciclos, cadeiras de rodas, com ou sem motor, automóveis ligeiros de passageiros ou mistos para uso próprio dos deficientes, de acordo com os condicionalismos do Decreto-Lei n.º 103-A/90, de 22 de Março, devendo o benefício ser requerido nos termos estabelecidos naquele diploma (n.º 1, alínea j)
Decreto-Lei n.º 394-B/84, de 26 de Dezembro	As importações de bens efectuadas: (n.º 2)
Decreto-Lei n.º 394-B/84, de 26 de Dezembro	No âmbito de acordos e convénios internacionais de que Portugal seja parte, nas condições e limites acordados;
Decreto-Lei n.º 394-B/84, de 26 de Dezembro	No âmbito das relações diplomáticas e consulares que beneficiem de franquia aduaneira;
Decreto-Lei n.º 394-B/84, de 26 de Dezembro	Por organizações internacionais reconhecidas por Portugal e, bem assim, pelos membros dessas organizações, nos limites e nas condições fixados nas convenções internacionais que instituíram as referidas organizações ou nos acordos de sede;
Decreto-Lei n.º 394-B/84, de 26 de Dezembro	No âmbito do Tratado do Atlântico Norte, pelas forças armadas dos outros Estados, que são Partes no referido Tratado, para uso dessas forças armadas ou do elemento civil que as acompanha ou para o aprovisionamento das suas messes ou cantinas, quando as referidas forças se encontrem afectas ao esforço comum de defesa.
Decreto-Lei n.º 394-B/84, de 26 de Dezembro	As transmissões de bens expedidos ou transportados para fora da Comunidade pelo vendedor ou por um terceiro por conta deste (n.º 1, alínea a)

Decreto-Lei n.º 394-B/84, de 26 de Dezembro	As transmissões de bens expedidos ou transportados para fora da Comunidade por um adquirente sem residência ou estabelecimento em território nacional ou por um terceiro por conta deste, ainda que, antes da sua expedição ou transporte, sofram no interior do País uma reparação, uma transformação, uma adaptação ou qualquer outro trabalho, efectuado por terceiros agindo por conta do adquirente, com excepção dos bens destinados ao equipamento ou abastecimento de barcos desportivos e de recreio, de aviões de turismo ou de qualquer outro meio de transporte de uso privado e dos bens transportados nas bagagens pessoais dos viajantes com domicílio ou residência habitual em outro Estado membro (n.º 1, alínea b)
Decreto-Lei n.º 394-B/84, de 26 de Dezembro	As prestações de serviços que consistam em trabalhos realizados sobre bens móveis, adquiridos ou importados para serem objecto de tais trabalhos em território nacional e em seguida expedidos ou transportados para fora da Comunidade por quem os prestou, pelo seu destinatário não estabelecido em território nacional ou por um terceiro por conta destes (n.º 1, alínea c)
Decreto-Lei n.º 394-B/84, de 26 de Dezembro	As transmissões de bens de abastecimento postos a bordo das embarcações afectas à navegação marítima em alto mar e que assegurem o transporte remunerado de passageiros ou o exercício de uma actividade comercial, industrial ou de pesca (n.º 1, alínea d)
Decreto-Lei n.º 394-B/84, de 26 de Dezembro	As transmissões de bens de abastecimento postos a bordo das embarcações de salvamento, assistência marítima e pesca costeira, com excepção, em relação a estas últimas, das provisões de bordo (n.º 1, alínea e)
Decreto-Lei n.º 394-B/84, de 26 de Dezembro	As transmissões, transformações, reparações, operações de manutenção, construção, frete e aluguer de embarcações afectas às actividades a que se referem as alíneas d) e e), assim como as transmissões, aluguer, reparação e conservação dos objectos, incluindo o equipamento de pesca, incorporados nas referidas embarcações ou que sejam utilizados para a sua exploração (n.º 1, alínea f)
Decreto-Lei n.º 394-B/84, de 26 de Dezembro	As transmissões, transformações, reparações e operações de manutenção, frete e aluguer de aeronaves utilizadas pelas companhias de navegação aérea que se dediquem principalmente ao tráfego internacional, assim como as transmissões, reparações, operações de manutenção e aluguer dos objectos incorporados nas mesmas aeronaves ou que sejam utilizados para a sua exploração (n.º 1, alínea g)
Decreto-Lei n.º 394-B/84, de 26 de Dezembro	As transmissões de bens de abastecimento postos a bordo das aeronaves referidas na alínea anterior (n.º 1, alínea h)
Decreto-Lei n.º 394-B/84, de 26 de Dezembro	As transmissões de bens de abastecimento postos a bordo das embarcações de guerra classificadas pelo código 8906 00 10 da Nomenclatura Combinada, quando deixem o país com destino a um porto ou ancoradouro situado no estrangeiro (n.º 1, alínea i)
Decreto-Lei n.º 394-B/84, de 26 de Dezembro	As prestações de serviços não mencionadas nas alíneas f) e g) do presente número, efectuadas com vista às necessidades directas das embarcações e aeronaves ali referidas e da respectiva carga (n.º 1, alínea j)
Decreto-Lei n.º 394-B/84, de 26 de Dezembro	As transmissões de bens e as prestações de serviços efectuadas no âmbito de relações diplomáticas e consulares, cuja isenção resulte de acordos e convénios internacionais celebrados por Portugal (n.º 1, alínea l)
Decreto-Lei n.º 394-B/84, de 26 de Dezembro	As transmissões de bens e as prestações de serviços destinadas a organismos internacionais reconhecidos por Portugal ou por qualquer outro Estado membro da Comunidade Europeia, ou a membros dos mesmos organismos, nos limites fixados nos acordos e convénios internacionais que instituíram esses organismos ou nos respectivos acordos de sede (n.º 1, alínea m)
Decreto-Lei n.º 394-B/84, de 26 de Dezembro	As transmissões de bens e as prestações de serviços efectuadas no âmbito do Tratado do Atlântico Norte às forças armadas dos outros Estados que são Partes no referido Tratado, para uso dessas forças armadas ou do elemento

Decreto-Lei n.º 394-B/84, de 26 de Dezembro	civil que as acompanha ou para o aprovisionamento das suas messes ou cantinas, quando as referidas forças se encontrem afectas ao esforço comum de defesa (n° 1, alínea n)
Decreto-Lei n.º 394-B/84, de 26 de Dezembro	As transmissões de bens para organismos devidamente reconhecidos que os exportem para fora da Comunidade no âmbito das suas actividades humanitárias, caritativas ou educativas, mediante prévio reconhecimento do direito à isenção (n.º 1, alínea o)
Decreto-Lei n.º 394-B/84, de 26 de Dezembro	As prestações de serviços, incluindo os transportes e as operações acessórias, com excepção das referidas no artigo 9.º deste diploma, que estejam directamente relacionadas com o regime de trânsito comunitário externo, o procedimento de trânsito comunitário interno, a exportação de bens para fora da Comunidade, a importação temporária com isenção total de direitos e a importação de bens destinados a um dos regimes ou locais a que se refere o n.º 1 do artigo 15.º (n.º 1, alínea p)
Decreto-Lei n.º 394-B/84, de 26 de Dezembro	As prestações de serviços, com excepção das referidas no artigo 9.º, que se relacionem com a expedição ou transporte de bens destinados a outros Estados membros, quando o adquirente dos serviços seja um sujeito passivo do imposto, dos referidos na alínea a) do n.º 1 do artigo 2.º, registado em imposto sobre o valor acrescentado e que tenha utilizado o respectivo número de identificação para efectuar a aquisição (n.º 1, alínea q)
Decreto-Lei n.º 394-B/84, de 26 de Dezembro	O transporte de pessoas provenientes ou com destino ao estrangeiro, bem como o das provenientes ou com destino às Regiões Autónomas, e ainda o transporte de pessoas efectuado entre as ilhas naquelas Regiões (n.º 1, alínea r)
Decreto-Lei n.º 394-B/84, de 26 de Dezembro	As prestações de serviços realizadas por intermediários que actuam em nome e por conta de outrem, quando intervenham em operações descritas no presente artigo ou em operações realizadas fora da Comunidade (n.º 1, alínea s)
Decreto-Lei n.º 394-B/84, de 26 de Dezembro	O transporte de mercadorias entre as ilhas que compõem as Regiões Autónomas dos Açores e da Madeira, bem como o transporte de mercadorias entre estas regiões e o continente, ou qualquer outro Estado membro, e vice-versa (n.º 1, alínea t)
Decreto-Lei n.º 394-B/84, de 26 de Dezembro	As transmissões para o Banco de Portugal de ouro em barra ou em outras formas não trabalhadas (n.º 1, alínea u);
Decreto-Lei n.º 394-B/84, de 26 de Dezembro	As transmissões de bens e as prestações de serviços destinadas às forças armadas de qualquer outro Estado que seja parte no Tratado do Atlântico Norte, que não seja o Estado membro da Comunidade Europeia para o qual os bens são expedidos ou os serviços prestados, para uso dessas forças armadas ou do elemento civil que as acompanham, ou para o aprovisionamento das respectivas messes ou cantinas, quando as referidas forças se encontrem afectas ao esforço comum de defesa (n.º 1, alínea v)
Decreto-Lei n.º 394-B/84, de 26 de Dezembro	As importações de bens que se destinem a ser colocados em regime de entreposto não aduaneiro (n.º 1, alínea a)
Decreto-Lei n.º 394-B/84, de 26 de Dezembro	As transmissões de bens que se destinem a ser: (n.º 1, alínea b)
Decreto-Lei n.º 394-B/84, de 26 de Dezembro	I) Apresentados na alfândega e colocados eventualmente em depósito provisório;
Decreto-Lei n.º 394-B/84, de 26 de Dezembro	II) Colocados numa zona franca ou entreposto franco;
Decreto-Lei n.º 394-B/84, de 26 de Dezembro	III) Colocados em regime de entreposto aduaneiro ou de aperfeiçoamento activo;
Decreto-Lei n.º 394-B/84, de 26 de Dezembro	IV) Incorporados para efeitos de construção, reparação, manutenção, transformação, equipamento ou abastecimento das plataformas de perfuração ou

	de exploração situadas em águas territoriais ou em trabalhos de ligação dessas plataformas ao continente;
Decreto-Lei n.º 394-B/84, de 26 de Dezembro	V) Colocados em regime de entreposto não aduaneiro.
Decreto-Lei n.º 394-B/84, de 26 de Dezembro	As prestações de serviços conexas com as transmissões a que se refere a alínea anterior (n.º 1, alínea c)
Decreto-Lei n.º 394-B/84, de 26 de Dezembro	As transmissões de bens e as prestações de serviços a eles directamente ligadas, efectuadas nos locais ou sob os regimes referidos na alínea b), enquanto se mantiverem numa das situações ali mencionadas (n.º 1, alínea d)
Decreto-Lei n.º 394-B/84, de 26 de Dezembro	As transmissões de bens efectuadas enquanto se mantiverem os regimes de importação temporária com isenção total de direitos ou de trânsito externo, ou o procedimento de trânsito comunitário interno, bem como as prestações de serviços conexas com tais transmissões (n.º 1, alínea e)
Decreto-Lei n.º 394-B/84, de 26 de Dezembro	As transmissões de triciclos, cadeiras de rodas, com ou sem motor, automóveis ligeiros de passageiros ou mistos para uso próprio de deficientes, de acordo com os condicionalismos do Decreto-Lei n.º 103-A/90, de 22 de Março, devendo o benefício ser requerido nos termos estabelecidos naquele diploma (n.º 8).
Decreto-Lei n.º 394-B/84, de 26 de Dezembro	As transmissões, a título gratuito, de bens alimentares, para posterior distribuição a pessoas carenciadas, efectuadas a instituições particulares de solidariedade social e a organizações não governamentais sem fins lucrativos (n.º 10).

Decreto-Lei n.º 394-B/84, de 26 de Dezembro	Artigo 13.º, n.º 1 do Código do IVA (Isenção na importação de diversos bens – inclui veículos para deficientes).
Decreto-Lei n.º 394-B/84, de 26 de Dezembro	Artigo 13.º, n.º 2 do Código do IVA (Isenções previstas em Acordos e Convénios internacionais – inclui representações diplomáticas).
Decreto-Lei n.º 394-B/84, de 26 de Dezembro	Artigo 15.º, n.º 1, alínea a) do Código do IVA (Isenção na importação de bens que se destinam a regime de entreposto não aduaneiro/fiscal).
Decreto-Lei n.º 398-B/84, de 26 de Novembro	Directiva 78/1035/CEE do Conselho, de 19 de Dezembro de 1978 (Isenção na importação de pequenas remessas sem carácter comercial expedidas de um país terceiro por um particular com destino a outro particular).
Decreto-Lei n.º 179/88, de 19 de Maio	Directiva n.º 69/169/CEE do Conselho, de 28 de Maio de 1969 (Isenção na importação de mercadorias contidas na bagagem pessoal dos viajantes provenientes de países terceiros).
Decreto-Lei n.º 31/89, de 25 de Janeiro	Directiva n.º 83/181/CEE do Conselho, de 28 de Março de 1983 (Isenção do IVA na importação de diversos bens – inclui bens transportados por ocasião de uma transferência de residência).
Decreto-Lei n.º 362/99, de 16 de Setembro	Directiva 98/80/CE do Conselho, de 12 de Outubro de 1998 (Isenção do IVA na importação de ouro para investimento).

Anexo X – Impostos Especiais de Consumo

a) Benefícios comuns

Decreto-Lei n.º 566/99, de 22 de Dezembro	Pequenas remessas – art. 5.º, n.º 7 do CIEC
	Relações Internacionais (inclui: Diplomatas, Organismos Internacionais, NATO, Acordos Internacionais) – art. 5.º, n.º 1 alíneas a), b), c) e d) do CIEC

b) O Imposto sobre o Álcool e as Bebidas Alcoólicas

Decreto-Lei n.º 566/99, de 22 de Dezembro	Fabrico de produtos não destinados ao consumo humano – art.º 49.º, n.º 1, alínea a) do CIEC
	Fabrico de produtos destinados ao consumo humano – art.º 49.º, n.º 1, alíneas b), c), d), f), g) e h) do CIEC
	Fins científicos e ensaios de produção– art.º 49.º, n.º 1, alínea e) do CIEC
	Auto consumo – art.º 49.º, nos 2 e 4 do CIEC
	Álcool para fins industriais – art.º 49.º, n.º 3, alínea a) do CIEC
	Álcool totalmente desnaturado – art.º 49.º, n.º 3, alínea b) do CIEC
	Álcool para consumo em hospitais e estabelecimentos de saúde e fins terapêuticos e sanitários e de investigação cientifica (inclui fabrico de medicamentos) – art.º 49.º, n.º 3, alíneas c), d), e) e f) do CIEC
	Pequenas destilarias – art.º 60.º, do CIEC
	58.º e 59.º – Redução Taxa RAA
	Pequenas cervejeiras – art.º 61.º, do CIEC

c) O Imposto sobre os Produtos Petrolíferos e Energéticos

Decreto-Lei n.º 566/99, de 22 de Dezembro	Utilização diferente de uso combustível ou carburante (matérias-primas) – art. 71.º, n.º 1, alínea a) do CIEC
	Navegação aérea – art. 71.º, n.º 1, alíneas b) e l) do CIEC
	Navegação marítima costeira e navegação interior (inclui a pesca) – art. 71.º, n.º 1, alíneas c), h) e l) do CIEC
	Produção de Electricidade ou de electricidade e calor (Co-geração) – art. 71.º, n.º 1, alínea d) do CIEC
	Gás auto consumido por transportes públicos – art. 71.º, n.º 1, alínea e) do CIEC
	Processos electrolíticos, metalúrgicos e mineralógicos – art. 71.º, n.º 1, alínea f) do CIEC
	Veículos de tracção ferroviária – art. 71.º, n.º 1, alínea i) do CIEC
	Projectos-piloto de desenvolvimento tecnológico de produtos menos poluentes – art. 71.º, n.º 1, alínea j) do CIEC
	Equipamentos agrícolas – art. 74.º, nos1 e 3, alínea c) do CIEC
	Motores fixos – art. 74.º, nos 1 e 3, alínea e) do CIEC
	71.º – A – Isenção para os biocombustíveis
	Aquecimento – art. 74.º, nos 1 e 4 do CIEC

d) O Imposto sobre o Tabaco

Decreto-Lei n.º 566/99, de 22 de Dezembro	Fins industriais ou hortícolas – art. 82.º, n.º 1, alínea b) do CIEC 85.º – Taxas reduzidas RAA's
	Tabaco reciclado, para testes científicos e destinado a ensaios – art. 82.º, n.º 1, alíneas d), e) e f) do CIEC

Índice

Parte I
Os Benefícios Fiscais, o Direito Financeiro e o Direito Fiscal

Capítulo I – Os benefícios fiscais, a capacidade contributiva e a extrafiscalidade 15

§ 1.º Os benefícios fiscais como derrogação do princípio da igualdade tributária 23

   a) Os benefícios tributários e a derrogação do princípio da igualdade tributária 23

   b) O núcleo essencial do imposto, os benefícios fiscais e a derrogação do princípio da capacidade contributiva 26

   c) A admissibilidade da extrafiscalidade e o princípio da capacidade contributiva 35

§ 2.º Os benefícios fiscais como instrumento de política de incentivo 41

Capítulo II – A relevância da extrafiscalidade e a despesa fiscal 51

§ 1.º A despesa fiscal 51

§ 2.º As modalidades técnicas conducentes à despesa fiscal 59

§ 3.º As classificações de despesa fiscal 63

   a) A despesa fiscal substantiva e operacional 63

   b) A despesa fiscal unilateral e concertada 66

   c) A despesa fiscal automática e não automática 70

   d) A despesa fiscal vinculada e discricionária 72

Capítulo III – Os benefícios fiscais e a despesa fiscal: a necessidade de uma análise integrada 75

Capítulo IV – A extrafiscalidade no ordenamento jurídico português 83

264   Guilherme Waldemar d'Oliveira Martins

§ 1.º O carácter temporário dos benefícios fiscais 83
§ 2.º A legalidade e os benefícios fiscais 89
§ 3.º O processo de reconhecimento das isenções 93

PARTE II
OS BENEFÍCIOS FISCAIS NOS IMPOSTOS PORTUGUESES

**Capítulo I – Considerações gerais: a sistemática dos benefícios
fiscais no ordenamento jurídico português** 111

Capítulo II – Os Benefícios Fiscais e os Impostos sobre o Rendimento 121
§ 1.º O Imposto sobre o Rendimento das Pessoas Singulares 121
   a) Considerações introdutórias 121
   b) A extrafiscalidade dos desagravamentos no IRS 128
   c) Notas finais: as apostas mútuas hípicas e os benefícios fiscais
     da Igreja Católica 136
§ 2.º O Imposto sobre o Rendimento das Pessoas Colectivas 139
   a) A extrafiscalidade dos desagravamentos no IRC 139
   b) Análise em especial de algumas medidas extrafiscais no IRC .. 156

Capítulo III – Os Benefícios Fiscais e os Impostos sobre o Património 175
§ 1.º O Imposto Municipal sobre os Imóveis 177
   a) A extrafiscalidade dos desagravamentos no IMI 178
   b) A capacidade contributiva e a equivalência no IMI: algumas
     questões 182
§ 2.º O Imposto Municipal sobre as Transmissões Onerosas de Bens
   Imóveis 185
   a) A extrafiscalidade dos desagravamentos no IMT 187
   b) Algumas notas sobre o artigo 8.º do CIMT e sobre o Decreto-
     -Lei n.º 404/90, de 21 de Dezembro 194
§ 3.º O Imposto Municipal sobre os Veículos e os Impostos Rodoviários 201
§ 4.º O Imposto do Selo 203
   a) A extrafiscalidade dos desagravamentos no IS: os benefícios
     fiscais acessórios e os benefícios fiscais exclusivos 205

Os Benefícios Fiscais: Sistema e Regime   265

Capítulo IV – Os Benefícios Fiscais e os Impostos sobre o Consumo 209
§ 1.º O Imposto Automóvel 209
    a) A extrafiscalidade dos desagravamentos no IA 212
§ 2.º O Imposto sobre o Valor Acrescentado 217
§ 3.º Os Impostos Especiais de Consumo 227
    a) Os benefícios fiscais comuns aos IEC 230
    b) O Imposto sobre os Produtos Petrolíferos e Energéticos 231
    c) O Imposto sobre o Álcool e as Bebidas Alcoólicas 234
    d) O Imposto sobre o Tabaco 238

ANEXOS
QUADRO RESUMO DOS BENEFÍCIOS FISCAIS
VIGENTES NOS IMPOSTOS PORTUGUESES

Anexo I – O Imposto sobre o Rendimento das Pessoas Singulares 241
Anexo II – O Imposto sobre o Rendimento das Pessoas Colectivas 243
Anexo III – O Imposto Municipal sobre os Imóveis 246
Anexo IV – O Imposto Municipal sobre as Transmissões Onerosas de Bens Imóveis 248
Anexo V – O Imposto Municipal sobre os Veículos 251
Anexo VI – Os Impostos Rodoviários 252
Anexo VII – O Imposto do Selo 253
Anexo VIII – O Imposto Automóvel 255
Anexo IX – O Imposto sobre o Valor Acrescentado 256
Anexo X – Impostos Especiais de Consumo 260